全国职业教育铁路类专业规划教材

Gaosu Tielu Lieche Yunxing Kongzhi Xitong
高速铁路列车运行控制系统

田光超　马得银　**主　编**
李纪军　**主　审**

人民交通出版社股份有限公司
China Communications Press Co.,Ltd.

内 容 提 要

本书为全国职业教育铁路类专业规划教材。主要内容包括:列控系统基本概念,CTCS-2 级与 CTCS-3 级列控系统,客运专线 ZPW-2000A 轨道电路,应答器与地面电子单元 LEU,列控中心(TCC),无线闭塞中心(RBC)系统,临时限速服务器(TSRS),列车系统的车载设备。

本书为职业院校铁路相关专业教材,可供铁路院校师生使用,也可供铁路行业从业人员培训使用。

*本书配有多媒体助教课件,教师可通过加入职教轨道教学研讨群(QQ 群:129327355)索取。

图书在版编目(CIP)数据

高速铁路列车运行控制系统 / 田光超,马得银主编.—北京: 人民交通出版社股份有限公司,2017.8

全国职业教育铁路类专业规划教材

ISBN 978-7-114-13900-0

Ⅰ.①高… Ⅱ.①田… ②马… Ⅲ.①高速铁路—列车—运行—控制系统—高等职业教育—教材 Ⅳ.①U284.48

中国版本图书馆 CIP 数据核字(2017)第 127374 号

全国职业教育铁路类专业规划教材

书　　名：	高速铁路列车运行控制系统
著 作 者：	田光超　马得银
责任编辑：	袁　方
出版发行：	人民交通出版社股份有限公司
地　　址：	(100011)北京市朝阳区安定门外外馆斜街 3 号
网　　址：	http://www.ccpress.com.cn
销售电话：	(010)59757973
总 经 销：	人民交通出版社股份有限公司发行部
经　　销：	各地新华书店
印　　刷：	北京虎彩文化传播有限公司
开　　本：	787×1092　1/16
印　　张：	14.5
字　　数：	326 千
版　　次：	2017 年 8 月　第 1 版
印　　次：	2022 年 6 月　第 4 次印刷
书　　号：	ISBN 978-7-114-13900-0
定　　价：	39.00 元

(有印刷、装订质量问题的图书由本公司负责调换)

随着我国铁路职业教育体制改革的逐步深入以及铁路客运专线信号技术的发展,铁路信号专业的教学内容必须紧跟技术发展的步伐,满足铁路系统对信号专业人才的需求,我们尝试开设《高速铁路列车运行控制系统》课程。

铁路信号系统是铁路运输的基础设施,是保证列车运行安全、提高运输效率和实现铁路调度统一指挥的关键技术设备,也是铁路信息化技术的重要技术领域。在列车运行控制技术方面,铁路信号技术与信息技术的相互融合,计算机、通信、控制技术与信号技术集成为一个自动化水平很高的列车运行控制系统(简称列控系统)。

列控系统是车站、区间与列车运行控制和行车调度指挥的自动化集成技术系统,是对铁路信号、列车牵引、车辆制动和轨道线路等交叉学科相关内容进行整合的机电一体化控制系统。

列控系统不仅在行车安全方面提供了根本保障,而且在行车自动化控制、运营效率的提高及管理自动化等方面,提供了完善的功能,并朝着运输综合自动化的方向发展。列控系统技术是现代化铁路的重要标志之一,它在铁路、城市轨道交通、磁悬浮等领域发挥着重要的作用,有着极为广阔的发展前景。

本书的项目一由洛阳铁路信息工程学校田光超编写,项目五由洛阳铁路信息工程学校马得银编写,项目七由辽宁铁路职业技术学院杨克俭编写,项目二、四、六由田光超、马得银编写,项目三由田光超、马得银和洛阳铁路信息工程学校马瑞编写,项目八由洛阳铁路信息工程学校田光超、马得银和河北轨道运输职业技术学院孙艳英编写。全书由田光超统稿,马得银编辑整理,中国通号公司设计院地控所李纪军审核。

本书的完成参阅了大量书籍和文献资料,在此,对其作者表示我们的敬意！编写过程中通号公司武广客专项目部、中铁建郑西客专项目信号施工技术部有关技术人员给我们提供了宝贵的技术资料,在此表示由衷的感谢！由于列车运行控制技术发展较快,加之作者水平有限和时间仓促,书中难免有遗漏和错误,恳请同行专家和读者提出批评意见。

编　者
2017 年 3 月

目录

项目一　列控系统的基本概念 ··· 1
　任务一　列控系统的速度控制模式 ··· 2
　任务二　列控系统的系统构成与分级 ·· 5
　复习思考题 ·· 9

项目二　CTCS-2 级与 CTCS-3 级列控系统 ·· 10
　任务一　CTCS-2 级与 CTCS-3 级列控系统概述 ································· 10
　任务二　CTCS-2 级列控系统总体构成 ·· 12
　任务三　CTCS-3 级列控系统总体构成 ·· 14
　任务四　速度控制模式 ··· 17
　复习思考题 ··· 18

项目三　客运专线 ZPW-2000A 轨道电路 ·· 19
　任务一　客运专线 ZPW-2000A 概述 ·· 19
　任务二　系统工作原理 ··· 25
　任务三　站内 ZPW-2000A 轨道电路 ·· 29
　任务四　设备构成 ·· 34
　复习思考题 ··· 75

项目四　应答器与地面电子单元 LEU ··· 76
　任务一　应答器作用与种类 ··· 76
　任务二　应答器报文 ··· 77
　任务三　应答器结构、原理及主要技术指标 ······································ 78
　任务四　应答器相关接口 ··· 80
　任务五　应答器的配置 ··· 83
　任务六　应答器的编号及命名 ·· 85
　任务七　应答器安装 ··· 87
　任务八　LEU ··· 91
　复习思考题 ··· 98

项目五　列控中心(TCC) ··· 99
　　任务一　列控中心概述 ··· 99
　　任务二　系统结构及接口 ··· 101
　　任务三　技术要求及列控维护终端 ·· 125
　　复习思考题 ·· 131

项目六　无线闭塞中心(RBC)系统 ··· 132
　　任务一　系统概述 ·· 132
　　任务二　系统功能及结构 ·· 133
　　任务三　系统接口 ·· 135
　　任务四　设备机柜 ·· 140
　　复习思考题 ·· 146

项目七　临时限速服务器(TSRS) ··· 147
　　任务一　临时限速服务器 ·· 147
　　任务二　客运专线临时限速 ·· 152
　　任务三　临时限速服务器(TSRS)设备维护 ································· 156
　　复习思考题 ·· 161

项目八　列控系统的车载设备 ··· 162
　　任务一　车载设备的组成及功能 ·· 162
　　任务二　列车超速防护(ATP) ·· 170
　　任务三　车载设备的工作模式 ·· 175
　　任务四　人机界面DMI ··· 178
　　复习思考题 ·· 198

附录一　ZPW-2000A轨道电路室内设备调整表 ···························· 199

附录二　专业术语英中文对照表 ··· 225

参考文献 ·· 226

项目一　列控系统的基本概念

教学目标

学习掌握分级速度控制模式、目标距离速度控制模式的概念；了解列控系统的系统构成与分级。

项目描述

列车运行控制系统 ATC（Automatic Train Control）是对列车运行全过程或一部分作业实现自动控制的系统。其特征为：列车通过获取的地面信息和命令，控制列车运行，并调整与前行列车之间必须保持的距离。

列车运行控制系统（简称列控系统）保证列车按照空间间隔运行的技术方法，是靠控制列车运行速度的方式来实现的。

运行列车间必须保持的空间间隔首先是满足制动距离的需要，当然还要考虑适当的安全余量和确认信号时间内的运行距离。所以根据列控系统采取的不同控制模式会产生不同的闭塞制式。列车间的追踪运行间隔越小，运输能力就越大。

从闭塞制式的角度来看，装备列车运行控制系统的自动闭塞可分为 3 类：固定闭塞、准移动闭塞（含虚拟闭塞）和移动闭塞。

1. 固定闭塞

列控系统采取分级速度控制模式时，采用固定闭塞方式。运行列车间的空间间隔是若干个闭塞分区，闭塞分区数依划分的速度级别而定。一般情况下，闭塞分区是用轨道电路或计轴装置来划分的，它具有列车定位和占用轨道的检查功能。固定闭塞的追踪目标点为前行列车所占用闭塞分区的始端，后行列车从最高速开始制动的计算点为要求开始减速的闭塞分区的始端，这两个点都是固定的，空间间隔的长度也是固定的，所以称为固定闭塞。

固定闭塞时列控系统采取分级速度控制模式，是将速度分级，每两个速度等级间存在一个速差，其对应的信号显示就表达了这个速差意义，所以可以称为速差式信号显示。

当采用滞后型阶梯式控制模式时，需要增加一个闭塞分区作保护区段，所以运行列车间的空间间隔就大一点；采用其他分级速度控制模式时就不必增加一个闭塞分区作保护区段。如图 1-1 所示。

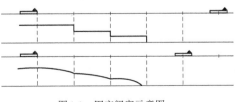

图 1-1　固定闭塞示意图

2. 准移动闭塞

准移动闭塞方式的列控系统,采取目标距离控制模式(又称连续式一次速度控制)。目标距离控制模式根据目标距离、目标速度及列车本身的性能确定列车制动曲线,不必设定每个闭塞分区速度等级,采用一次制动方式。准移动闭塞的追踪目标点是前行列车所占用闭塞分区的始端,当然会留有一定的安全距离,而后行列车从最高速度开始制动的计算点是根据目标距离、目标速度及列车本身的性能计算决定的。目标点相对固定,在同一闭塞分区内不依前行列车的走行而变化,而制动的起始点是随线路参数和列车本身性能不同而变化的。空间间隔的长度是不固定的,由于要与移动闭塞相区别,所以称为准移动闭塞。显然其追踪运行间隔要比固定闭塞小一些。一般情况下,闭塞分区是用轨道电路或计轴装置来划分的,它具有列车定位和占用轨道的检查功能。由于目标点是相对固定的,所以,当前行列车在同一闭塞分区内走行时,连续式一次速度控制曲线是相对稳定的;当前行列车出清闭塞分区时,目标点突然前移,目标距离突然改变,连续式一次速度控制曲线会发生跳变。

如图 1-2 所示,准移动闭塞时,列控系统采取目标距离控制模式,速度是不分级的,给出的是连续式一次速度控制曲线式的信号显示,所以其对应的信号显示制式可以称为速度式信号显示。

虚拟闭塞是准移动闭塞的一种特殊方式,它不设轨道占用检查设备和轨旁信号机,采取无线定位方式来实现列车定位和占用轨道的检查功能;闭塞分区和轨旁信号机是以计算机技术虚拟设定的,仅在系统逻辑上存在有闭塞分区和信号机的概念。虚拟闭塞除闭塞分区和轨旁信号机是虚拟的以外,从操作到运输管理等,都等效于准移动闭塞方式。如图 1-3 所示。

图 1-2　准移动闭塞示意图　　　　　图 1-3　虚拟闭塞示意图

虚拟闭塞方式有条件将闭塞分区划分得很短,当短到一定程度时,其效率就很接近于移动闭塞。

3. 移动闭塞

移动闭塞方式的列控系统,也采取目标距离控制模式。目标距离控制模式根据目标距离、目标速度及列车本身的性能确定列车制动曲线,采用一次制动方式。移动闭塞的追踪目标点是前行列车的尾部,当然会留有一定的安全距离,后行列车从最高速开始制动的计算点是根据目标距离、目标速度及列车本身的性能计算决定的。目标点是前行列车的尾部,与前行列车的走行和速度有关,是随时变化的,而制动的起始点是随线路参数和列车本身性能不同而变化的。空间间隔的长度是不固定的,所以称为移动闭塞。其追踪运行间隔要比准移动闭塞更小一些。移动闭塞一般采用无线通信和无线定位技术来实现。高一级的移动闭塞还要考虑前行列车的速度。如图 1-4 所示。

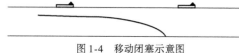

图 1-4　移动闭塞示意图

任务一　列控系统的速度控制模式

列车运行控制系统从速度控制方式角度,对列车运行自动控制分为以下几种模式:

1. 分级速度控制

分级速度控制：是指以一个闭塞分区为单位，根据列车运行的速度分级，对列车运行进行速度控制。分级速度控制系统的列车追踪间隔主要与闭塞分区的划分、列车性能和速度有关，而闭塞分区的长度是以最坏性能的列车为依据并结合线路参数来确定的，所以不同速度列车混合运行的线路采用这种模式能力是要受到较大影响的。分级速度控制又分为阶梯式和曲线式。

1）阶梯式分级速度控制

阶梯式分级速度控制又分为超前式和滞后式。

一个闭塞分区的进入速度称为入口速度，驶离速度称为出口速度。

超前式速度控制方式又称为出口速度控制方式，给列车的出口速度值，控制列车不超过出口速度。日本ATC采取超前式速度控制方式，采用设备控制优先的方法。如图1-5a）所示，阶梯式实线为超前式速度控制线，粗虚线为列车实际减速运行线，从最高速至零速的列车实际减速运行线为分段曲线组成的一条不连贯曲线组合。因为列车驶出每一个闭塞分区前必须把速度降至超前式速度控制线以下，不然设备自动引发紧急制动，所以超前式对出口速度进行了控制，不会冒出闭塞分区。

滞后式速度控制方式又称为入口速度控制方式，给出列车的入口速度值，监控列车在本闭塞分区不超过给定的入口速度值；采取人控优先的方法，控制列车不超过下一闭塞分区入口速度值。法国TVM-300列控系统采用人控优先的方法，进行滞后式速度控制。因为在每一个闭塞分区列车速度只要不超过给定的入口速度值，就不会碰撞滞后式速度控制线；考虑万一列车失控，在本闭塞分区的出口即下一闭塞分区的入口处的速度超过了给定的入口速度值，碰撞了滞后式速度控制线，即所谓撞墙，此时触发设备自动引发紧急制动，此时列车必然会越过第一红灯进入下一闭塞分区，如此必须增加一个闭塞分区作为安全防护区段，俗称双红灯防护。如图1-5b）所示，粗虚线为列车实际减速运行线，从最高速至零速的列车实际减速运行线为分段曲线组成的一条不连贯曲线组合；细虚线为撞墙后的紧急制动曲线。

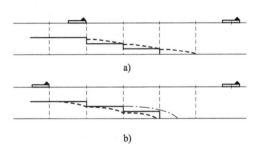

图1-5 阶梯式分级速度控制

从上述可知，阶梯式分级速度控制，只是对每一个闭塞分区的入口速度或出口速度进行控制，对列车速度的控制不是连续的，因此地对车载所需要的信息量是较少的，TVM-300列控系统地对车实时传输18个信息，设备相应简单些。

2）曲线式分级速度控制

曲线式分级速度控制根据列车运行的速度分级，每一个闭塞分区给出一段速度控制曲线，对列车运行速度控制。法国TVM-430列控系统采取曲线式分级速度控制方式。如图1-6所示，粗实线为曲线式分级速度控制线，从最高速至零速的列车控制减速线为分段曲线组成的一条不连贯曲线组合，列车实际减速运行线只要在控制线以下就可以了；万一超速碰撞了速度控制线，设备自动引发紧急制动，因为速度控制是连续的，所以不会超速太多，紧急制动的停车点不会冒出闭塞分区，可以不需增加一个闭塞分区作为安全防护区段，设计时当然要考虑留有适当的安全距离。

列控设备给出的分段的制动速度控制曲线，是根据每一个闭塞分区的线路参数和列车自身的性能计算而定。闭塞分区的线路参数可以通过地对车信息实时传输，也可以事先在车载信号设备中存储通过核对取得。因为制动速度控制曲线是分段给出的，每次只需一个闭塞分区线路参数，TVM-430列控系统就是通过地对车信息实时传输的，其信息量为27bit。

分段曲线式分级速度控制的一般制动速度控制曲线是不连贯和不光滑的，如图1-6所示；也可以是利用计算机技术做成连贯和光滑的，如图1-7中粗虚线所示。但粗虚线所示的制动速度控制曲线实际上是各闭塞分区入口速度控制值的连接线，该制动速度控制曲线是不随列车性能和线路参数的变化而变动的，具有唯一性，与目标距离连续式一次速度控制模式曲线不同，所以其本质上还归属分级速度控制范围。

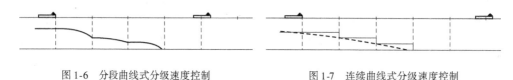

图1-6　分段曲线式分级速度控制　　　　图1-7　连续曲线式分级速度控制

2. 目标距离速度控制

目标距离速度控制其采取的制动模式为连续式一次制动速度控制的方式，根据目标距离、目标速度及列车本身的性能确定列车制动曲线，不设定每个闭塞分区速度等级。连续式一次速度控制模式若以前方列车占用的闭塞分区入口为追踪目标点，则为准移动闭塞；若以前方列车的尾部为追踪目标点，则为移动闭塞。移动闭塞在城市轨道交通中有运用，铁路系统中尚无运用实例。以下所述的目标距离速度控制方式主要是指准移动闭塞，例如，欧洲ETCS1~2级、日本I-ATC和中国CTCS1~3级列控系统。如图1-8所示，粗实线为目标距离速度控制线，

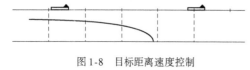

图1-8　目标距离速度控制

从最高速至零速的列车控制减速线为一条连贯和光滑的曲线，列车实际减速运行线只要在控制线以下就可以了；万一超速碰撞了速度控制线，根据超速程度不同，设备自动引发常用制动或紧急制动，因为速度控制是连续的，所以不会超速太多，紧急制动的停车点不会冒出闭塞分区，可以不需增加一个闭塞分区作为安全防护区段，设计时当然要考虑留有适当的安全距离。

列控设备给出的一次连续的制动速度控制曲线是根据目标距离、线路参数和列车自身的性能计算而定；线路参数可以通过地对车信息实时传输，也可以事先在车载信号设备中存储通过核对列车位置取得。因为给出的制动速度控制曲线是一次连续的，需要一个制动距离内所有的线路参数，地对车信息传输的信息量相当大，可以通过无线通信、数字轨道电路、轨道电缆、应答器等地对车信息传输系统传输。目标距离速度控制的列车制动的起始点是随线路参数和列车本身性能不同而变化的，空间间隔的长度是不固定的，比较适用于各种不同性能和速度列车的混合运行，其追踪运行间隔要比分级速度控制小，减速比较平稳，旅客的舒适度也要好些。

列控系统各种控制模式见表1-1。

列车运行控制系统的各种控制模式　　　　　　　　　　　表1-1

控制模式	分级速度控制		目标距离速度控制		
制动模式	阶梯式	分段曲线式	一次连续式		
闭塞制式	固定闭塞		准移动闭塞		移动闭塞
				虚拟闭塞	
车地信息传输	多信息轨道电路+点式设备	数字轨道电路；或多信息轨道电路+点式设备	无线通信；或数字轨道电路；或轨道电缆；或多信息轨道电路+点式设备	无线通信	无线通信
轨道占用检查	轨道电路	轨道电路	轨道电路或计轴设备	无线定位应答器	无线定位应答器
制动模式图示	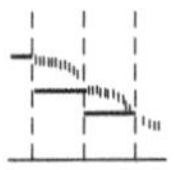	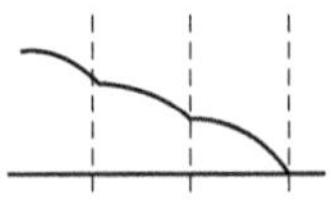	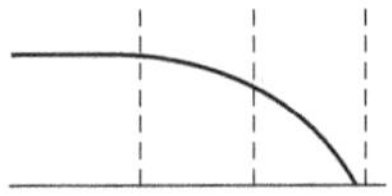		
列车运行间隔	双红灯防护	设为对照值	一次连续制动始点可变	一次连续制动始点可变	移动闭塞

任务二　列控系统的系统构成与分级

一、列控系统的系统构成

我国编制的中国列车运行控制系统(简称 CTCS)的技术规范,即 CTCS 技术规范是参照欧洲列车运行控制系统(简称 ETCS)技术规范编制的。以下的介绍将以 CTCS 为主。

CTCS 系统由两个子系统构成,即地面子系统和车载子系统。

1．地面子系统

地面子系统可由以下部分组成:应答器、轨道电路、无线通信网络(GSM-R)、列控中心(TCC)/无线闭塞中心(RBC)、临时限速服务器(TSRS)。其中 GSM-R 不属于 CTCS 设备,但它是重要组成部分。

(1)应答器,它是一种能向车载子系统发送报文信息的传输设备,既可以传送固定信息,也可连接轨旁单元传送可变信息。

(2)轨道电路,它具有轨道占用检查、沿轨道连续传送地-车信息功能,应采用 ZPW-2000 系列轨道电路。

(3)无线通信网络(GSM-R),它是用于车载子系统和无线闭塞中心进行双向信息传输的车-地通信系统。

(4)无线闭塞中心(RBC),它是基于信号故障安全计算机的控制系统,属于CTCS-3级列控的核心部分。它根据地面子系统或来自外部地面系统的信息,如轨道占用信息、进路状态、临时限速等信息产生列车移动授权,并通过GSM-R无线通信系统传输给车载设备,保证其管辖范围内列车的运行安全。

(5)列控中心(TCC),它根据其管辖范围内各列车位置(轨道占用状况)、联锁进路以及线路限速状态等信息,对轨道电路发送编码信息,对车站有源应答器发送进路参数信息,向列车提供其所需的运行许可信息。

(6)临时限速服务器(TSRS),它根据调度员的临时限速操作命令,实现对各列控中心、无线闭塞中心分配和集中管理临时限速指令,保证限速计划的顺利实施。

2. 车载子系统

车载子系统可由以下部分组成:CTCS车载设备、无线系统车载模块。

(1)CTCS车载设备,它是基于安全计算机的控制系统,通过与地面子系统交互信息来控制列车运行。

(2)无线系统车载模块,它用于车载子系统和列车控制中心进行双向信息交换。CTCS系统结构,如图1-9所示。

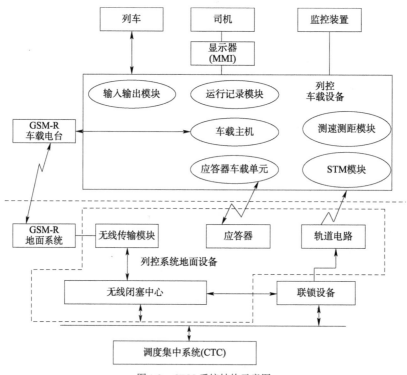

图1-9 CTCS系统结构示意图

二、CTCS应用等级

CTCS根据功能要求和设备配置,划分应用等级0~4级。

CTCS应用等级0(以下简称C0):由通用机车信号+列车运行监控装置组成,为既有系统。

CTCS应用等级1(以下简称C1):由主体机车信号+安全型运行监控记录装置组成;点式

信息作为连续信息的补充,可实现点连式超速防护功能。

CTCS 应用等级 2(以下简称 C2):是基于轨道传输信息并采用车-地一体化系统设计的列车运行控制系统。它可实现行指-联锁-列控一体化、区间-车站一体化、通信-信号一体化和机电一体化。

CTCS 应用等级 3(以下简称 C3):是基于无线传输信息并采用轨道电路等方式检查列车占用的列车运行控制系统。点式设备主要传送定位信息。

CTCS 应用等级 4(以下简称 C4):是完全基于无线传输信息的列车运行控制系统。地面可取消轨道电路,由 RBC 和车载验证系统共同完成列车定位和完整性检查,实现虚拟闭塞或移动闭塞。

同条线路上可以实现多种应用级别,C2、C3 和 C4 可向下兼容。

1. 各种应用等级的区别

(1)CTCS-0 级

为了规范的一致性,将目前干线铁路应用的地面信号设备和车载设备定义为 0 级。0 级由通用机车信号 + 列车运行监控装置组成,对这一定义,业内尚有不同的看法。0 级到底是在等级内还是在等级外不够明确,目前的通用机车信号尚未能成为主体机车信号,列车运行监控装置尚未能被公认为安全系统,所以称列车运行控制系统还是不够格的,但目前确实在运用,并起着保证安全的作用。

0 级的控制模式也是目标距离式,它在既有地面信号设备的基础上,采取大储存的方式把线路数据全部储存在车载设备中,靠逻辑推断地址调取所需的线路数据,结合列车性能计算给出目标距离式制动曲线。如能在每个进出站口增加点式设备,加强核对地址,就能大大减少逻辑推断地址产生错误的可能性。

日本的数字列车运行控制系统 I-ATC 就是采取车载信号设备储存电子地图,通过每一轨道区段的地址编码来调取所需的线路数据,这种方式可以使地-车信息传输信息的需求量减少。在欧洲列车控制系统 ETCS 规范中也不排斥车载信号设备储存线路数据的方式。

正因为 0 级尚未成为安全系统,适用于列车最高运行速度为 160km/h 及以下,一般自动闭塞设计仍按固定闭塞方式进行,采用四显示自动闭塞,信号显示具有分级速度控制的概念,其目标距离式制动曲线可作为参考。应该说这是一个过渡阶段。

(2)CTCS-1 级

CTCS-1 级由主体机车信号 + 加强型运行监控装置组成,面向 160km/h 及以下的区段,在既有设备基础上强化改造,达到机车信号主体化要求,增加点式设备,实现列车运行安全监控功能。利用轨道电路完成列车占用检测及完整性检查,连续向列车传送控制信息。

1 级的控制模式为目标距离式,采取大储存的方式把线路数据全部储存在车载设备中,靠逻辑推断地址调取所需的线路数据,结合列车性能计算给出目标距离式制动曲线。在车站附近增加点式信息设备,传输定位信息,以减少逻辑推断地址产生错误的可能性。

1 级与 0 级的差别在于全面提高了系统的安全性,是对 0 级的全面加强,可称为线路数据全部储存在车载设备上的列车运行控制系统。

(3)CTCS-2 级

CTCS-2 级是基于轨道电路和点式信息设备传输信息的列车运行控制系统,面向提速干线和高速新线,适用于各种限速区段,地面可不设通过信号机。它是一种点-连式列车运行控制系统,功能比较齐全和适合国情。

轨道电路完成列车占用检测及完整性检查,连续向列车传送控制信息;点式信息设备传输定位信息、进路参数、线路参数、限速信息和停车信息。

2级采取目标距离控制模式(又称连续式一次速度控制)。目标距离控制模式根据目标距离、目标速度及列车本身的性能确定列车制动曲线,不设定每个闭塞分区速度等级,采用一次制动方式。

2级采取闭塞方式称为准移动闭塞方式,准移动闭塞的追踪目标点是前行列车所占用闭塞分区的始端,留有一定的安全距离,而后行列车从最高速开始一次制动曲线的计算点是根据目标距离、目标速度及列车本身的性能计算决定的。目标点相对固定,在同一闭塞分区内不依前行列车的走行而变化,而制动的起始点是随线路参数和列车本身性能不同而变化的。空间间隔的长度是不固定的,由于要与移动闭塞相区别,所以称为准移动闭塞。显然其追踪运行间隔要比固定闭塞小一些。

(4)CTCS-3级

CTCS-3级是基于无线通信(如GSM-R)的列车运行控制系统。

轨道电路完成列车占用检测及完整性检查,点式信息设备提供列车用于测距修正的定位基准信息。无线通信系统实现地-车间连续、双向的信息传输,行车许可由地面无线闭塞中心(RBC)产生,通过无线通信系统传送到车上。

3级与2级一样,采取目标距离控制模式(又称连续式一次速度控制)和准移动闭塞方式。由于其实现了地-车间连续、双向的信息传输,所以功能更丰富些,实时性更强些。

(5)CTCS-4级

CTCS-4级是完全基于无线通信(如GSM-R)的列车运行控制系统。它由地面无线闭塞中心(RBC)和车载设备完成列车占用检测及完整性检查,点式信息设备提供列车用于测距修正的定位基准信息。

4级采取目标距离控制模式,列车按虚拟闭塞或移动闭塞方式运行。

①虚拟闭塞是准移动闭塞的一种特殊方式,它不设轨道占用检查设备,采取无线定位方式来实现列车定位和占用轨道的检查功能,闭塞分区是以计算机技术虚拟设定的。

②移动闭塞的追踪目标点是前行列车的尾部,留有一定的安全距离,后行列车从最高速开始制动的计算点是根据目标距离、目标速度及列车本身的性能计算决定的。目标点是前行列车的尾部,与前行列车的走行和速度有关,是随时变化的,而制动的起始点是随线路参数和列车本身性能不同而变化的。空间间隔的长度是不固定的,所以称为移动闭塞。其追踪运行间隔要比准移动闭塞更小一些。

2.各种应用等级的特点

分析CTCS的应用等级划分,发现有以下两个特点:

(1)各应用等级均采用目标距离控制模式,采取连续一次制动方式。

这是由于我国的列控系统的应用起步晚、起点高,因此一步就瞄准了比较先进的控制模式。在我国阶梯式和曲线式分级速度控制都用过,取得了经验,好在并未形成规模,CTCS推荐采用目标距离控制模式是适宜的,符合国际列控系统的发展趋势。由于列控系统的控制模式是其主要特征和性能之一,控制模式决定了闭塞方式和列车运行间隔,从而决定了运输能力,所以说除移动闭塞外,各应用等级的主要功能几乎是一样的。

(2)各应用等级是根据设备配置来划分的,其主要差别在于地对车信息传输的方式和线路数据的来源。

基于国情多信息轨道电路(UM 系列 18 信息)比较成熟,达到国产化程度,所以以它为基础设备之一;欧标应答器通用性强,供货厂商多,也作为基础设备之一;轨道电缆和计轴器不准备推广;数字轨道电路国际上唯有日本用它实现了目标距离控制模式,国内研制尚未成熟,暂不予确定,数字轨道电路的生命力将取决于其国产化程度和进度;无线通信(如 GSM-R)欧洲推广,能实现地-车间连续、双向的大信息量传输,有发展趋势,用于高等级列控系统。

线路数据大储存于车载数据库靠逻辑推算来提取相应数据的方式,用于较低等级列控系统;点式信息设备传输线路数据的方式,增加了线路数据的实时性,用于中等级列控系统。至于采用储存电子地图和点式信息设备提供闭塞区段地址码的方式将在技术发展中比选;无线通信连续、双向信息传输,有大信息量和实时性的优势,用于高等级列控系统。

为便于对照,用表 1-2 予以归纳。

各种应用等级的区别与特点　　　　　表 1-2

应用等级	C0	C1	C2	C3	C4
控制模式	目标距离	目标距离	目标距离	目标距离	目标距离
制动方式	一次连续	一次连续	一次连续	一次连续	一次连续
闭塞方式	固定闭塞或准移动闭塞	准移动闭塞	准移动闭塞	准移动闭塞	移动闭塞或虚拟闭塞
地对车信息传输	多信息轨道电路	多信息轨道电路+点式设备	多信息轨道电路+点式设备;或数字轨道电路	无线通信双向信息传输	无线通信双向信息传输
轨道占用检查	轨道电路	轨道电路	轨道电路	轨道电路等	无线定位,应答器校正
线路数据来源	车载数据库	车载数据库	应答器提供或轨道电路	无线通信提供	无线通信提供
对应 ETCS 级			ETCS1 级	ETCS2 级	ETCS3 级

复习思考题

1. 什么是准移动闭塞?什么是移动闭塞?二者有何异同?
2. 列控系统共分为哪几级?其中三级含义是什么?
3. 列控系统是由哪些轨旁设备给列车提供控制信息的?

项目二　CTCS-2 级与 CTCS-3 级列控系统

教学目标

掌握 CTCS-2 级列控系统与 CTCS-3 级列控系统的组成及工作原理;掌握目标距离-速度控制模式。

项目描述

CTCS-2 级列控系统是基于轨道电路和点式设备传输控车信息,并采用车地一体化的列车运行控制系统。CTCS-3 级列控系统是基于 GSM-R 的无线网络传输信息,并采用轨道电路等方式检查列车占用的列车控制系统;点式应答器设备主要传输定位信息和特定的 CTCS-3 级信息。

任务一　CTCS-2 级与 CTCS-3 级列控系统概述

速度不超过 250km/h 的客运专线一般采用 CTCS-2 级列控系统;速度达到 350km/h 的客运专线通常采用 CTCS-3 级列控系统。CTCS-2 级列控系统作为 CTCS-3 级的后备模式,当 CTCS-3 级列控系统故障时,可以降级到 CTCS-2 级列控系统,而不影响列车正常运行。

一、CTCS-2 级列控系统

CTCS-2 级列控系统是基于轨道电路和点式设备传输信息的列车运行控制系统。它面向客运专线、提速干线,适用于各种限速区段,机车乘务员凭车载信号行车。

CTCS-2 级列控系统技术条件,如表 2-1 所示。

CTCS-2 级列控系统的技术条件　　　　　表 2-1

CTCS 级别	地面设备		车载设备	
闭塞方式	设备名称	作用	设备名称	作用
CTCS-2 级基于轨道电路的准移动闭塞	轨道电路	列车占用检测和列车完整性检查、连续向列车传送控制信息	连续信息接收模块	完成轨道电路信息的接收与处理
	点式信息设备	用于向车载设备传输定位信息、进路参数、线路参数、限速和停车信息等	点式信息接收模块	完成点式信息的接收与处理
			测速模块	实时检测列车运行速度并计算走行距离

(1) CTCS-2 级本身是《CTCS 技术规范总则》中根据系统配置按功能划分的一个等级标准,有相应的技术条件,并不指定具体的设备和细节;凡是能够实现 CTCS-2 级规定的列控功能,满足相关技术标准的设备,均可称为 CTCS-2 级列控系统设备。我国在客运专线建设的实践中确定一种符合 CTCS-2 级标准的列控系统,确定了其系统构成、设备和具体规定,满足技术要求、设计条件和实际应用的列控系统,大家已习惯于称这个列控系统为 CTCS-2 列控系统。

(2) CTCS-2 列控系统是结合中国实际情况,具有中国特色的列控系统,有以下特点:
① 基于轨道电路和应答器进行车-地间信息传输。
② 采用目标距离的控制模式,实现一次连续制动方式。
③ 能在既有提速线路上叠加,实现在同一线路上与既有信号系统的兼容。
④ 采用了具有自主知识产权的 ZPW-2000A 型无绝缘轨道电路。采用欧标应答器,欧标应答器已实现国产化。车载信号设备已通过引进设备的消化吸收,实现国产化。

(3) 欧洲 ETCS-1 级为了实现互连互通的目的,仅把轨道电路作为轨道占用检查设备,摒弃了不同制式轨道电路地对车信息传输方式,完全采用应答器或点式设备来传输线路参数和目标距离,构成了点连式列控系统。我国鉴于已确定了统一采用 ZPW-2000A 系列轨道电路的实际情况,可以充分发挥其 18 个信息的作用,于是 CTCS-2 级的目标距离(移动授权凭证)由轨道电路进行连续信息传输,构成了近似连续式的列控系统,这在系统功能上要优于 ETCS-1 级,具有中国特色。

(4) CTCS-2 级强调了线路数据由地面传送,而 CTCS-1 级的线路数据是在车上储存的,这是两者的主要区别。

二、CTCS-3 级列控系统

列控系统是确保高速列车运行安全,提高行车效率的核心设备。总结世界各国的高速铁路列车控制系统的特点,结合我国铁路的需求和发展规划,我国通过系统集成和自主创新,建立符合中国国情的路型,建立具有自主知识产权的 CTCS-3 级列控技术体系。

CTCS-3 级列控系统包括车载设备和地面设备。车载设备包括 GSM-R 无线通信模块及天线、轨道电路信息接收单元及天线、应答器信息接收模块及天线、车载安全计算机、人机界面 DMI。地面室外设备主要有应答器、ZPW – 2000A 轨道电路、GSM-R 无线基站;室内设备包括行车指挥中心、无线闭塞中心 RBC、GSM-R 移动交换中心、车站联锁、车站列控中心。

CTCS-3 级列控系统主要技术原则:

(1) CTCS-3 级列控系统应用于速度 300~350km/h 的客运专线和高速铁路,满足列车正向运行最小追踪间隔时间 3min 的要求。

(2) CTCS-3 级列控系统按兼容 CTCS-2 级列控系统的要求,统一配置车载及地面设备。CTCS-2 级作为当 CTCS-3 级无线通信系统故障的备用系统使用。无线闭塞中心(RBC)或无线通信故障时,可降级使用 CTCS-2 级列控系统控制列车运行。

(3) CTCS-3 级列控系统车载设备采用目标距离连续速度控制模式、设备制动优先的方式监控列车安全运行。300km/h 及以上动车组不装设列车运行监控装置(LKJ)。

(4) CTCS-3 级列控系统采用轨道电路进行列车占用及列车完整性检查,列车正向按自动闭塞追踪运行,反向按自动站间闭塞运行。

(5)CTCS-3级列控系统满足跨线运行的运营要求,全线RBC设备集中设置。动车段及联络线均安装CTCS-2级列控系统地面设备。

(6)GSM-R无线通信覆盖包括大站在内的全线所有车站。

(7)在300km/h及以上线路,CTCS-3级列控系统车载设备速度容限规定为超速2km/h报警、超速5km/h触发常用制动、超速15km/h触发紧急制动。

(8)RBC向装备CTCS-3级车载设备的列车,应答器向装备CTCS-2级车载设备的列车分别发送分相区信息,实现自动过分相。

三、CTCS-2级列控系统与CTCS-3级列控系统的差异

CTCS-2级列控系统与CTCS-3级列控系统都是对高速运行下的列车进行运行速度、运行间隔等实时监控和超速防护,以目标距离-连续式速度控制模式、设备制动优先的方式监控列车安全运行。地面设备必须配套调度集中、车站联锁、信号集中监测系统。车载设备以地面应答器为基准点通过测速单元等设备测量列车运行距离来获得列车位置。通过轨道电路实现列车占用检查。

CTCS-2级列控系统与CTCS-3级列控系统的差异,见表2-2。

CTCS-2级列控系统与CTCS-3级列控系统的差异　　　表2-2

项　目	CTCS-3级	CTCS-2级
适用范围	300～350km/h 高速铁路	200～250km/h 高速铁路
车地信息通道	GSM-R及部分应答器,双向实时传输	轨道电路及应答器,单向传输
地面主要控制设备	无线闭塞中心RBC	列控中心
临时限速服务器	必须设置	必须设置
行车许可MA	RBC根据列车位置、轨道电路状态及进路信息生成MA,传送给车载设备	车载设备根据收到的轨道电路编号和应答器信息生成MA
临时限速信息	RBC通过连续的无线通信传送给车载设备	列控中心通过有源应答器传送给车载设备
发送分相区信息	RBC	应答器
车载设备工作模式	7种	9种,特有部分监控模式和机车信号模式
区间地面信号机	不设置,只设置停车标	可设置
车站地面信号机	常态为灭灯	常态为点灯,也可常态为灭灯
备用系统	CTCS-2级	LKJ

任务二　CTCS-2级列控系统总体构成

CTCS-2级列控系统分车载设备和地面设备两部分;地面设备又分轨旁和室内设备两部分。其总体结构,如图2-1所示。

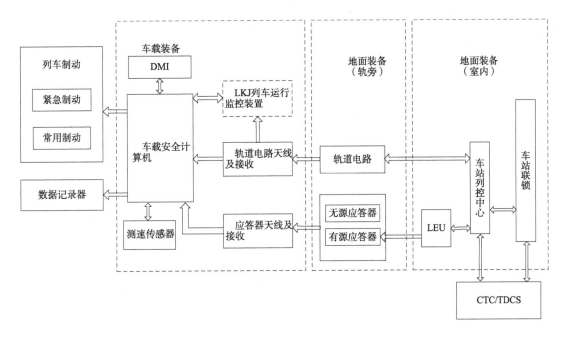

图 2-1 CTCS-2 级列控系统的总体结构

一、地面设备

地面设备由列控中心、地面电子单元(LEU)、点式应答器、轨道电路、车站计算机联锁等组成。轨道电路、车站电码化传输连续列控信息;点式应答器、车站列控中心传输点式列控信息。

列控中心的硬件设备结构要求与车站计算机联锁相同,采用二乘二取二系统结构;根据列车占用情况及进路状态,通过对轨道电路编码及有源应答器信息的控制产生行车许可信息,将与进路相关的线路数据传送列车。列车进路信息和临时限速信息需要根据列车运营情况确定,处于实时变化之中,必须通过地面电子单元(LEU)传递给有源应答器。

轨道电路:采用 ZPW-2000A 系列轨道电路设备,完成列车占用检测及列车完整性检查,连续向列车传送允许移动授权信息。

站内轨道电路:车站正线及股道采用与区间同制式的轨道电路。

点式应答器:采用电气特性与欧洲 ETCS 技术规范相同的大容量应答器。无源应答器设于各闭塞分区入口处及其他需要设置的位置,如车站进站信号机、出站信号机及区间信号点,用于向车载设备传输定位信息、进路参数、线路参数、限速和停车信息等。有源应答器设于车站的进、出站口,中继站及其他需要设置有源应答器的位置;当列车通过该应答器时,应答器向列车提供地面应答器编号、链接信息、进路线路参数等,包括目标距离、线路坡度、线路限速、信号机类型和轨道电路载频等信息,以及接车进路区域临时限速值。

二、车载设备

1. 车载设备的组成

车载设备由车载安全计算机、轨道信息接收单元(STM)、应答器信息接收单元(BTM)、制动接口单元、记录单元、人机界面(DMI)、速度传感器、BTM 天线、STM 天线等组成。车载设备根据地面设备提供的信号动态信息、线路静态参数、临时限速信息及有关动车组数据,生成控制速度和目标距离模式曲线,控制列车运行。同时,记录单元对列控系统有关数据及操作状态信息实时动态记录。

(1)车载安全计算机:采用高可靠的安全计算机平台,根据地面连续式和点式传输的移动授权及线路数据,生成连续式速度监督曲线,监控列车的安全运行;超速时,通过车辆接口对列车的制动系统发出制动控制指令。

(2)轨道电路接收模块:接收 ZPW-2000A 系列轨道电路低频信息,并将该连续信息同时提供给车载安全计算机和 LKJ 运行记录器。

(3)应答器接收模块:接收处理应答器信息,并将该信息提供给车载安全计算机。

(4)车载人机界面通过触摸屏显示列车运行速度、允许速度、目标速度和目标距离等行车信息,并可接收司机输入信息。

(5)测速测距有两种形式的传感器:轴端速度传感器和雷达。前者更适合低速应用,后者则更适合高速;采用两种传感器的结合,可保证测速测距的更高精度。制动接口采用继电或通信接口方式,紧急制动采用失电制动方式。

(6)数据记录器用于记录与系统运行和状态有关的数据;记录的数据将在 ATP 系统故障时用于维护目的。

2. 车载设备的要求

车载设备的信息来源于轨道电路和点式信息设备,并在嵌入的运行管理记录单元中设置车载数据库。车载设备的基本要求如下:

(1)防止列车冒进禁止信号,应根据系统安全要求设置安全防护距离。

(2)应具有冒进防护措施。

(3)防止列车越过规定的停车点。

(4)防止列车超过允许速度、固定限速和临时限速运行;临时限速命令由调度中心通过 CTC 调度台下达,经临时限速服务器处理下达至相应列控中心,限速等级及区域应满足运营需要。

(5)应具有车尾限速保持功能。

(6)防止列车超过规定速度引导进站。

(7)防止机车超过规定速度进行调车作业。

(8)车轮打滑和空转不得影响车载设备正常工作。

任务三　CTCS-3 级列控系统总体构成

CTCS-3 级列控系统是我国高速铁路的重要技术装备,是保证高速列车运行安全、可靠、高效的核心技术之一。CTCS-3 级列控系统是基于 GSM-R 无线网络实现车地双向传输信息、无线闭塞中心生成行车许可的列控系统。CTCS-3 级列控系统包括车载设备和地面设备;地面设备又分轨旁设备和室内设备两部分。CTCS-3 级列控系统的结构,见图 2-2 所示。

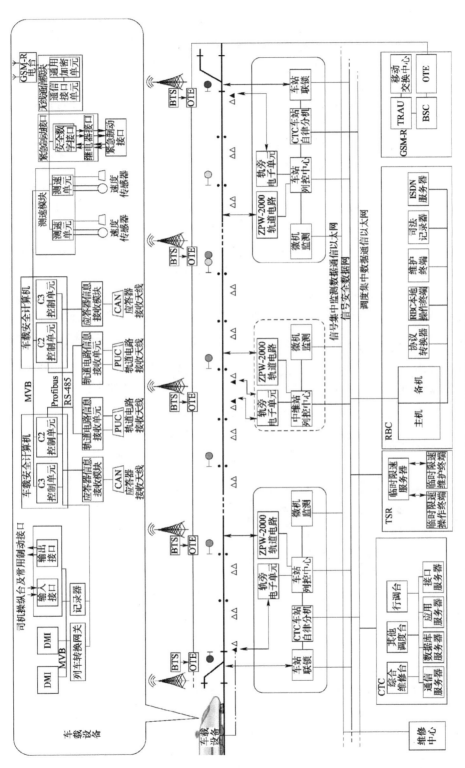

图 2-2 CTCS-3 级列控系统的结构

一、地面设备

地面轨旁设备主要有应答器、ZPW-2000 轨道电路、GSM-R 无线基站。地面室内设备包括行车指挥中心 CTC、无线闭塞中心 RBC、GSM-R 移动交换中心、车站联锁、车站列控中心 TCC。

CTCS-3 级列控系统是基于 GSM-R 无线传输技术的列车运行控制系统,通过应答器实现列车定位,利用 ZPW-2000A 轨道电路实现列车占用和完整性检查,即车地信息传输采用 GSM-R 无线传输方式和轨道电路加应答器的传输方式。

轨道电路按照 CTCS-2 级列控系统的要求传输信息。应答器除传输 CTCS-2 级列控系统的有关信息外,还传输 CTCS-3 级列控系统所需的列车定位、与 RBC 链接等信息。列车与地面通过 GSM-R 无线网络实现双向通信;GSM-R 无线网络采用交织冗余技术,提高系统的抗干扰性和可靠性。列车通过 GSM-R 无线网络给 RBC 发送列车位置和速度等信息,RBC 根据车载设备发送信息,结合联锁的进路信息和限速信息计算列车追踪信息,向列车发送加密的行车许可,实现列车运行的安全控制。列控中心 TCC 接收轨道电路的占用信息,并通过计算机联锁系统传送给 RBC;同时列控中心具有轨道电路编码、有源应答器报文编码和发送功能、临时限速处理功能,满足后备系统需要。CTCS-3 级列控系统设备的构成,见图 2-3 所示。

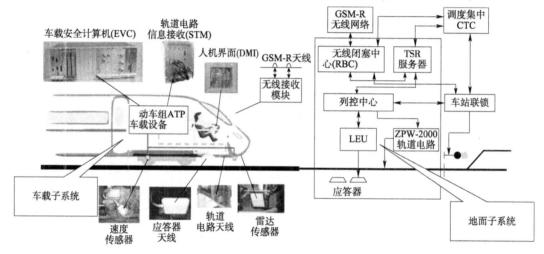

图 2-3 CTCS-3 级列控系统设备的构

二、车载设备

车载设备包括 GSM-R 无线通信模块及天线、轨道电路信息接收单元及天线、应答器信息接收模块及天线、车载安全计算机、人机界面 DMI 等。

车载设备通过 GSM-R 无线网络从 RBC 获取行车许可和线路参数等信息,并通过车载安全计算机计算后生成目标距离-连续速度控制模式,按照 DMI 显示规范,在 DMI 上显示允许运行速度等信息,并根据列车运行情况,发送不同的语音提示,降低司机的劳动程度,确保行车安全。行车指挥中心对列车运行状态实行监控,并根据不同情况下达调度命令,CTC 操作终端设置临时限速,行车指挥中心与车站联锁通信,控制排列进路;列控中心根据车站联锁的进路信息和临时限速信息,结合区段占用情况,控制有源应答器和轨道电路发码。

CTCS-3 级列控系统实现由对地面固定信号的显示控制到面向列车移动体的直接控制转变,确保最高运行速度 300～350km/h 的列车运行安全,满足高密度、高速度、高舒适度的列车运营需求。

随着我国客运专线和高速铁路的不断建设,CTCS-3 级列控系统将会广泛运用,为现代化的铁路运输提供安全、高效、可靠的保障。

任务四　速度控制模式

列控系统采用目标距离速度控制模式,其采取的制动模式为连续式一次制动速度控制的方式,根据目标距离、目标速度及列车本身的性能确定列车制动曲线,如图 2-4 所示。在我国 CTCS 不同等级中采用了不同方式进行数据传输及控制。

制动速度控制曲线是一次连续的,需要一个制动距离内所有的线路参数,CTCS-2 级通过应答器进行信息传输,CTCS-3 级通过 RBC 发送线路参数。

CTCS-2 级模式下目标距离是由轨道电路进行连续信息传输的,构成了移动授权凭证;CTCS-3 级模式下直接由 RBC 发送移动授权。

目标距离控制模式根据目标距离、目标速度及列车本身的性能确定列车制动曲线,不设定每个闭塞分区速度等级,采用一次制动方式。目标距离控制模式追踪目标点是前行列车所占用闭塞分区的始端,而后行列车从最高速开始制动的计算点是根据目标距离、目标速度及列车本身的性能计算决定的。目标点相对固定,在同一闭塞分区内不依前行列车的走行而变化,而制动的起始点是随线路参数和列车本身性能不同而变化的。两列车空间间隔的长度是不固定的,所以称为准移动闭塞。

目标距离-速度控制曲线实际上有 3 条,如图 2-5 所示。

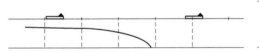 

图 2-4　目标距离-速度控制模式示意图　　图 2-5　CTCS-2 目标距离-速度控制曲线示意图

图中粗实线为紧急制动速度控制线,短划虚线为常用制动速度控制线,点虚线为司机实际运行速度控制线。

目标距离-速度控制线,从最高速至零速的列车控制减速线为一条连贯和光滑的曲线。列车实际减速运行线只要在常用制动控制线以下就可以了,列车超速碰撞了常用制动速度控制线,设备报警并自动实施常用制动;如继续超速碰撞了紧急制动速度控制线,则引发紧急制动,因为速度控制是连续的且全程监控的,所以不会超速太多,紧急制动的停车点不会冒出闭塞分区,可以不需增加一个闭塞分区作为安全防护区段,当然设计时会在停车点与目标点之间留有一定的安全距离。

以 CTCS-2 级为例,车载设备给出的一次连续的制动速度控制曲线是根据目标距离、线路参数和列车自身的性能计算而定的,制动速度控制曲线是一次连续的,需要一个制动距离内所有的线路参数,线路参数通过应答器进行信息传输。目标距离是由轨道电路进行连续信息传输的,构成了移动授权凭证。

目标距离-速度控制的列车制动的起始点是随线路参数和列车本身性能不同而变化的,空间间隔的长度是不固定的,比较适用于各种不同性能和速度列车的混合运行,其追踪运行间隔要比分级速度控制小,减速比较平稳,旅客的舒适度也要好些。

目标距离-速度控制线的目标点为停车点时,目标速度值为零;当目标点为进站道岔侧向时,则道岔侧向限速值即为目标速度值。如图2-6所示。

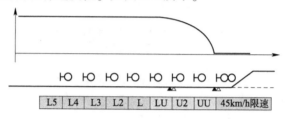

图2-6 侧线接车时的速度控制线

复习思考题

1. 什么是CTCS-2级列控系统?
2. 简述CTCS-2级列控系统的组成及工作原理。
3. 什么是CTCS-3级列控系统?
4. 简述CTCS-3级列控系统的组成及工作原理。
5. CTCS-3级列控系统的主要技术原则是什么?
6. 车载设备的基本要求是什么?
7. 目标距离速度控制曲线示意图中的3条曲线各代表什么?

项目三　客运专线 ZPW-2000A 轨道电路

教学目标

掌握客运专线 ZPW-2000A 轨道电路特点、系统结构、工作原理及室内外设备构成。

项目描述

客运专线 ZPW-2000A 轨道电路也称为 ZPW-2000K 轨道电路,是在既有 ZPW-2000A 无绝缘轨道电路的基础上,针对客运专线的应用进行了适应性改进,它保留了既有 ZPW-2000A 轨道电路稳定、可靠的特点,具有我国自主知识产权,适用于客运专线列控系统。客运专线 ZPW-2000A 轨道电路用于完成列车占用检测和列车完整性检查、连续向列车传送控制信息。

任务一　客运专线 ZPW-2000A 概述

客运专线 ZPW-2000A 轨道电路包括区间设备和站内设备两种。

客运专线 ZPW-2000A 轨道电路具有以下技术特点:

(1)客运专线 ZPW-2000A 轨道电路接收器载频选择可通过列控中心进行集中配置,发送器采用无接点的计算机编码方式,取代了既有 ZPW-2000A 轨道电路系统的继电编码方式,取消了大量的编码继电器。

(2)发送器由既有的 N+1 提高为 1+1 的备用模式,最大限度地降低了因设备故障而影响行车。

(3)将既有 ZPW-2000A 轨道电路的调谐单元和匹配单元整合为一个调谐匹配单元,减少了系统的设备数量,提高了系统的可靠性。

(4)优化了补偿电容的配置,采用 25μF 一种,不同的信号载频采用不同的补偿间距;补偿电容采用了全密封工艺,提高了其电容稳定性和延长了使用寿命。

(5)加大了空心线圈的导线线径,从而提高了关键设备的安全容量要求。

(6)客运专线 ZPW-2000A 轨道电路系统带有监测和故障诊断功能,为系统的状态修理提供了技术支持。

(7)站内采用与区间同制式的客运专线 ZPW-2000A 轨道电路,提高了系统的可靠性。

(8)站内道岔区段的弯股采用与直股并联的一送一受轨道电路结构,轨道电路在大秦线站内 ZPW-2000A 轨道电路的基础上,使道岔分支长度由小于或等于 30m 延长到 160m,提高了机车信号车载设备在站内使用的安全性、灵活性,方便了设计。

一、轨道电路的主要技术条件

1. 工作环境

客运专线 ZPW-2000K 轨道电路设备,在下列环境条件下应可靠工作:

(1)使用环境温度:

室内温度: $-5 \sim +40℃$;

室外温度: $-40 \sim +70℃$。

(2)周围空气相对湿度:

室内:不大于85%(温度30℃时);

室外:不大于95%(温度30℃时)。

(3)大气压力:$70 \sim 106$kPa(相当于海拔高度3000m以下)。

(4)周围无腐蚀性和引起爆炸危险的有害气体。

(5)振动条件:

室内设备:在 $5 \sim 200$Hz 时应能承受加速度为 $5m/s^2$ 的正弦稳态振动;

室外设备:在 $5 \sim 500$Hz 时应能承受加速度为 $20m/s^2$ 的正弦稳态振动。

(6)在电气化牵引区段钢轨的牵引回流不大于2000A、钢轨电流不平衡系数不大于10%时能够可靠工作。

2. 信号特征

(1)载频频率。

下行:1700-1　　1701.4Hz
　　　1700-2　　1698.7Hz
　　　2300-1　　2301.4Hz
　　　2300-2　　2298.7Hz

上行:2000-1　　2001.4Hz
　　　2000-2　　1998.7Hz
　　　2600-1　　2601.4Hz
　　　2600-2　　2598.7Hz

(2)低频频率。

F18~F1 频率分别为:10.3Hz、11.4Hz、12.5Hz、13.6Hz、14.7Hz、15.8Hz、16.9Hz、18Hz、19.1Hz、20.2Hz、21.3Hz、22.4Hz、23.5Hz、24.6Hz、25.7Hz、26.8Hz、27.9Hz、29Hz。

(3)频偏:$±11$Hz。

(4)输出功率:70W(400Ω 负载)。

3. 轨道电路工作参数

(1)轨道电路的标准分路灵敏度:道砟电阻为 $1.0Ω·km$ 或 $2.0Ω·km$ 时,为 $0.15Ω$;道砟电阻不小于 $3.0Ω·km$ 时,为 $0.25Ω$。

(2)可靠工作电压:轨道电路调整状态下,接收器接收电压(轨出1)不小于240mV,轨道电路可靠工作。

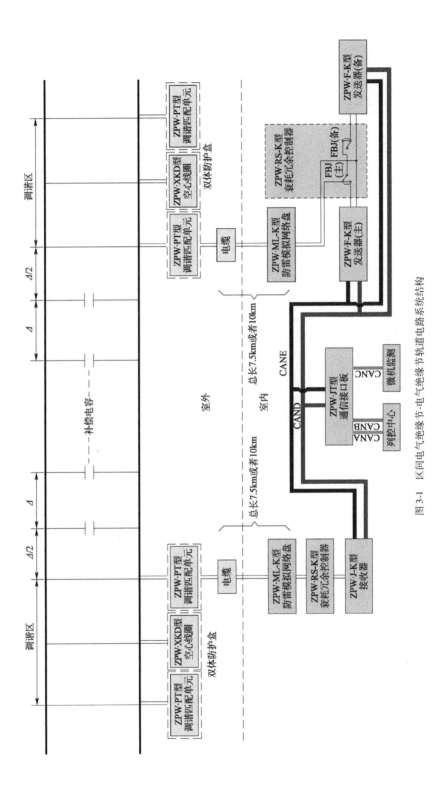

图 3-1 区间电气绝缘节-电气绝缘节轨道电路系统结构

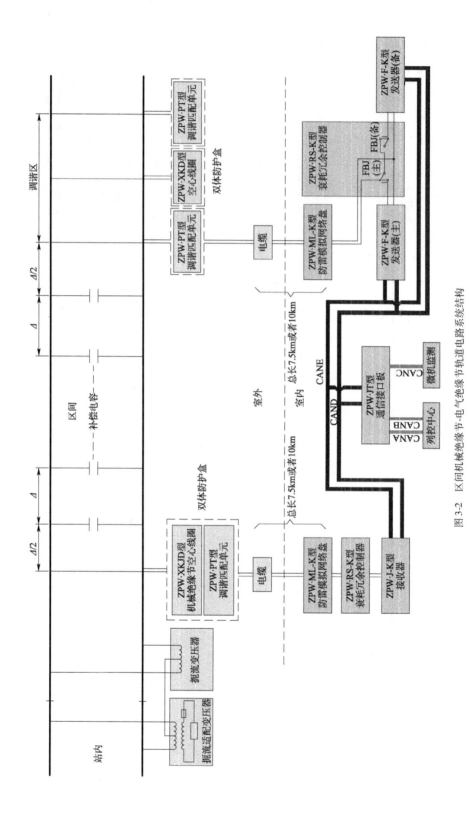

图 3-2 区间机械绝缘节-电气绝缘节轨道电路系统结构

项目三 客运专线 ZPW-2000A 轨道电路

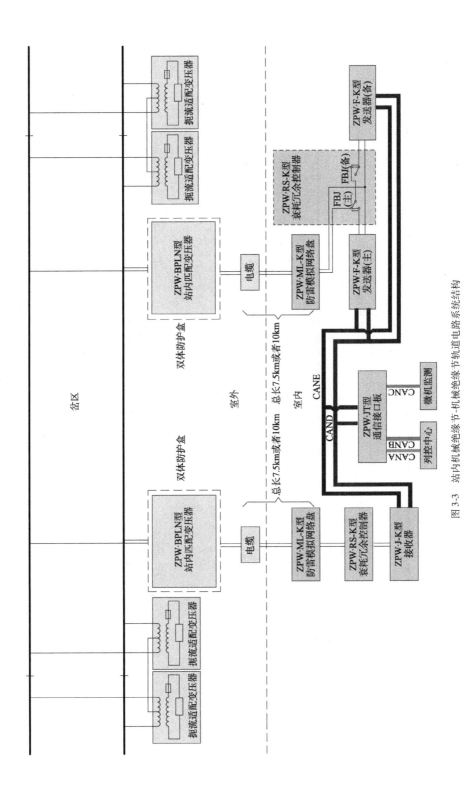

图 3-3 站内机械绝缘节-机械绝缘节轨道电路系统结构

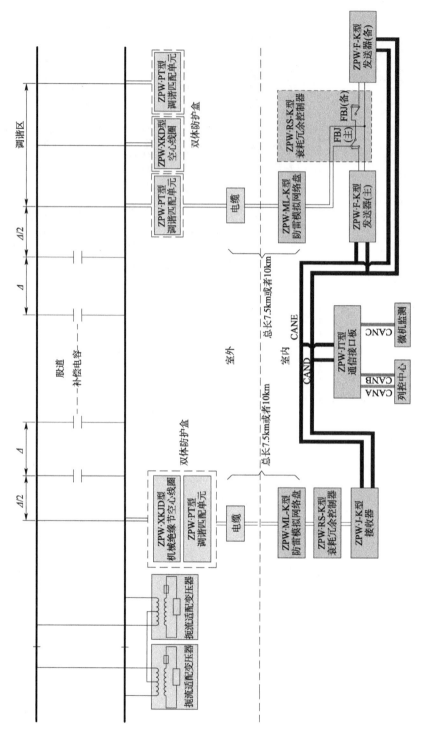

图 3-4 站内机械绝缘节-电气绝缘节轨道电路系统结构

(3)可靠不工作:在轨道电路最不利条件下,使用标准分路电阻在轨道区段的任意点分路时,接收器接收电压(轨出1)原则上不大于153mV,轨道电路可靠不工作。

(4)在最不利条件下,在轨道电路任一处轨面机车信号短路电流不小于规定值,见表3-1。

机车信号短路电流的规定值　　　　表3-1

频率(Hz)	1700	2000	2300	2600
机车信号短路电流(A)	0.50	0.50	0.50	0.45

(5)直流电源电压范围:23.0~25.0V。

二、轨道电路系统结构

客运专线 ZPW-2000A 轨道电路区间和站内采用一体化设计,其中区间和站内均有电气绝缘节-电气绝缘节结构,机械绝缘节-电气绝缘节结构两种。

1. 区间轨道电路系统结构

(1)区间电气绝缘节-电气绝缘节轨道电路系统结构,如图3-1所示。

(2)区间机械绝缘节-电气绝缘节轨道电路系统结构,如图3-2所示。

2. 站内轨道电路系统结构

(1)站内机械绝缘节-机械绝缘节轨道电路系统结构,如图3-3所示。

(2)站内机械绝缘节-电气绝缘节轨道电路系统结构,如图3-4所示。

任务二　系统工作原理

一、调谐区的工作原理

由于当前铁路线路多为长轨,且多为电气化牵引,为了减少锯轨,采用电气分割相邻轨道电路信号,利用调谐单元对不同频率信号的不同阻抗值,实现相邻区段信号的隔离,划定了轨道电路的控制范围,如图3-5所示。

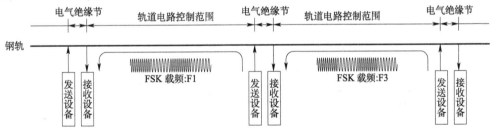

图 3-5　调谐区的工作原理

电气绝缘节长 L(调谐区长度取决于轨道电路钢轨参数值,不同轨道结构的轨道电路的钢轨参数不同,如无砟和有砟的路基地段为29m,桥梁地段一般情况下为32m),如图3-6所示。

在两端各设一个调谐匹配单元,对于较低频率轨道电路(1700Hz、2000Hz)端,设置 L_1、C_1 两元件的 F1 型调谐单元;对于较高频率轨道电路(2300Hz、2600Hz)端,设置 L_2、C_2、C_3 三元件的 F2 型调谐单元。调谐区的原理框图,见图3-7。

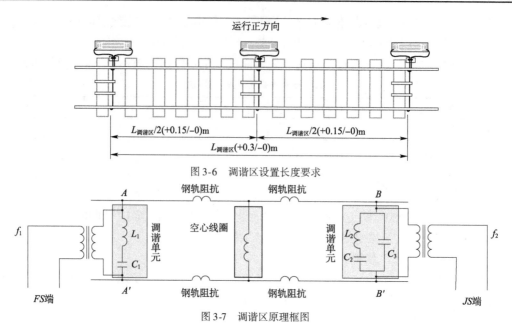

图 3-6 调谐区设置长度要求

图 3-7 调谐区原理框图

$f_1(f_2)$ 端 BA 的 $L_1C_1(L_2C_2)$ 对 $f_2(f_1)$ 端的频率为串联谐振,呈现较低阻抗(约数十毫欧姆),称"零阻抗"相当于短路,阻止了相邻区段信号进入本轨道电路区段,图 3-8 中 c)图左端、b)图右端。

$f_1(f_2)$ 端的 BA 对本区段的频率呈现电容性,并与调谐区钢轨、SVA 的电感构成并联谐振,呈现高阻抗,称"极阻抗"。从而,降低电气绝缘节对信号的衰减。

调谐区工作原理,见图 3-8。

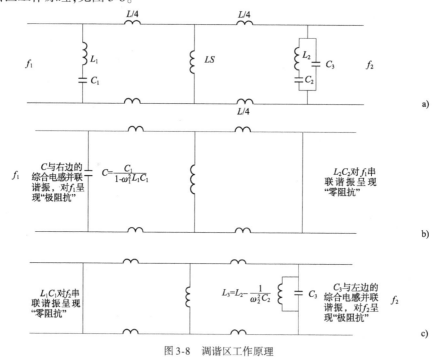

图 3-8 调谐区工作原理

二、电气绝缘节调谐区内的检测功能

将调谐区作为一段短小轨道电路(如32m)。利用相邻区段的接收器,对调谐区谐振信号进行解调处理,设置高低两个防护门限,对调谐区进行检查。电气绝缘节调谐区内的检测功能,如图3-9所示。

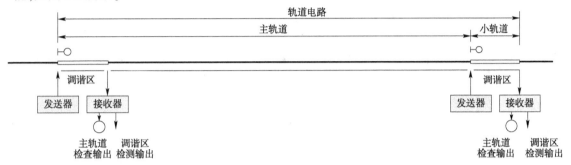

图3-9　电气绝缘节调谐区内的检测功能示意图

三、系统冗余设计

发送器采用1备1方式,其结构原理如图3-10所示。接收器由本接收"主机"及另一接收"并机"两部分构成,其结构原理如图3-11所示。

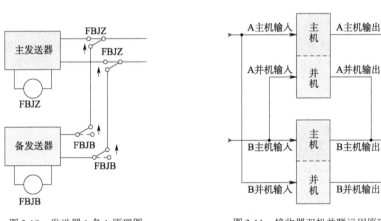

图3-10　发送器1备1原理图　　　　图3-11　接收器双机并联运用原理框图

四、补偿电容设置

无论区间轨道电路区段还是站内道岔轨道电路区段,当轨道电路区段长度大于300m时,原则上需要设置补偿电容,以改善轨道电路信号在钢轨线路上的传输条件。补偿电容采用高可靠的全密封电容(型号:ZPW-CBGM)。补偿电容容值为25μF一种,补偿电容按照相等间距原则进行布置。

1. 补偿间距布置原则

(1)区间、站内股道及无岔区段轨道电路的补偿电容设置原则。

轨道区段补偿电容的理论间距如下:

1700Hz、2000Hz:60m;

2300Hz、2600Hz:80m。

(2) 两端为电气绝缘节的轨道电路结构,如图3-12所示。

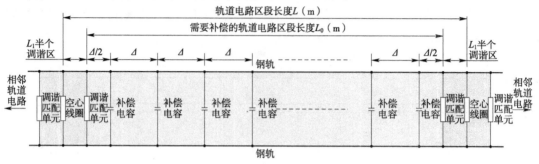

图3-12 两端为电气绝缘节的轨道电路结构

具体设置和计算方法如下:

1700Hz、2000Hz:

需要补偿的轨道电路区段长度 L_0 = 轨道电路区段长度 $L - 2 \times$ 半个调谐区长度 L_1

补偿电容数量 $n = \left(\dfrac{\text{需要补偿的轨道电路区段长度} L_0}{60}\right)$ （注:采用四舍五入制）

间距 $\Delta = \dfrac{\text{需要补偿的轨道区段长} L_0}{n}$ （单位:m）

2300Hz、2600Hz:

需要补偿的轨道电路区段长度 L_0 = 轨道电路区段长度 $L - 2 \times$ 半个调谐区长度 L_1

补偿电容数量 $n = \left(\dfrac{\text{需要补偿的轨道电路区段长度} L_0}{80}\right)$ （注:采用四舍五入制）

间距 $\Delta = \dfrac{\text{需要补偿的轨道区段长} L_0}{n}$ （单位:m）

(3) 一端电气绝缘、一端机械绝缘节的轨道电路结构,如图3-13所示。

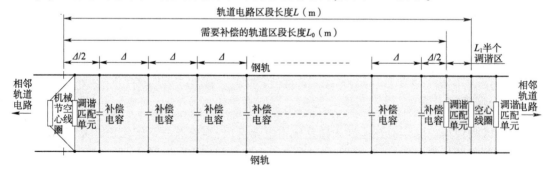

图3-13 一端电气绝缘、一端机械绝缘节的轨道电路结构图

具体设置和计算方法如下:

1700Hz、2000Hz:

需要补偿的轨道电路区段长度 L_0 = 轨道电路区段长度 $L -$ 半个调谐区长度 L_1

补偿电容数量 $n = \left(\dfrac{需要补偿的轨道电路区段长度 L_0}{60}\right)$ （注：采用四舍五入制）

间距 $\Delta = \dfrac{需要补偿的轨道区段长 L_0}{n}$ （单位：m）

2300Hz、2600Hz：

需要补偿的轨道电路区段长度 L_0 = 轨道电路区段长度 L – 半个调谐区长度 L_1

补偿电容数量 $n = \left(\dfrac{需要补偿的轨道电路区段长度 L_0}{80}\right)$ （注：采用四舍五入制）

间距 $\Delta = \dfrac{需要补偿的轨道区段长 L_0}{n}$ （单位：m）

（4）站内有岔区段轨道电路的补偿电容设置原则。

该类型为采用站内一体化轨道电路结构。

两端为机械绝缘节的轨道电路结构，如图3-14所示。

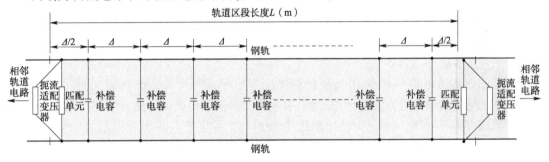

图3-14 两端为机械绝缘节的轨道电路结构

补偿电容数量 $n = \left(\dfrac{轨道电路区段长度 L}{100}\right)$ （注：采用四舍五入制）

间距 $\Delta = \dfrac{轨道电路区段长度 L}{n}$ （单位：m）

2.补偿电容安装位置的允许公差

（1）区间补偿电容的安装位置允许公差为：半截距±0.25m；间距±0.5m。

（2）对于站内道岔区段岔心处的补偿电容的安装位置允许公差为：±10.0m处理，其余的一般按"区间补偿电容的安装位置允许公差"原则处理。

任务三　站内ZPW-2000A轨道电路

一、站内ZPW-2000A轨道电路的含义

站内ZPW-2000A轨道电路是集轨道电路信息和列车的车载信息于一体，在任意时刻向钢轨同时传送轨道电路信息和列车的车载信息。它是相对于目前"站内轨道电路电码化"而言的。从这一含义可以看出：车站ZPW-2000A轨道电路的发送设备应具有编码能力，以便将轨道电路信息和列车的车载信息集为一体。该信息经调制、放大后，通过轨道电路传输系统的传

输通道,将经过调制的信号送至钢轨,经钢轨传输网络向轨道电路传输系统的接收设备和列车的车载设备提供信息。

二、站内 ZPW-2000A 轨道电路的结构

站内轨道电路结构,如图 3-15 所示。

站内道岔区段轨道电路采用"分支并联"一送一受轨道电路结构,以实现道岔弯股的分路检查防护和车载信号信息的连续性传输。具体如下文所述:(加跳线和绝缘节)。

我国具有自主知识产权的站内 ZPW-2000A 轨道电路是针对大秦铁路"正线需要机车信号信息,弯股侧线无机车信号信息"的特点开发而成的。为了满足其使用要求,经过理论分析与计算,对道岔区段的分支长度作了大于 30m 的限制条件。

客运专线道岔区段的弯股分支长度远大于 30m,且弯股侧线在一定条件下需要车载信息连续。针对这一客观需要,在大秦线站内 ZPW-2000A 轨道电路基础上,采取道岔分支增设"道岔跳线"方式,实现轨道电路的分路防护和车载信息的连续性(将在下文详细叙述)。由此可见,轨道电路的"道岔跳线"十分重要,应该保证其实时完好。

三、扼流适配变压器的作用

由于站内轨道电路区段采用机械绝缘节分割,为了使牵引电流畅通无阻,站内 ZPW-2000A 轨道电路必须设置扼流变压器,为牵引电流的钢轨回流提供回路。但是,考虑到牵引电流在钢轨内存在不平衡问题,在设计轨道电路时,必须考虑不平衡牵引电流对站内 ZPW-2000A 轨道电路的影响。

从站内 ZPW-2000A 轨道电路结构原理图可以看出,不平衡牵引电流对站内 ZPW-2000A 轨道电路的影响取决于不平衡牵引电流在扼流变压器两端产生的 50Hz 电压。当 50Hz 电压大于 2.4V 时,站内轨道电路将产生"红光带"。所以,为了降低不平衡牵引电流在扼流变压器两端产生的 50Hz 电压,又能使牵引电流畅通无阻,站内轨道电路采用带适配器的扼流变压器。

如果站内 ZPW-2000A 轨道电路使用在非电气化牵引区段,则应取消带适配器的扼流变压器。因此,带适配器的扼流变压器的作用有两个:

(1)降低不平衡牵引电流在扼流变压器两端产生的 50Hz 电压,使其不大于 2.4V。
(2)导通钢轨内的牵引电流,使其畅通无阻。

基于以上原因,站内道岔区段的空扼流变压器应该使用带适配器的扼流变压器。

四、站内道岔区段道岔分支轨道电路信息连续性

客运专线列车控制系统的机车车载设备,要求地面轨道电路系统提供列车车载信息。其传送的信息必须能够实时、连续、稳定地被机车的车载设备接收,这就要求地面轨道电路系统提供给列车车载信号设备的信息,必须在时间和空间上是连续的。

1. 时间上连续

站内采用了与区间同制式的 ZPW-2000A 轨道电路,可以确保地面轨道电路系统提供给车车载设备的信息在时间上是连续的。

项目三 客运专线 ZPW-2000A 轨道电路

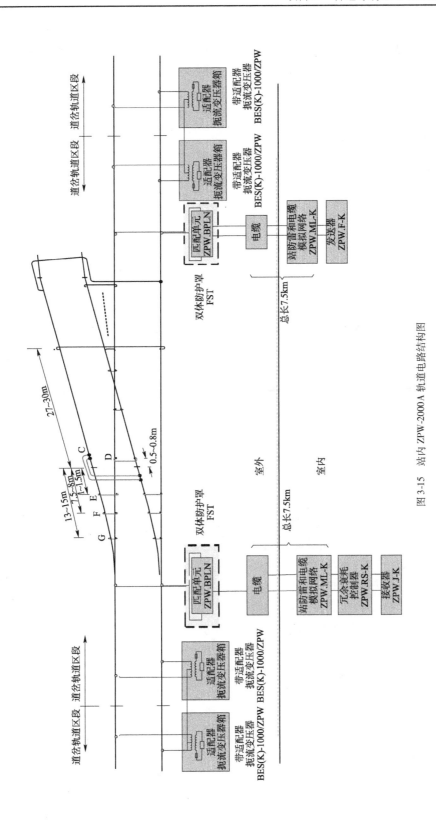

图 3-15 站内 ZPW-2000A 轨道电路结构图

2. 空间上连续

客运专线车站轨道电路采用"机械绝缘节,正线采用胶粘绝缘节",并且站内轨道区段有道岔轨道区段。因此,在站内,列车车载信息在机械绝缘节处和道岔的弯股必然存在列车车载信息连续性的问题。下面具体分析各种情况下的列车车载信息空间连续性问题。

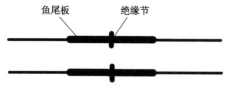

图 3-16　机械绝缘节的结构

1) 机械绝缘节处信息的空间连续

机械绝缘节的结构,如图 3-16 所示。

从图 3-16 可以看出,由于受到机械绝缘节结构的影响,轨道电路设备的安装必然要离开机械绝缘节一定的距离。因此,机车过机械绝缘节时,因受到轨道电路设备安装位置的限制和机车的车载信号接收感应器的安装位置限制,机车的车载信号接收感应器在轨道电路的机械绝缘节两边均存在一段机车的车载信号接收"盲区",如图 3-17 所示。

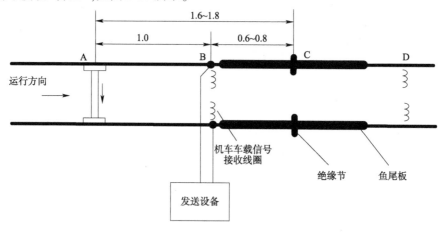

图 3-17　机械绝缘节处各尺寸图(尺寸单位:m)

由图 3-17 可知,轨道电路的钢轨连接线往钢轨上连接设备时,需要离开鱼尾板一定的距离,距轨缝的距离约 0.6~0.8m;而机车车载信号设备的接收线圈距机车的第一轮对的距离最大可达 1.0m。这样,就不难看出,机车的第一轮对从 A 点开始至轨缝 C 点相当于接收线圈自 B 点运行至 D 点的范围内。当机车车载信号设备的接收线圈在 B~D 间,因钢轨内无电流或电流量不足而造成机车车载信号设备的接收中断。只有当线圈已越过轨缝 1.0m 或机车的第一轮对已越过轨缝,其前方的轨道电路区段被机车分路时,则机车车载信号设备的接收线圈下方钢轨内的车载信号电流才能够大于或等于机车信号入口电流,车载信号设备可重新可靠地接收机车信号车载信息。这一接收"盲区"约为 1.6~1.8m。

为了消除列车车载信号的接收"盲区",在道岔绝缘节处采用"跳线换位"和在轨道电路收发端处采用轨道电路钢轨引接线迂回的方法。具体如图 3-18 所示。

可见,图 3-18 通过改变道岔跳线的走线方式,图 3-19 通过对轨道电路钢轨引接线的安装方式采取迂回走线处理,可以消除机车车载信号在机械绝缘节处的信息中断问题。

图 3-18　绝缘节处道岔跳线设置图

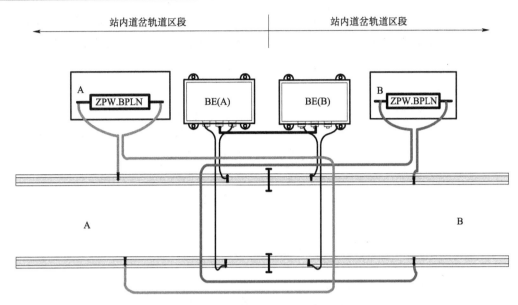

图 3-19　机械绝缘节处轨道电路钢轨引接线迂回设置图

2) 道岔区段内车载信息连续性

道岔区段内,由于道岔结构、绝缘节设置和道岔跳线设置等,均会引起机车车载信号在岔区内信息不连续的问题。现以单开道岔为例说明车载信息连续性。

对于单开道岔区段的轨道电路,如果按照传统方式安装道岔跳线,则在弯股上机车车载信号设备的接收线圈下方,钢轨内的车载信号电流量不足以动作车载信号设备或无信号电流,具体如图 3-20 所示。

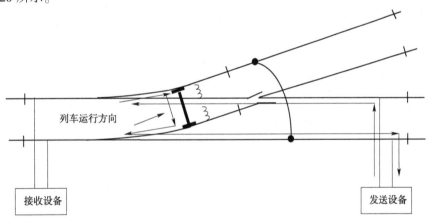

图 3-20　道岔轨道电路弯股信号电流示意图

由图 3-20 信号电流流经路径可以看出,在弯股上存在机车车载信号设备的接收线圈下方,钢轨内的车载信号电流量不足以动作车载信号设备或无信号电流的问题。

为了使地面轨道电路系统提供给列车车载信号设备的信息在空间上连续,并且具有足以动作车载信号设备,必须对道岔跳线采取如下措施:道岔跳线换位;增设道岔跳线。

采取上述措施后,可以使运行于道岔区段内的列车,在弯股的无受电分支的任何地点均能连续、正确和稳定可靠地接收到列车车载信号设备的控制信息。

采取在弯股上每间隔一定的距离就增设一组道岔跳线,以强制列车车载信号设备的控制信息电流流经列车车载信号设备接收感应线圈下方的钢轨内。道岔弯股跳线的布置,如图 3-21 所示。

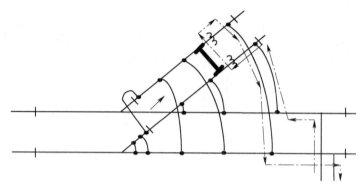

图 3-21 道岔弯股跳线的布置

任务四 设备构成

系统设备分为室内设备与室外设备。

一、室内设备

室内设备包括发送器、接收器、单频衰耗冗余控制器、双频衰耗冗余控制器、防雷模拟网络盘。

(一) 发送器

1. 功能

发送器用于产生高精度、高稳定的移频信号源,采用双机热备冗余方式。

(1) 产生 18 种低频、8 种载频的高精度、高稳定的移频信号。

(2) 产生足够功率的移频信号。

(3) 对移频信号进行自检测,发生故障时向监测维护主机发出报警信息。

2. 原理框图及电路原理图

发送器内部采用双套相互独立的 CPU 处理单元。同一载频、低频编码条件源,以反码的形式分别通过互为冗余的两条 CAND、CANE 总线送至 CPU1 及 CPU2。CPU1 控制"移频发生器"产生移频信号,移频信号分别送至 CPU1 及 CPU2 进行频率检测。频率检测结果符合规定后,控制输出信号,经"控制与门"使移频信号送至"滤波"环节,实现方波-正弦变换。"功放"输出的移频信号送至 CPU1 及 CPU2,进行功出电压检测。CPU1 及 CPU2 对移频信号进行低频、载频、幅度特征检测符合要求后,驱动"安全与门"电路使发送报警继电器吸起,并使经过"功放"放大的移频信号输出至轨道。当发送端短路时,经检测使"控制与门"有 10s 的关闭。

发送器的原理框图,见图 3-22。

1) CAN 地址及载频编码条件读取

CAN 地址及载频编码条件读取时,为了消除干扰,采用"功率"型电路。

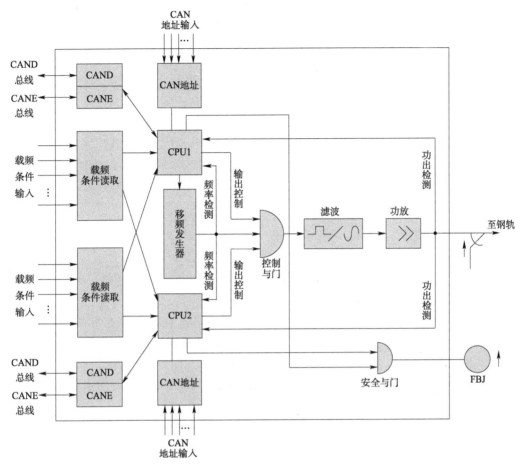

图 3-22 发送器原理框图

考虑到"故障-安全"原则,应将 24V 直流电源变换成交流,呈动态检测方式,并将 CAN 地址及载频编码控制电路与 CPU 等数字电路有效隔离。如图 3-23,发送器 CAN 地址及载频编码条件读取考虑故障-安全,电路中设置了读取光耦、控制光耦。由 B 点送入方波信号,当 +24V 条件电源接通时,即可从"读取光耦"受光点 A 点获得与 B 点相同的方波信号送至 CPU1 及 CPU2,实现 CAN 地址及载频编码条件读取(见图 3-23)。

"控制光耦"与"读取光耦"的设置,实现了对电路元件故障的动态检查。任一光耦的发光源、受光器发生短路或击穿等故障时,"读取光耦"A 点都得不到动态的交流信号,以此实现故障-安全。另外,采用光电耦合器也实现了 CAN 地址及载频编码条件读取电路与 CPU 等数字电路的隔离。

2) 移频信号产生

列控中心根据轨道空闲(占用)条件及信号开放条件等进行编码,通过通信盘转发编码数据。载频、低频编码条件通过 CAND、CANE 总线分别送到 CPU1、CPU2 后,首先判断该条件是否有效。条件有效时,CPU1 通过查表得到该编码条件所对应的上下边频数值,控制"移频发生器",产生移频信号。并由 CPU1 进行自检,由 CPU2 进行互检。条件无效时,将由 CPU1、CPU2 构成故障报警。

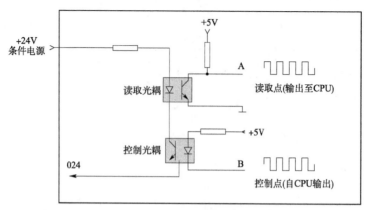

图 3-23　发送器 CAN 地址及载频编码条件读取

为保证"故障-安全",CPU1、CPU2 及用于"移频发生器"的"可编程逻辑器件"分别采用各自独立的时钟源。

经检测后,两个 CPU 各产生一个控制信号,经过"控制与门",将移频信号送至方波正弦变换器。

方波正弦变换器是由可编程低通滤波器 260 集成芯片构成其截止频率,同时满足对 1700Hz、2000Hz、2300Hz、2600Hz 三次及以上谐波的有效衰减。

3) 移频信号放大

功放电路对移频信号进行放大,产生具有足够功率的 10 种电平等级的输出,电平级调整采用外部接线方式调整输出变压器变比(见图 3-24)。

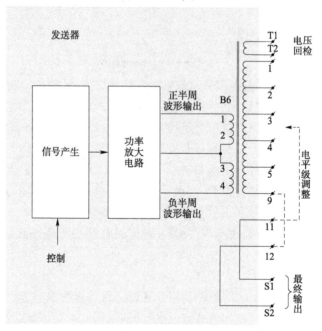

图 3-24　发送器电平级调整图

4) 自检输出

发送器对编码条件的有效性,输出信号的幅度、载频、低频进行回检,以直流电压方式输出自检结果。工程中通过驱动发送报警继电器(FBJ)作为发送故障后的通道切断和冗余切换条件,两个 CPU 独立检测判断,共同驱动一个安全与门输出结果,如图 3-25 发送器安全与门电路原理图。

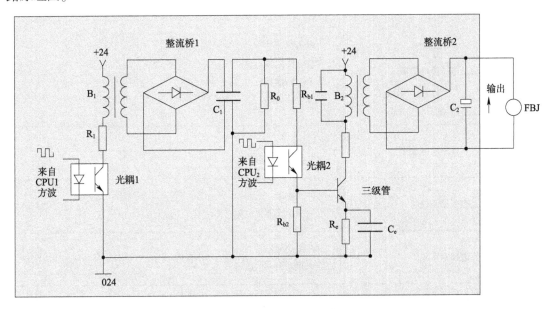

图 3-25　发送器安全与门电路原理图

变压器 B_1 将"来自 CPU1 方波"信号变化读出,经"整流桥 1"整流及电容 C_1 滤波,在负载电阻 R_0 上产生一个独立的直流电源,作为执行电路开关三极管的基极偏置电源。

"来自 CPU2 方波"信号通过"光耦 2"控制开关三极管偏置电路。

在"来自 CPU1 方波""来自 CPU2 方波"同时存在的条件下,通过变压器 B_2、"整流桥 2"整流及电容滤波使发送报警继电器(FBJ)励磁。

5)工作表示灯

工作表示灯设置于发送器内,与安全与门电路"整流桥 2"及"电容 C_2"输出侧连接。通过发送器网罩所开的窗户,可以非常直观地观察点灯状况。

发送器工作正常时,工作表示灯点绿灯。

发送器故障时,工作表示灯点红灯。

发送器工作灯点灯电路,如图 3-26 发送器工作灯点灯电路。

6)故障表示灯

为便于检修所对复杂数字电路的维修,每个 CPU 设置了一个指导维修人员查找设备故障的故障表示灯,根据其闪动状况,判断出现的故障点。其具体含义如表 3-2 所示。

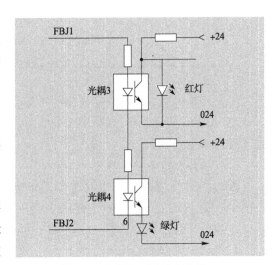

图 3-26　发送器工作灯点灯电路

发送器故障表示灯含义　　　　　表 3-2

闪动次数	含　义	可能的故障点
1	低频编码无效	主发送器收不到同步帧,或收到无效低频编码
2	功出电压检测故障	负载短路； 功放电路故障； 滤波电路故障； 其他故障引起
3	低频频率检测故障	时钟源故障； 可编程逻辑器件故障
4	上边频检测故障	时钟源故障； 可编程逻辑器件故障
5	下边频检测故障	时钟源故障； 可编程逻辑器件故障
6	载频编码无效	主发送器收不到同步帧,或收到无效载频编码
7	CAND 总线通信故障	CAND 总线通信故障(线路故障或硬件故障)； 列控中心故障,无下传编码数据； 通信盘故障,无下传编码数据； 收不到同步帧,或收到无效低频编码、载频编码
8	CANE 总线通信故障	CANE 总线通信故障(线路故障或硬件故障)； 列控中心故障,无下传编码数据； 通信盘故障,无下传编码数据； 收不到同步帧,或收到无效低频编码、载频编码

7) CAN 总线工作灯

为便于检修所对复杂数字电路的维修,每个 CPU 为每条总线设置了一个 CAN 总线通信工作灯,根据其闪烁状况,判断出现的故障点。通信正常时,通信工作灯闪烁;通信故障时,通信工作灯常亮或常灭。

3. 发送器外线连接示意图

发送器对外连接线包括发送器工作电源、CAN 地址条件、载频编码条件、CAND 总线、CANE 总线、发送报警继电器吸起接点回采、电平级调整端子、功放输出、发送报警继电器输出。发送器外线连接示意图,如图 3-27 所示。

4. 发送器端子定义及用途

发送器外部端子定义及用途,如表 3-3 所示。

项目三 客运专线 ZPW-2000A 轨道电路

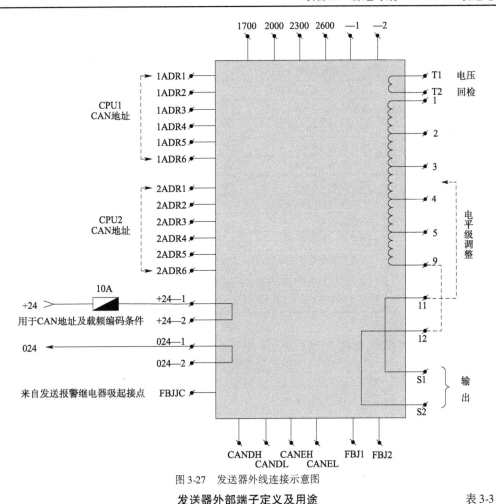

图 3-27 发送器外线连接示意图

发送器外部端子定义及用途　　　　　　　　　　　　　　　　表 3-3

序号	代号	用途
1	D	地线
2	+24-1	+24 电源外引入线 1
		接至冗余控制器电源端子 ZFS +24 或 BFS +24
3	+24-2	+24 电源外引入线 2
		用于 CAN 地址条件及载频编码条件
4	024-1	024 电源外引入线 1
		接至冗余控制器电源端子 ZFS 024 或 BFS 024
5	024-2	024 电源外引入线 2
6	1700	1700Hz 载频
7	2000	2000Hz 载频
8	2300	2300Hz 载频
9	2600	2600Hz 载频
10	-1	-1 型载频选择

39

续上表

序号	代 号	用 途
11	-2	-2型载频选择
12	1ADR1~1ADR6	配置CPU1的CAN地址
13	2ADR1~2ADR6	配置CPU2的CAN地址
14	CANDH	柜内总线CANDH
15	CANDL	柜内总线CANDL
16	CANEH	柜内总线CANEH
17	CANEL	柜内总线CANEL
18	1~5、9、11、12	功放输出电平调整端子
19	S1、S2	功放输出端子
20	T1、T2	功放输出测试端子
21	FBJ1、FBJ2	发送报警继电器输出线,接至冗余控制器ZFBJ1、ZFBJ2或BFBJ1、BFBJ2
22	FBJJC	发送报警继电器吸起接点回采,接自冗余控制器的ZFBJJC或BFBJJC(发送报警继电器吸起时有+24V电平,落下时没有+24V电平)

5. 发送器插座板底视图

发送器插座板底视图,如图3-28所示。

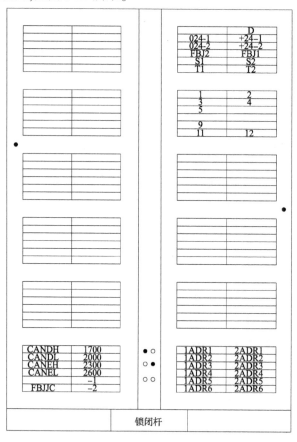

图3-28 发送器插座板底视图

6. 发送器面板图

每个发送器设一个工作表示灯,发送器工作正常时亮绿灯,故障时亮红灯。如图 3-29 所示为发送器面板图;图 3-30 所示为发送器正面视图。

图 3-29　发送器面板图　　　　图 3-30　发送器正面视图

7. 发送器技术指标

发送器技术指标,如表 3-4 所示。

发送器技术指标　　　　表 3-4

序号	项目		指标及范围	备注
1	低频频率		$F_c \pm 0.03\text{Hz}$	
2	载频频率	1700-1	$1701.4\text{Hz} \pm 0.15\text{Hz}$	
		1700-2	$1698.7\text{Hz} \pm 0.15\text{Hz}$	
		2000-1	$2001.4\text{Hz} \pm 0.15\text{Hz}$	
		2000-2	$1998.7\text{Hz} \pm 0.15\text{Hz}$	
		2300-1	$2301.4\text{Hz} \pm 0.15\text{Hz}$	
		2300-2	$2298.7\text{Hz} \pm 0.15\text{Hz}$	
		2600-1	$2601.4\text{Hz} \pm 0.15\text{Hz}$	
		2600-2	$2598.7\text{Hz} \pm 0.15\text{Hz}$	
3	功出电压	1电平	161.0V ~ 170.0V	直流电源电压为 $24\text{V} \pm 0.1\text{V}$,负载电阻为 400Ω,$F_c = 20.2\text{Hz}$
		2电平	146.0V ~ 154.0V	
		3电平	128.0V ~ 135.0V	
		4电平	104.5V ~ 110.5V	
		5电平	75.0V ~ 79.5V	
4	发送报警继电器电压		≥20V	直流电源电压为 $24\text{V} \pm 0.1\text{V}$ JWXC1-1700 型继电器
5	绝缘电阻		≥200MΩ	输出端子对机壳
6	绝缘耐压		50Hz、交流 1000V、1min	输出端子对机壳

(二) 接收器

1. 功能

接收器输入端及输出端均按双机并联运用设计,与另一台接收器构成双机并联运用系统(或称 0.5 + 0.5),保证系统的可靠工作。

(1)用于对主轨道电路移频信号的解调,动作轨道继电器。

(2)实现与受电端相连接调谐区短小轨道电路移频信号的解调,给出短小轨道电路报警条件,并通过 CAND 及 CANE 总线送至监测维护终端。

(3)检查轨道电路完好,减少分路死区长度,用接收门限控制实现对BA断线的检查。

2. 原理框图及电路原理图

接收器采用两路独立的CPU处理单元,对输入的信号分别进行解调分析,满足继电器吸起条件时输出方波信号,输出至安全与门电路。与另一台接收器的安全与门输出共同经过隔离电路,动作轨道继电器。

A/D为模数转换器,将输入的模拟信号转换成计算机能处理的数字信号。载频条件读取电路设定主机、并机载频条件,由CPU进行判决,确定接收器的接收频率。

同一载频、低频编码条件源,以反码的形式分别通过CAND、CANE总线送至CPU1及CPU2。CPU1、CPU2根据确定的载频编码条件,通过各自识别、通信、比较确认一致,视为正常;不一致时,视为故障并报警。外部送进来的信号,分别经过主机、并机两路模数转换器转换成数字信号。CPU1、CPU2对外部信号进行单独的运算,判决处理。表明接收信号符合幅度、载频、低频要求时,就输出3kHz的方波,驱动安全与门电路。安全与门电路收到两路方波后,转换成直流电压驱动继电器。如果CPU1、CPU2的结果不一致,安全与门输出不能构成,则同时报警。电路中增加了安全与门的反馈检查,如果CPU1、CPU2有动态输出,那么安全与门就应该有直流输出,否则就认为安全与门故障,接收器进行报警。如果接收器接收到的信号电压过低,则判为列车分路。

安全与门电路将CPU1、CPU2输出的动态信号变成直流输出,驱动继电器(或执行条件)。如图3-31所示。条件有效时,CPU1、CPU2对外部传送信号(经过模数转换器)。

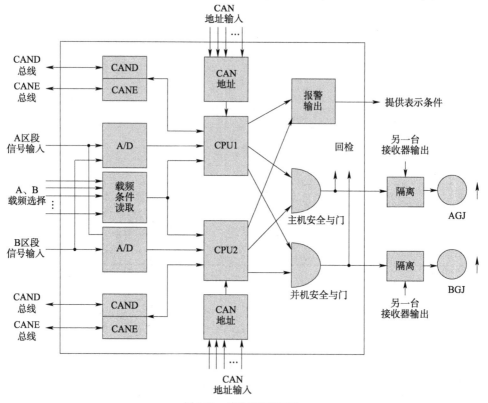

图3-31 接收器原理框图

1)接收器双机并联运用原理框图

接收器按双机并联运用设计,分为主、并两部分,由两路独立的信号输入、执行条件输出和CAN 地址及载频条件接口;可协同处理另一区段信号,从而构成互为热备的冗余系统。如图3-32 所示。

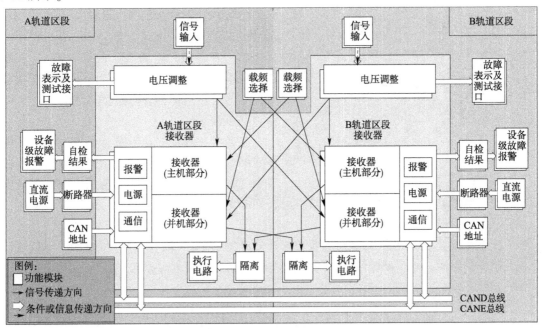

图 3-32 接收器双机并联运用原理框图

2)CAN 地址及载频编码读取电路

接收器 CAN 地址及载频编码读取电路与发送器 CAN 地址及载频编码读取电路类似,载频通过相应端子接通 24V 电源确定,通过光电耦合器将静态的直流信号转换成动态的交流信号,由 CPU1、CPU2 进行识别并处理,实现外界电路与数字电路的隔离(详细分析略)。接收器 CAN 地址及载频编码读取电路,见图3-33。

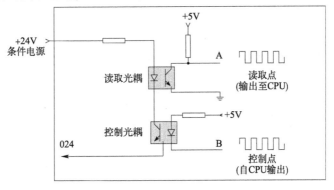

图 3-33 接收器 CAN 地址及载频编码读取电路

3)信号处理

列控中心根据轨道空闲(占用)条件及信号开放条件等进行编码,通过通信盘转发编码数

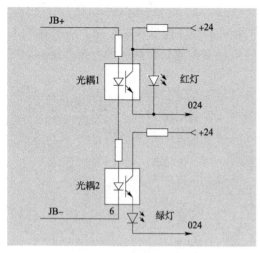

图 3-34 接收器工作灯点灯电路

据。载频、低频编码条件通过 CAND 及 CANE 总线送至 CPU1 及 CPU2，首先判断该条件是否有效。条件有效时，CPU1、CPU2 对外部信号（经过模数转换器转换成数字信号）进行单独的运算，判决处理。当接收信号符合幅度、载频、低频要求时，就输出 3kHz 的方波，驱动安全与门电路。安全与门电路收到两路方波后，转换成直流电压驱动轨道继电器。如果接收器接收到的信号电压过低，则判为列车分路。

4）安全输出

接收器接收到的信号符合幅度、载频、低频要求时，驱动安全与门电路，由安全与门电路驱动轨道继电器。接收器安全与门电路与发送器的安全与门电路类似。接收器工作灯点灯电路，如图 3-34 所示。

5）工作表示灯

工作表示灯设于接收器内，通过接收器网罩所开的窗户，可以非常直观地观察点灯状况。接收器工作正常时，工作表示灯亮绿灯；接收器故障时，工作表示灯亮红灯。

6）故障表示灯

为便于检修所对复杂数字电路的维修，每个 CPU 设置了一个指导维修人员查找设备故障的故障表示灯，根据其闪动状况，判断出现的故障点。其具体含义，如表 3-5 所示。

接收器故障表示灯含义　　　　　　　　　　　　　表 3-5

闪动次数	含 义	可能的故障点
1	CPU 故障	CPU 内部 RAM 故障； RAM 故障
2	主机载频故障	载频输入条件没有或有两个及以上； 相应的光耦被击穿
3	备机载频故障	载频输入条件没有或有两个及以上； 相应的光耦被击穿
4	通信故障	两 CPU 输入条件或处理结果不一致
5	CAND 总线通信故障（线路故障或硬件故障）	列控中心故障，无下传编码数据； 通信盘故障，无下传编码数据； 收不到同步帧，或收到无效载频编码
6	CANE 总线通信故障（线路故障或硬件故障）	列控中心故障，无下传编码数据； 通信盘故障，无下传编码数据； 收不到同步帧，或收到无效载频编码
7	CAND 及 CANE 均故障（线路故障或硬件故障）	列控中心故障，无下传编码数据； 通信盘故障，无下传编码数据； 收不到同步帧，或收到无效载频编码
8	EPROM 故障	
9	主轨主机安全与输出故障	该路安全与输出故障
10	主轨备机安全与输出故障	该路安全与输出故障

3. 接收器外线连接示意图

接收器对外连接线包括接收器工作电源、CAN 地址条件、载频编码条件、小轨道类型编码条件、CAND 总线、CANE 总线、主轨道(主机)信号输入、小轨道(主机)信号输入、主轨道(并机)信号输入、小轨道(并机)信号输入、轨道继电器(主机)输出、轨道继电器(并机)输出、接收器报警条件输出。其结构原理,如图 3-35 所示;接收器插座板底视图,如图 3-36 所示。

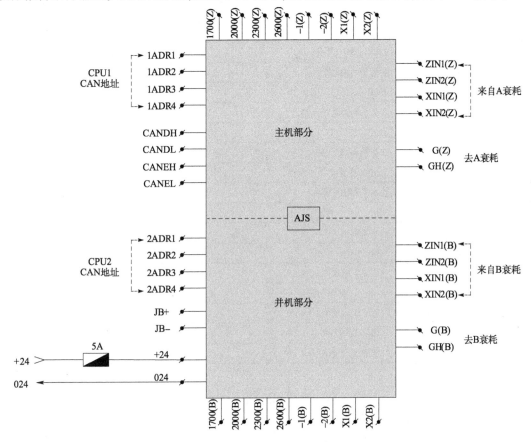

图 3-35　接收器外线连接示意图

4. 接收器端子定义及用途

接收器端子定义及用途,如表 3-6 所示。

接收器端子定义及用途　　　　表 3-6

序号	代号	用途
1	D	地线
2	+24	+24 电源外引入线
3	024	024 电源外引入线
4	(+24)	+24 电源(由设备内部给出,用于 CAN 地址、载频、载频类型选择)
5	(024)	024 电源(由设备内部给出)
6	CANDH	柜内总线 CANDH
7	CANDL	柜内总线 CANDL

续上表

序号	代　号	用　途
8	CANEH	柜内总线 CANEH
9	CANEL	柜内总线 CANEL
10	JB+、JB-	接收器故障报警条件
11	1700(Z)	主机 1700Hz 载频
12	2000(Z)	主机 2000Hz 载频
13	2300(Z)	主机 2300Hz 载频
14	2600(Z)	主机 2600Hz 载频
15	-1(Z)	主机-1型载频选择
16	-2(Z)	主机-2型载频选择
17	1ADR1~1ADR4	配置 CPU1 的 CAN 地址
18	ZIN1(Z)、ZIN2(Z)	主机轨道信号输入
19	G(Z)、GH(Z)	主机轨道继电器输出
20	1700(B)	并机 1700Hz 载频
21	2000(B)	并机 2000Hz 载频
22	2300(B)	并机 2300Hz 载频
23	2600(B)	并机 2600Hz 载频
24	-1(B)	并机-1型载频选择
25	-2(B)	并机-2型载频选择
26	2ADR1~2ADR4	配置 CPU2 的 CAN 地址
27	ZIN1(B)、ZIN2(B)	并机轨道信号输入
28	G(B)、GH(B)	并机轨道继电器输出

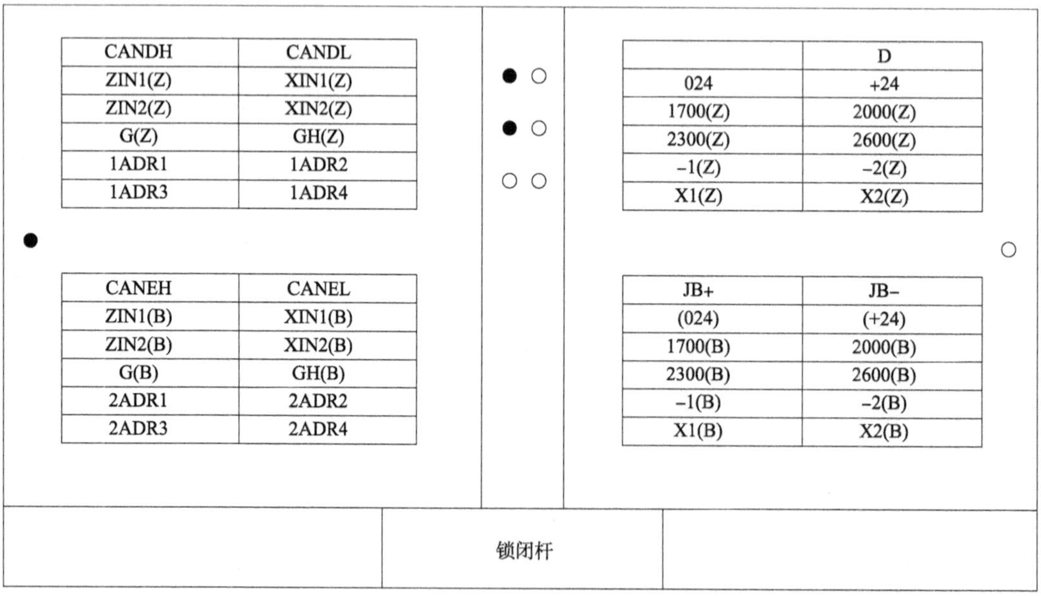

CANDH	CANDL
ZIN1(Z)	XIN1(Z)
ZIN2(Z)	XIN2(Z)
G(Z)	GH(Z)
1ADR1	1ADR2
1ADR3	1ADR4

D	
024	+24
1700(Z)	2000(Z)
2300(Z)	2600(Z)
-1(Z)	-2(Z)
X1(Z)	X2(Z)

CANEH	CANEL
ZIN1(B)	XIN1(B)
ZIN2(B)	XIN2(B)
G(B)	GH(B)
2ADR1	2ADR2
2ADR3	2ADR4

JB+	JB-
(024)	(+24)
1700(B)	2000(B)
2300(B)	2600(B)
-1(B)	-2(B)
X1(B)	X2(B)

锁闭杆

图 3-36　接收器插座板底视图

5. 接收器面板图

每个接收器设一个工作表示灯,接收器工作正常时亮绿灯,故障时亮红灯。接收器面板图,见图3-37;接收器正面视图,见图3-38。

图3-37 接收器面板图

图3-38 接收器正面视图

6. 接收器技术指标

接收器技术指标,如表3-7所示。

接收器技术指标　　　　　　　表3-7

序号	项目		指标及范围	备注
1	主轨道接收	吸起门限	200~210mV	直流电源电压为24V±0.1V,JWXC1-1700型继电器
		落下门限	170~180mV	
		继电器电压	≥20V	
		吸起延时	2.3~2.8s	
		落下延时	≤2s	
2	小轨道接收	吸起门限	70~80mV	直流电源电压为24V±0.1V,JWXC1-1700型继电器
		落下门限	≥63mV	
		继电器电压	≥20V	
		吸起延时	2.3~2.8s	
		落下延时	≤2s	
3	绝缘电阻		≥200MΩ	输出端子对机壳
4	绝缘耐压		50Hz、交流500V、1min	输出端子对机壳

(三)单频衰耗冗余控制器

1. 功能

(1)内部有主发送报警继电器及备发送报警继电器。
(2)实现单载频区段主轨道电路调整。
(3)实现单载频区段小轨道电路调整(含正向调整及反向调整)。
(4)实现总功出电压切换(来自主发送器功出还是来自备发送器功出)。
(5)主发送器、备发送器发送报警条件的回采。
(6)面板上有主发送工作灯、备发送工作灯、接收工作灯、轨道表示灯、正向指示灯及反向指示灯。
(7)主发送电源、备发送电源、主发送报警、备发送报警、功出电压、功出电流、接收电源、主机轨道继电器、并机轨道继电器、轨道继电器、轨道信号输入、主轨道信号输出、小轨道信号输出测试塞孔。

2. 单频衰耗冗余控制器电原理图

(1)主轨道输入电路

主轨道信号 V1、V2 经变压器 B1 输入。变压器 B1 匝数比为 116:(1~146)。次级通过变压器抽头连接,可构成 1~146 级变化。按轨道电路调整参考表调整接收器电平,调整端子为 J2-6~J2-17。

(2)小轨道输入电路

根据方向电路变化,接收端将接至不同的两端短小轨道电路,故短小轨道电路的调整按正、反方向进行。正方向调整用 Z2~Z11(J3-1~J3-11)端子,反方向调整用 F2~F11(J3-12~J3-22)端子。负载阻抗为 3.3kΩ,为提高 A/D 模数转换器的采样精度,短小轨道信号经过 1:3 升压变压器 B2 输出至接收器。其电原理,如图 3-39 所示。

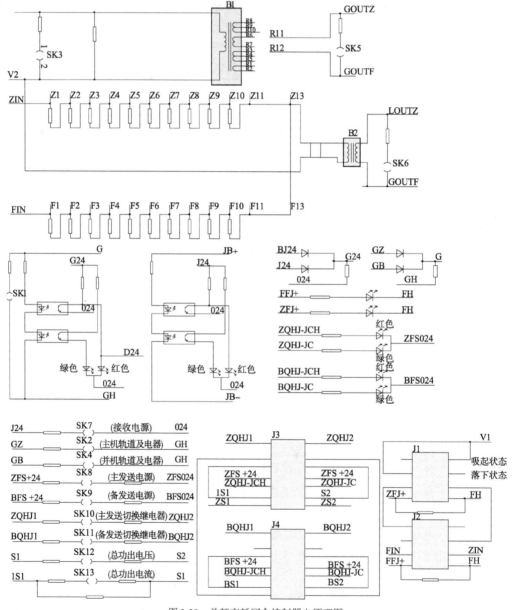

图 3-39 单频衰耗冗余控制器电原理图

3. 单频衰耗冗余控制器端子定义及用途

单频衰耗冗余控制器端子定义及用途,如表3-8所示。

单频衰耗冗余控制器端子定义及用途　　　　　表3-8

序号	代号	含义	用途
1	J1-1、J1-2	ZIN1(Z)、ZIN2(Z)	主轨道信号调整后输出至接收器主机
2	J1-3、J1-4	ZIN1(B)、ZIN2(B)	主轨道信号调整后输出至接收器并机
3	J1-5、J1-6	XIN1(Z)、XIN2(Z)	小轨道信号调整后输出至接收器主机
4	J1-7、J1-8	XIN1(B)、XIN2(B)	小轨道信号调整后输出至接收器并机
5	J1-9、J1-10	G(Z)、GH(Z)	接收器主机轨道继电器输出
6	J1-11、J1-12	G(B)、GH(B)	接收器并机轨道继电器输出
7	J1-13、J1-14	G、GH	轨道继电器输出
8	J2-1、J2-2	V1、V2	轨道信号输入
9	J2-3、J2-5	ZFJ+、FH	正方向继电器复示
10	J2-4、J2-5	FFJ+、FH	反方向继电器复示
11	J2-6～J2-17	R1～R12	主轨道电平调整
12	J2-18	FBJJC(Z)	主发送器报警继电器吸起条件回采至主发送器
13	J2-19	FBJJC(B)	备发送器报警继电器吸起条件回采至备发送器
14	J3-1～J3-11	Z1～Z11	正向小轨道电平调整
15	J3-12～J3-22	F1～F11	反向小轨道电平调整
16	J3-23	D24	封轨道占用灯
17	J3-22、J4-3	024	接收器用024电源
18	J4-1、J4-2	JB+、JB-	接收器报警条件
19	J4-4	J24	接收器主机24V电源输入
20	J4-5	BJ24	接收器并机24V电源输入
21	J4-6	G24	引出的公共+24V电源
22	J4-7、J4-8	FS+24(Z)、FS024(Z)	来自主发送器24V电源
23	J4-9、J4-10	FS+24(B)、FS024(B)	来自备发送器24V电源
24	J4-11、J4-12	FBJ+(Z)、FBJ-(Z)	来自主发送器报警继电器输出
25	J4-13、J4-14	FBJ+(B)、FBJ-(B)	来自备发送器报警继电器输出
26	J4-15、J4-16	S1(Z)、S2(Z)	来自主发送器功出
27	J4-17、J4-18	S1(B)、S2(B)	来自备发送器功出
28	J4-19、J4-20	S1、S2	总功出输出

4. 单频衰耗冗余控制器插座板底视图

单频衰耗冗余控制器插座板底视图,如图3-40所示。

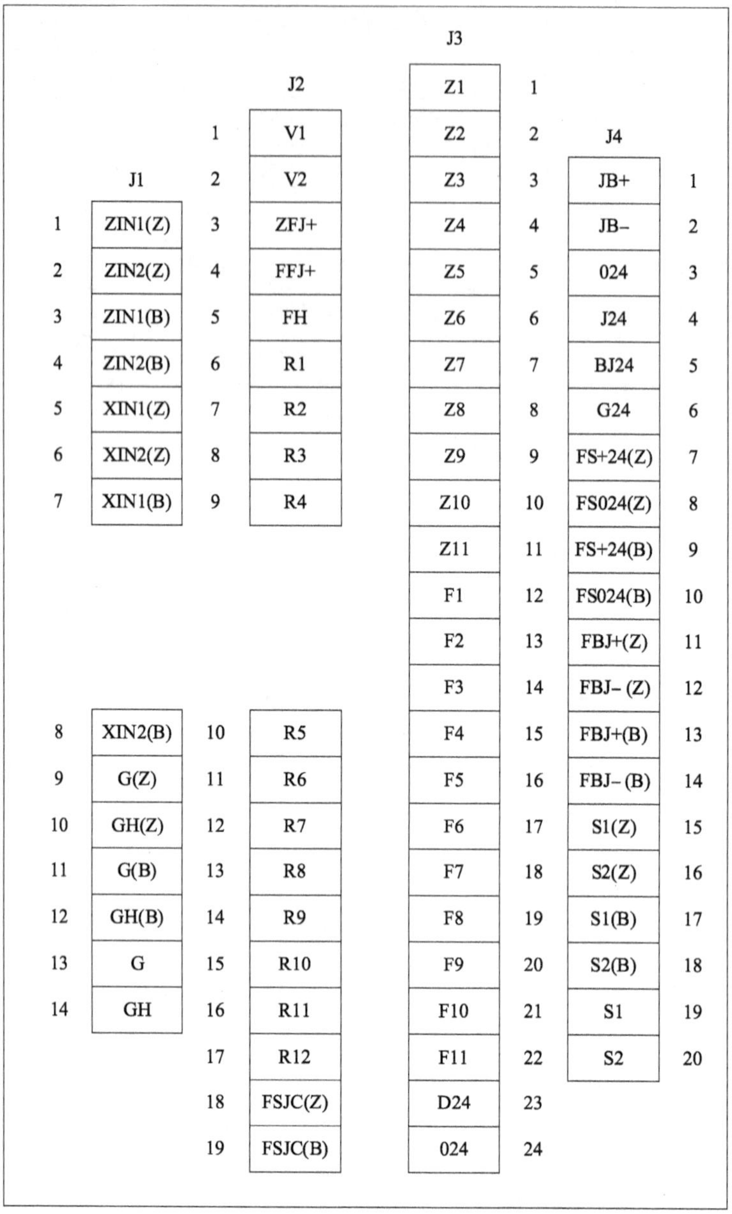

J1		J2		J3		J4	
		1	V1	Z1	1		
		2	V2	Z2	2		
1	ZIN1(Z)	3	ZFJ+	Z3	3	JB+	1
2	ZIN2(Z)	4	FFJ+	Z4	4	JB−	2
3	ZIN1(B)	5	FH	Z5	5	024	3
4	ZIN2(B)	6	R1	Z6	6	J24	4
5	XIN1(Z)	7	R2	Z7	7	BJ24	5
6	XIN2(Z)	8	R3	Z8	8	G24	6
7	XIN1(B)	9	R4	Z9	9	FS+24(Z)	7
				Z10	10	FS024(Z)	8
				Z11	11	FS+24(B)	9
				F1	12	FS024(B)	10
				F2	13	FBJ+(Z)	11
				F3	14	FBJ−(Z)	12
8	XIN2(B)	10	R5	F4	15	FBJ+(B)	13
9	G(Z)	11	R6	F5	16	FBJ−(B)	14
10	GH(Z)	12	R7	F6	17	S1(Z)	15
11	G(B)	13	R8	F7	18	S2(Z)	16
12	GH(B)	14	R9	F8	19	S1(B)	17
13	G	15	R10	F9	20	S2(B)	18
14	GH	16	R11	F10	21	S1	19
		17	R12	F11	22	S2	20
		18	FSJC(Z)	D24	23		
		19	FSJC(B)	024	24		

图 3-40 单频衰耗冗余控制器插座板底视图

5.单频衰耗冗余控制器面板及测试

1)控制器面板图

单频衰耗冗余控制器面板,如图 3-41 所示。

2)控制器表示灯

单频衰耗冗余控制器表示灯,如表 3-9 所示。

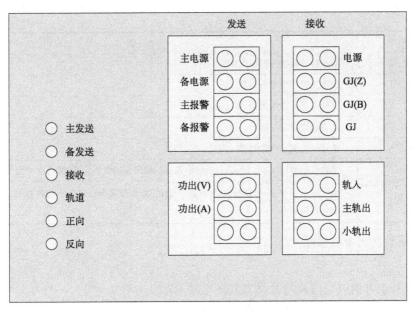

图 3-41 ZPW.RS-K 型单频衰耗冗余控制器面板

单频衰耗冗余控制器表示灯　　表 3-9

名称	状　　态
主发送	主发送报警继电器吸起时亮绿灯,落下时亮红灯。如果主发送报警继电器既不吸起也不落下时,不亮灯
备发送	备发送报警继电器吸起时亮绿灯,落下时亮红灯。如果备发送报警继电器既不吸起也不落下时,不亮灯
接收	通过输入接收器的 JB+、JB- 条件构成
轨道	轨道占用时,通过"光耦1"的受光器关闭,使"轨道占用灯"点红灯;当轨道空闲时,"光耦1"及"光耦2"的受光器均打开,"轨道空闲灯"点绿灯
正向	正方向指示灯,正方向时亮灯,反方向时灭灯
反向	反方向指示灯,反方向时亮灯,正方向时灭灯

3) 测试塞孔

单频衰耗冗余控制器测试塞孔,如表 3-10 所示。

单频衰耗冗余控制器测试塞孔　　表 3-10

名　　称		功　　能
发送	主电源	测量主发送器电源电压
	备电源	测量备发送器电源电压
	主报警	测量主发送器的报警继电器电压
	备报警	测量备发送器的报警继电器电压
	功出(V)	测量经发送报警继电器接点输出至轨道的功出电压
	功出(A)	测量经发送报警继电器接点输出至轨道的功出电流,测量串联的取样电阻电压

续上表

名称		功能
接收	电源	接至接收器的+24V、024V
	GJ(Z)	主机主轨道继电器电压
	GJ(B)	并机主轨道继电器电压
	GJ	主轨道继电器电压
	轨入	单频衰耗冗余控制器输入电压
	主轨出	主轨道信号输出,经B1变压器电平调整后输出至接收器主机、接收器并机的主轨道输入
	小轨出	小轨道信号输出,经调整电阻调整后,通过B2变压器升压后输出至接收器主机、接收器并机的小轨道输入

(四)双频衰耗冗余控制器

1. 功能

(1)内部有正方向继电器复示及反方向继电器复示。

(2)内部有主发送报警继电器及备发送报警继电器。

(3)实现双载频区段主轨道电路调整(含正向调整及反向调整)。

(4)实现总功出电压切换(来自主发送器功出还是来自备发送器功出)。

(5)主发送器、备发送器发送报警条件的回采。

(6)面板上有主发送工作灯、备发送工作灯、接收工作灯、轨道表示灯、正向指示灯及反向指示灯。

(7)主发送电源、备发送电源、主发送报警、备发送报警、功出电压、功出电流、接收电源、主机轨道继电器、并机轨道继电器、轨道继电器、轨道信号输入、主轨道信号输出测试孔。

2. 双频衰耗冗余控制器电原理图

根据方向电路变化,接收端将接收不同载频的移频信号,故主轨道电路的调整按正反方向进行。正方向调整用1R1~1R12(J2-6~J2-17)端子,反方向调整用2R1~2R12(J3-1~J3-12)端子。

主轨道信号V1、V2经变压器SB1或SB2输入,变压器SB1或SB2的匝数比为116:(1~146)。次级通过变压器抽头连接,可构成1~146级变化。按轨道电路调整表调整接收器电平。如图3-42所示为双频衰耗冗余控制器电原理图。

1)双频衰耗冗余控制器端子定义及用途

双频衰耗冗余控制器端子定义及用途,如表3-11所示。

双频衰耗冗余控制器端子定义及用途 表3-11

序号	代号	含义	用途
1	J1-1、J1-2	ZIN1(Z)、ZIN2(Z)	主轨道信号调整后输出至接收器主机
2	J1-3、J1-4	ZIN1(B)、ZIN2(B)	主轨道信号调整后输出至接收器并机
3	J1-9、J1-10	G(Z)、GH(Z)	接收器主机轨道继电器输出
4	J1-11、J1-12	G(B)、GH(B)	接收器并机轨道继电器输出
5	J1-13、J1-14	G、GH	轨道继电器输出

续上表

序号	代号	含义	用途
6	J2-1、J2-2	V1、V2	轨道信号输入
7	J2-3、J2-5	ZFJ+、FH	正方向继电器复示
8	J2-4、J2-5	FFJ+、FH	反方向继电器复示
9	J2-6~J2-17	1R1~1R12	载频1主轨道电平调整
10	J2-18	FBJJC(Z)	主发送器报警继电器吸起条件回采至主发送器
11	J2-19	FBJJC(B)	备发送器报警继电器吸起条件回采至备发送器
12	J3-1~J3-12	2R1~2R12	载频2主轨道电平调整
13	J3-13	D24	封轨道占用灯
14	J3-14、J4-3	024	接收器用024电源
15	J4-1、J4-2	JB+、JB-	接收器报警条件
16	J4-4	J24	接收器主机24V电源输入
17	J4-5	BJ24	接收器并机24V电源输入
18	J4-6	G24	引出的公共+24V电源
19	J4-7、J4-8	FS+24(Z)、FS024(Z)	来自主发送器24V电源
20	J4-9、J4-10	FS+24(B)、FS024(B)	来自备发送器24V电源
21	J4-11、J4-12	FBJ+(Z)、FBJ-(Z)	来自主发送器报警继电器输出
22	J4-13、J4-14	FBJ+(B)、FBJ-(B)	来自备发送器报警继电器输出
23	J4-15、J4-16	S1(Z)、S2(Z)	来自主发送器功出
24	J4-17、J4-18	S1(B)、S2(B)	来自备发送器功出
25	J4-19、J4-20	S1、S2	总功出输出

2) 双频衰耗冗余控制器插座板底视图

双频衰耗冗余控制器插座板底视图,如图3-43所示。

3) 双频衰耗冗余控制器面板图

双频衰耗冗余控制器面板,如图3-44所示。

4) 双频衰耗冗余控制器表示灯

双频衰耗冗余控制器表示灯,如表3-12所示。

双频衰耗冗余控制器表示灯　　　　表3-12

名称	状态
主发送	主发送报警继电器吸起时亮绿灯,落下时亮红灯。如果主发送报警继电器既不吸起也不落下时,不亮灯
备发送	备发送报警继电器吸起时亮绿灯,落下时亮红灯。如果备发送报警继电器既不吸起也不落下时,不亮灯
接收	通过输入接收器的JB+、JB-条件构成
轨道	当轨道占用时,通过"光耦1"的受光器关闭,使"轨道占用灯"点红灯;当轨道空闲时,"光耦1"及"光耦2"的受光器均打开,"轨道空闲灯"点绿灯
正向	正方向指示灯,正方向时亮灯,反方向时灭灯
反向	反方向指示灯,反方向时亮灯,正方向时灭灯

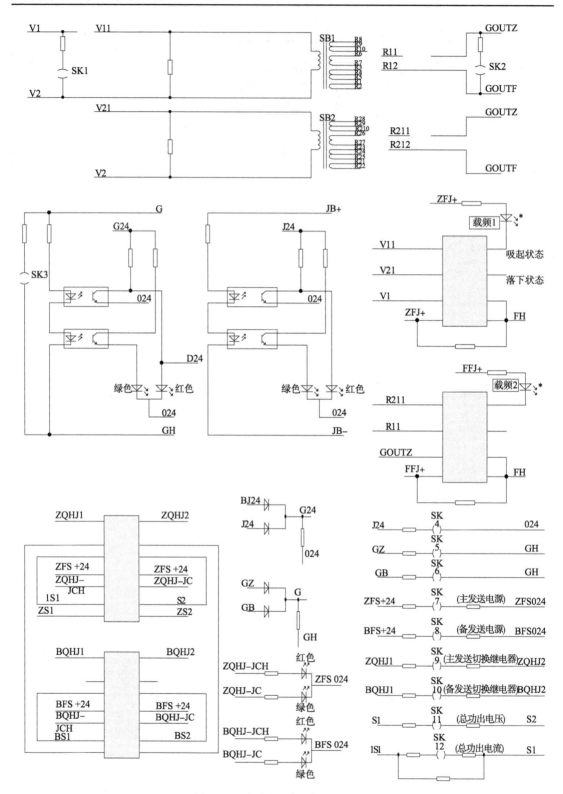

图 3-42 双频衰耗冗余控制器电原理图

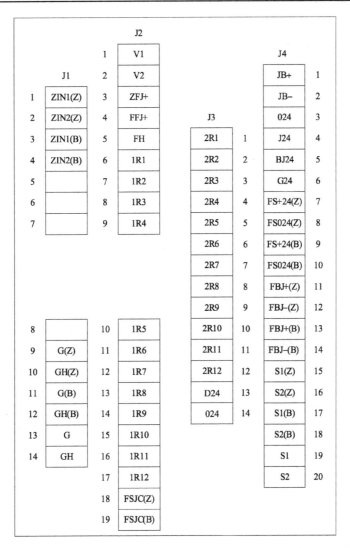

图 3-43 双频衰耗冗余控制器底视图

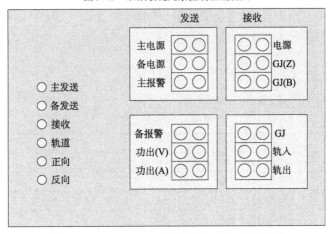

图 3-44 ZPW.RSS－K 型双频衰耗冗余控制器面板

5）双频衰耗冗余控制器测试塞孔

双频衰耗冗余控制器测试塞孔，如表 3-13 所示。

双频衰耗冗余控制器测试塞孔　　　表 3-13

名称		功能
发送	主电源	测量主发送器电源电压
	备电源	测量备发送器电源电压
	主报警	测量主发送器的报警继电器电压
	备报警	测量备发送器的报警继电器电压
	功出（V）	测量经发送报警继电器接点输出至轨道的功出电压
	功出（A）	测量经发送报警继电器接点输出至轨道的功出电流，测量串联的取样电阻电压
接收	电源	接至接收器的 +24V、0、24V
	GJ（Z）	主机主轨道继电器电压
	GJ（B）	并机主轨道继电器电压
	GJ	主轨道继电器电压
	轨入	单频衰耗冗余控制器输入电压
	主轨出	主轨道信号输出，经 B1 变压器电平调整后输出至接收器主机、接收器并机的主轨道输入
	小轨出	小轨道信号输出，经调整电阻调整后，通过 B2 变压器升压后输出至接收器主机、接收器并机的小轨道输入

（五）防雷模拟网络

1. 功能

（1）对通过传输电缆引入室内雷电冲击的防护（横向、纵向）。

（2）通过 0.25km、0.5km、1km、2km、2km、2×2km 电缆模拟网络，补偿实际 SPT 数字信号电缆；便于轨道电路调整。

2. 防雷模拟网络电原理图

模拟一定长度电缆传输特性，与真实电缆共同构成一个固定极限长度，由 0.25km、0.5km、1km、2km、2km、4km 共六节组成；通过串联连接，可以构成 10km 以内的间隔为 0.25km 的 40 种长度，使所有轨道电路不需要根据所在位置和运行方向改变配置。防雷模拟网络电原理图，如图 3-45 所示。

3. 防雷模拟网络端子定义

防雷模拟网络端子定义，如表 3-14 所示。

防雷模拟网络端子定义　　　表 3-14

序号	代号	用途
1	1、2	设备侧接线端子，防雷变压器初级
2	3、4	防雷变压器次级
3	5～30	0.25km、0.5km、1km、2km、2km、2×2km 电缆模拟网络接线端子
4	31、32	电缆侧接线端子
5	35	防雷变压器接地端

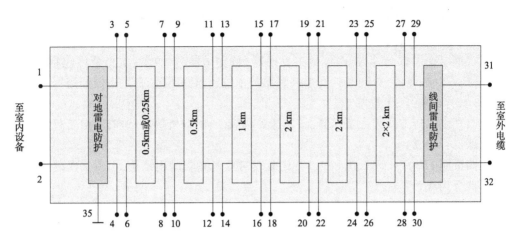

图 3-45　防雷模拟网络电原理框图

4. 防雷模拟网络插座板底视图

防雷模拟网络插座板底视图,如图 3-46 所示。

5. 防雷模拟网络面板及测试

防雷模拟网络面板,见图 3-47;防雷模拟网络正面视图,见图 3-48。

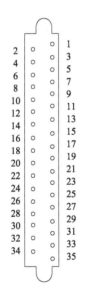

图 3-46　防雷模拟网络插座板底视图

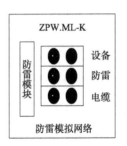

图 3-47　防雷模拟网络面板

图 3-48　防雷模拟网络正面视图

(六)移频自动闭塞机柜

移频自动闭塞机柜外部走线有下出线及上出线两种方式,根据现场走线需要选用。

1. 机柜外形尺寸

型号:ZPW. G-2000A/K

外形尺寸:900mm × 600mm × 2400mm

2. 设备布置

每台移频自动闭塞机柜可放置10套轨道电路设备,机柜可安装纵向5路组合,每路组合可安装2套轨道电路设备。

每套轨道电路设备,机柜正面包括主发送器、备发送器、接收器;机柜背面包括冗余控制器、单频衰耗冗余控制器、双频衰耗冗余控制器及主发送器断路器、备发送器断路器、接收器断路器、6×8柱零层端子、电源端子。

发送器冗余工作方式为主发送器、备发送器构成1+1双机热备结构,不由工程设计完成,在机柜内部自行构成。

接收器按照1、2;3、4;5、6;7、8;9、10;构成成对双机并联运用结构,不由工程设计完成,在机柜内部自行构成。

移频自动闭塞机柜的正面布置图(下出线),见图3-49;其背面布置图(下出线),见图3-50。移动自动闭塞机柜的正面布置图(上出线),见图3-51;其背面布置图(上出线),见图3-52。

设备名称 \ 柜架名称	YP(正面)				
主发送器	1ZFS	3ZFS	5ZFS	7ZFS	9ZFS
	ZPW.F-K	ZPW.F-K	ZPW.F-K	ZPW.F-K	ZPW.F-K
备发送器	1BFS	3BFS	5BFS	7BFS	9BFS
	ZPW.F-K	ZPW.F-K	ZPW.F-K	ZPW.F-K	ZPW.F-K
接收器	1JS	3JS	5JS	7JS	7JS
	ZPW.J-K	ZPW.J-K	ZPW.J-K	ZPW.J-K	ZPW.J-K
衰耗冗余控制器	1衰耗冗余	3衰耗冗余	5衰耗冗余	7衰耗冗余	9衰耗冗余
	ZPW.RS-K	ZPW.RS-K	ZPW.RS-K	ZPW.RS-K	ZPW.RS-K
衰耗冗余控制器	2衰耗冗余	4衰耗冗余	6衰耗冗余	8衰耗冗余	10衰耗冗余
	ZPW.RS-K	ZPW.RS-K	ZPW.RS-K	ZPW.RS-K	ZPW.RS-K
主发送器	2ZFS	4ZFS	6ZFS	8ZFS	10ZFS
	ZPW.F-K	ZPW.F-K	ZPW.F-K	ZPW.F-K	ZPW.F-K
备发送器	2BFS	4BFS	6BFS	8BFS	10BFS
	ZPW.F-K	ZPW.F-K	ZPW.F-K	ZPW.F-K	ZPW.F-K
接收器	2JS	4JS	6JS	8JS	10JS
	ZPW.J-K	ZPW.J-K	ZPW.J-K	ZPW.J-K	ZPW.J-K

图3-49 移频自动闭塞机柜的正面布置图(下出线)

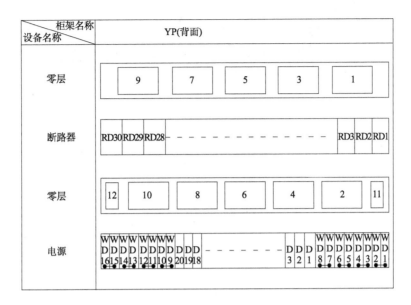

图 3-50 移频自动闭塞机柜的背面布置图(下出线)

柜架名称 设备名称	YP(正面)				
主发送器	1ZFS	3ZFS	5ZFS	7ZFS	9ZFS
	ZPW.F-K	ZPW.F-K	ZPW.F-K	ZPW.F-K	ZPW.F-K
备发送器	1BFS	3BFS	5BFS	7BFS	9BFS
	ZPW.F-K	ZPW.F-K	ZPW.F-K	ZPW.F-K	ZPW.F-K
接收器	1JS	3JS	5JS	7JS	7JS
	ZPW.J-K	ZPW.J-K	ZPW.J-K	ZPW.J-K	ZPW.J-K
衰耗冗余控制器	1 衰耗冗余	3 衰耗冗余	5 衰耗冗余	7 衰耗冗余	9 衰耗冗余
	ZPW.RS-K	ZPW.RS-K	ZPW.RS-K	ZPW.RS-K	ZPW.RS-K
衰耗冗余控制器	2 衰耗冗余	4 衰耗冗余	6 衰耗冗余	8 衰耗冗余	10 衰耗冗余
	ZPW.RS-K	ZPW.RS-K	ZPW.RS-K	ZPW.RS-K	ZPW.RS-K
主发送器	2ZFS	4ZFS	6ZFS	8ZFS	10ZFS
	ZPW.F-K	ZPW.F-K	ZPW.F-K	ZPW.F-K	ZPW.F-K
备发送器	2BFS	4BFS	6BFS	8BFS	10BFS
	ZPW.F-K	ZPW.F-K	ZPW.F-K	ZPW.F-K	ZPW.F-K
接收器	2JS	4JS	6JS	8JS	10JS
	ZPW.J-K	ZPW.J-K	ZPW.J-K	ZPW.J-K	ZPW.J-K

图 3-51 移频自动闭塞机柜的正面布置图(上出线)

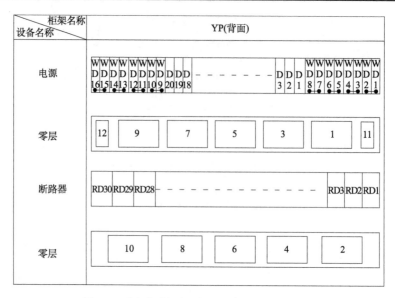

图 3-52 移频自动闭塞机柜的背面布置图（上出线）

3. 零层及电源端子定义

1）电源端子定义

WD1~WD16 采用万可端子 series 284。WD1、WD2、WD5、WD6、WD9、WD10、WD13、WD14 为 +24V 电源，采用灰色；WD3、WD4、WD7、WD8、WD11、WD12、WD15、WD16 为 024V 电源，采用蓝色。WD1 的 A、B、C、D 为一个端子，WD2 的 A、B、C、D 为另一个端子，2 组端子片通过 WD1 和 WD2 间的连线连接，使 WD1 和 WD2 的 A~D 为同一等电位点。WD1 和 WD2 的 D 接外部电源线，WD1 和 WD2 的 A、B、C 分别根据工程需要接至 D1 的 1 或 D3 的 1……

D1~D20 采用万可端子 AWG28-12。D1、D3、D5……D19 为 +24V 电源，采用灰色；D2、D4、D6……D20 为 024V 电源，采用蓝色。

2）移频柜电源引接线

移频柜电源接线图，如图 3-53 所示。

3）零层端子配线表

零层端子配线表，如表 3-15 所示。

S1、S2：功出信号，经过发送报警继电器接点输出至钢轨。

V1、V2：轨入信号，来自钢轨。

G、GH：主轨道继电器，接收器输出，驱动主轨道继电器。

CANDH、CANDL、CANEH、CANEL 为柜内 CAN 总线，从 1ZFS 开始，经 1BFS、1JS、2JS、2BFS、2ZFS、4ZFS……环至 10ZFS 结束。

ZFJ +、FFJ + 为正方向继电器、反方向继电器的驱动电源。由工程设计完成。

表 3-15 零层端子配线表

	01	02	03	04	05	06	07	08	09	010	011	012	013	014	015	016	017	018	019	020	021
1																					
A	&1ZFS+24-1	&1ZFS024-1	&1BFS+24-1	&1BFS024-1	#1SR-S1	#1SR-S2	#1SR-V1*1JS 024*1JS+24		#1SR-V2		#1SR-G	1SR-GH	1SR-ZF J+	1SR-FF J+	1SR-G24	RD1-11	RD1-14	RD3-11	RD3-14	RD1-15	RD1-18
B	&1ZFS+24-2	&1ZFS024-2	&1BFS+24-2	&1BFS024-2			2SR-BJ24	1SR-FH								RD2-11	RD2-14	RD6-11	RD6-14	RD2-15	RD2-18
C																					
D	RD1-2	D2-A	RD2-2	D2-B			RD3-2	D2-D													

	01	02	03	04
11				
A	#1ZFS-CANDH	#1ZFS-CANDL	#1ZFS-CANEH	#1ZFS-CANEL
B				
C				
D	#TXJK-CANDE1.T1-1	#TXJK-CANDE1.T1-2	#TXJK-CANDE1.T1-3	#TXJK-CANDE1.T1-4

①柜内24V电源引接线,每路电源可给主发送、备发送、接收器供电;
②线径可接0.2~4mm²;
③建议采用2.5~4mm²导线

◆柜外电源引接线(来自电源屏);
◆线径可接6.0~35mm²;
◆建议采用不低于10mm²导线,减少线路压降

图 3-53 移频柜电源接线图

(七)移频自动闭塞接口柜

1. 机柜外形尺寸

型号:ZPW.GK-2000A/K

外形尺寸:900mm×600mm×2400mm

2. 设备布置

自动闭塞接口柜设备布置(见图3-54)比较灵活,既可放置防雷模拟网络组匣,也可放置继电器组合。移频自动闭塞接口柜有下出线及上出线两种方式。这两种方式,可根据现场实际需要选用。

组匣位置	柜架名称 组匣类型	接口柜							
0	零层	D1 D17	D2 D18	D3 D19	D4 D20	D5 D21	D6 D22	D7 D23	D8 D24	D9 D25	D10 D26	D11 D27	D12 D28	D13 D29	D14 D30	D15 D31	D16 D32
9	防雷模拟网络组合	1	2	3	4	5	6	7	8
8	防雷模拟网络组合	1	2	3	4	5	6	7	8
7	防雷模拟网络组合	1	2	3	4	5	6	7	8
6	防雷模拟网络组合	1	2	3	4	5	6	7	8
5	防雷模拟网络组合	1	2	3	4	5	6	7	8
4	防雷模拟网络组合	1	2	3	4	5	6	7	8
3	防雷模拟网络组合	1	2	3	4	5	6	7	8
2	防雷模拟网络组合	1	2	3	4	5	6	7	8
1									

图 3-54 自动闭塞接口柜设备布置图

3. 零层

(1) 每个防雷模拟网络组匣需要两个18柱端子板,根据防雷模拟网络组匣的个数配备零层。

(2) 继电器组合采用侧面端子即可,不需要再另配零层。

4. 防雷模拟网络组合

每个防雷模拟网络组合可放8个防雷模拟网络,需要两个18柱零层端子板。原则上室内配线与室外配线都要严格分开走线与绑扎,以发挥低转移系数防雷变压器的作用。

以第五层防雷模拟网络组合为例,如图3-55所示为防雷模拟网络组合。

二、室外设备

室外设备主要包括调谐匹配单元、空心线圈、机械绝缘节空心线圈、站内匹配单元、补偿电容、调谐电容、可带适配器的扼流变压器、适配器等。

(一)调谐匹配单元(PT)

调谐匹配单元用于轨道电路的电气绝缘节和机械绝缘节处。调谐部分形成相邻区段载频的短路,且与调谐区内钢轨电感(或机械绝缘节处的机械绝缘节扼流空心线圈)形成并联谐振,实现相邻区段信号的隔离和本区段信号的稳定输出;匹配部分主要作用实现钢轨阻抗和电缆阻抗的连接,以实现轨道电路信号的有效传输。调谐匹配单元可以简单地看作是原ZPW-2000A轨道电路中调谐单元(BA)和匹配变压器(TAD)的二合一设备。它共分为4种型号,根据本区段的载频频率选用。调谐匹配单元原理图,见图3-56。

图3-56中:

(1) V1、V2、V3、E1、E2为6mm^{2}万可端子。E1、E2连接电缆,V1、V2为匹配单元的测试端子,在运用中V1与V3采用4mm^{2}多股铜线连接。

(2) A、B为ϕ4螺母,该设备用于机械绝缘节处时,必须拆除A、B间铜引接片;用于电气绝缘节处时,必须使用铜引接片将A、B间连接。设备出厂时,A、B间使用铜引接片连接。

(3) U1、U2为盒体外方的铜连接板,与既有调谐单元连接板一致,用于与其他设备或钢轨的连接。

(二)空心线圈(XKD)

空心线圈(见图3-57)设置于电气绝缘节中心位置,平衡牵引电流和稳定调谐区阻抗的作用,由50mm^{2}玻璃丝包电磁线绕制。线圈中点可以作为钢轨的横向连接、牵引电流回流连接和纵向防雷的接地连接使用。

机械绝缘节空心线圈用于进出站口处,该设备与调谐匹配单元形成并联谐振,使机械绝缘节电气参数与电气绝缘节等效,从而使含有机械绝缘节的轨道电路区段与双端均为电气绝缘节区段达到等长传输距离。由50mm^{2}玻璃丝包电磁线绕制,线圈中点可以作为钢轨的横向连接、与相邻区段扼流中心点连接和纵向防雷的接地连接使用。

(三)站内匹配单元(BPLN)

站内匹配单元(见图3-58)用于站内机械绝缘节分割的股道、咽喉区的无岔和道岔区段以及其他双端为机械绝缘节的轨道电路的发送和接收端,主要完成钢轨阻抗和电缆阻抗的连接,以实现轨道电路信号的有效传输。

4		
2	D1-8	1	D1-6
4	3	
6	5	
8	7	
10	9	
12	11	
14	13	
16	15	
18	17	
20	19	
22	21	
24	23	
26	25	
28	27	
30	29	
32	D2-8	31	D2-6
34	33	
	35	3-35 5-35

3		
2	D1-7	1	D1-5
4	3	
6	5	
8	7	
10	9	
12	11	
14	13	
16	15	
18	17	
20	19	
22	21	
24	23	
26	25	
28	27	
30	29	
32	D2-7	31	D2-5
34	33	
	35	2-35 4-35

2		
2	D1-4	1	D1-2
4	3	
6	5	
8	7	
10	9	
12	11	
14	13	
16	15	
18	17	
20	19	
22	21	
24	23	
26	25	
28	27	
30	29	
32	D2-4	31	D2-2
34	33	
	35	1-35 3-35

1		
2	D1-3	1	D1-1
4	3	
6	5	
8	7	
10	9	
12	11	
14	13	
16	15	
18	17	
20	19	
22	21	
24	23	
26	25	
28	27	
30	29	
32	D2-3	31	D2-1
34	33	
	35	D2-17 2-35

8		
2	D1-16	1	D1-14
4	3	
6	5	
8	7	
10	9	
12	11	
14	13	
16	15	
18	17	
20	19	
22	21	
24	23	
26	25	
28	27	
30	29	
32	D2-16	31	D2-14
34	33	
	35	D2-18 7-35

7		
2	D1-15	1	D1-13
4	3	
6	5	
8	7	
10	9	
12	11	
14	13	
16	15	
18	17	
20	19	
22	21	
24	23	
26	25	
28	27	
30	29	
32	D2-15	31	D2-13
34	33	
	35	6-35 8-35

6		
2	D1-12	1	D1-10
4	3	
6	5	
8	7	
10	9	
12	11	
14	13	
16	15	
18	17	
20	19	
22	21	
24	23	
26	25	
28	27	
30	29	
32	D2-12	31	D2-10
34	33	
	35	5-35 7-35

5		
2	D1-11	1	D1-9
4	3	
6	5	
8	7	
10	9	
12	11	
14	13	
16	15	
18	17	
20	19	
22	21	
24	23	
26	25	
28	27	
30	29	
32	D2-11	31	D2-9
34	33	
	35	4-35 6-35

D2	
2	5-2-31	1	5-1-31
4	5-2-32	3	5-1-32
6	5-4-31	5	5-3-31
8	5-4-32	7	5-3-32
10	5-6-31	9	5-5-31
12	5-6-32	11	5-5-32
14	5-8-31	13	5-7-31
16	5-8-32	15	5-7-32
18	5-8-35	17	5-1-35

D1	
2	5-2-1	1	5-1-1
4	5-2-2	3	5-1-2
6	5-4-1	5	5-3-1
8	5-4-2	7	5-3-2
10	5-6-1	9	5-5-1
12	5-6-2	11	5-5-2
14	5-8-1	13	5-7-1
16	5-8-2	15	5-7-2
18		17	

图 3-55　防雷模拟网络组合

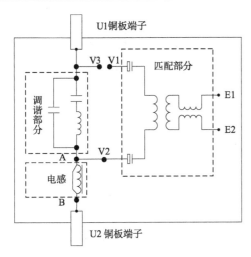

图 3-56 调谐匹配单元原理图

图 3-57 空心线圈

该匹配单元中匹配变压器变比可调,根据站内道岔布置和载频信号的频率,依据调整表进行设置。V1、V2 连接轨道侧;E1、E2 连接电缆。图 3-59 所示为站内匹配单元原理图。

图 3-58 站内匹配单元

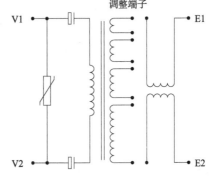

图 3-59 站内匹配单元原理图

(四)补偿电容(ZPW-CBGM)

补偿电容是为了补偿因轨道电路过长,钢轨电感的感抗所产生的无功功率损耗,改善轨道电路在钢轨上的传输性能。

(五)带适配器的扼流变压器(型号:BES-1000/ZPW)

带适配器的扼流变压器,如图 3-60 所示。

带适配器的扼流变压器原理框图,如图 3-61 所示。

应用于站内 ZPW-2000A 轨道电路及其需要设置空扼流变压器导通牵引电流的无岔分支末端,其作用有二:一是降低不平衡牵引电流在扼流变压器两端产生的 50Hz 电压,使其不大于 2.4V;二是导通钢轨内的牵引电流,使其畅通无阻。

为了降低该设备的引入对站内 ZPW-2000A 轨道电路的影响,其对于轨道电路信号的阻抗,在不大于规定的不平衡牵引电流条件下,其移频阻抗不小于 17Ω。

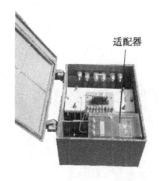

图 3-60 带适配器的扼流变压器

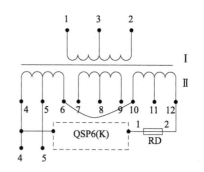

图 3-61 BES(K)型扼流适配变压器原理框图

(六)适配器

适配器与扼流变压器配套使用,为了确保带适配器的扼流变压器对牵引电流 50Hz 信号呈现较低的阻抗,使其在最大的不平衡牵引电流条件下,其在扼流变压器上产生的 50Hz 电压不大于 2.4V;而对于轨道电路的移频信号呈现较高阻抗,在规定的使用条件下不小于 17Ω。

(七)空扼流变压器(型号:BE-1000/ZPW)

空扼流变压器应用于区间 ZPW-2000A 无绝缘轨道电路区段需要将牵引回流线或保护线引入钢轨的地方,及其上下行线路间横向连接线的地方。

为了降低该设备的引入对区间 ZPW-2000A 无绝缘轨道电路的影响,其对于轨道电路信号的阻抗,在不大于规定的不平衡牵引电流条件下,其移频阻抗不小于 17Ω。

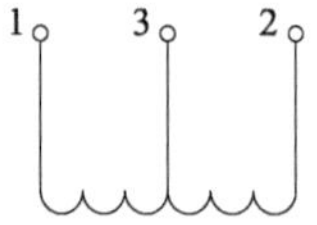

图 3-62 空扼流变压器原理框图

空扼流变压器原理框图,如图 3-62 所示。

三、工程设计要求

(一)一般技术要求

(1)区间采用 ZPW-2000K 无绝缘轨道电路。中间站站内应采用 ZPW-2000K 轨道电路;复杂大站正线及到发线宜采用 ZPW-2000K 轨道电路。

车站轨道电路的咽喉区轨道区段两端应采用机械绝缘节;股道分割处宜采用机械绝缘节。

(2)各种基准载频的-2 型载频与低频 25.7Hz 组合使用,用于主体机车信号的载频自动切换。

车站采用全进路有码时,当列车从上行线进入到下行线或从下行线进入到上行线时,在入口处轨道区段宜首先发送 2s25.7Hz 低频信息,后转发正常信息。

车站仅正线与到发线区段有码时,当列车从上行线进入到下行到发线或从下行线进入到上行到发线时,到发线入口区段宜首先发送 2s 25.7Hz 低频信息,后转发正常信息;当列车从上行到发线发车进入下行线或从下行到发线发车进入上行线时,线路首段有码区段宜首先发送 2s 25.7Hz 低频信息,后转发正常信息。

(3)区间、车站轨道电路载频统一排列。闭塞分区分界点两侧必须采用不同基准载频。特殊情况下车站轨道电路机械绝缘节(道岔区内或股道的分割点)两侧可采用相同基准载频的-1型、-2型载频。上行线采用偶数载频:2000Hz、2600Hz;下行线采用奇数载频:1700Hz、2300Hz。

车站上行侧到发线(如4G、6G等)采用偶数载频;下行侧到发线(如3G、5G等)采用偶数载频。

(4)站内股道 ZPW-2000K 轨道电路长度不应大于650m(道床漏泄电阻不小于3.0Ω·km、分路电阻不大于0.25Ω 或道床漏泄电阻不小于2.0Ω·km、分路电阻不大于0.15Ω,且线间距不小于5m)。最小长度应满足列车以最高运行速度通过该轨道区段时,车载设备能够正常接收轨道电路信息(暂按2.5s计算)。

(5)道岔区段 ZPW-2000A 轨道电路长度应小于400m,特殊情况不应大于600m。每个道岔区段不宜超过2个道岔。当区段只有一个道岔时,无受电分支长度不应大于160m。当区段有两个道岔时每个无受电分支长度分别不应大于80m和160m,特殊情况,具体计算确定。

(6)200~250km/h 客运专线轨道电路传输电缆长度不应大于10km;300~350km/h 客运专线一般不应大于7.5km,困难情况下不应大于10km。

(7)两相邻完全横向连接间的距离应不小于1200m、特殊情况下不得小于1100m;一段轨道电路内不得设置两个空扼流。

(8)站内道岔区段无受电分支处理方式:

道岔多分支轨道电路区段采用"分支并联的一送一受轨道电路"结构。车站全进路发码时,道岔"跳线"引线布置如图3-63所示。

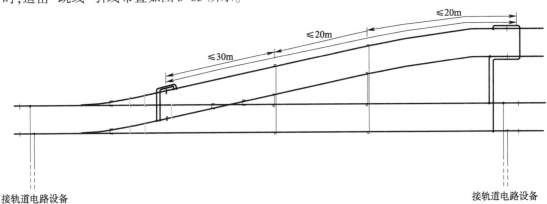

图3-63 车站全进路发码时,道岔"跳线"引线布置图

车站仅正线与到发线股道发码时,道岔"跳线"引线布置如图3-64所示。

(二)载频布置原则

1. 区间载频配置

下行按……1700-1、2300-1、1700-2、2300-2、1700-1……顺序设置方式。
上行按……2000-1、2600-1、2000-2、2600-2、2000-1……顺序设置方式。
区间载频布置,见图3-65。

站内或区间的轨道电路,应考虑在正向运行、反向运行或切换载频时均保持站口机械节内外频率不同。

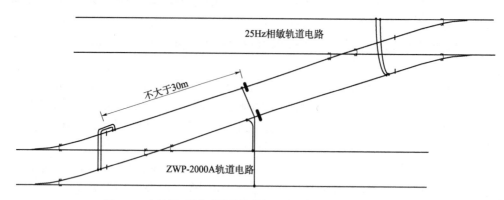

图 3-64　车站仅正线与到发线股道发码时，道岔"跳线"引线布置图

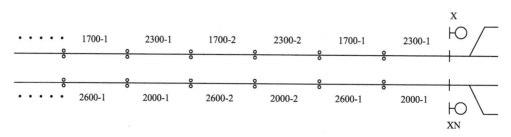

图 3-65　区间载频布置示意图

2. 站内载频配置

（1）车站全进路有码时的载频配置，其具体配置的示意站场如图 3-66 所示。

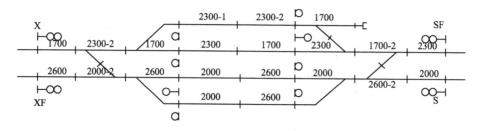

图 3-66　车站全进路有码时的载频配置示意图

（2）车站仅正线与到发线股道有码时的载频配置，其具体配置的示意站场如图 3-67 所示。

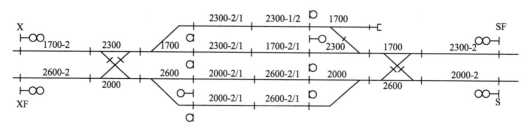

图 3-67　车站仅正线与到发线股道有码时的载频配置示意图

注：客货共线客运专线的车载设备考虑动车组的车载设备、JT1-CZ2000 主体化机车信号设备。

(三)电缆使用要求

ZPW-2000A 轨道电路系统的电缆传输通道,为了防护轨道电路的电缆串音,其电缆使用要求如下:

(1)两个频率相同的发送与接收,严禁采用同一根电缆。

(2)两个频率相同的发送,严禁设置在同一屏蔽四线组内。

(3)两个频率相同的接收,严禁设置在同一屏蔽四线组内。

(4)电缆中有两个及其以上的相同频率的发送,或者有两个及其以上的相同频率的接收时,该电缆必须采用内屏蔽铁路数字信号电缆。

(5)电缆中各发送、各接收频率均不相同时,宜采用非内屏蔽铁路数字信号电缆,但线对必须按四线组对角线成对使用。

注:在车站内,应该特别注意站内轨道电路发送和接收端倒换方向这一使用特点,避免出现违反电缆使用原则的现象,可采用非内屏蔽电缆单独敷设。

(四)空扼流的设置

1.站内

电气化区段,在无轨道设备的机械绝缘节处、有牵引回流通过时,应在该机械绝缘节处设置空扼流变压器,具体见图 3-68 所示。

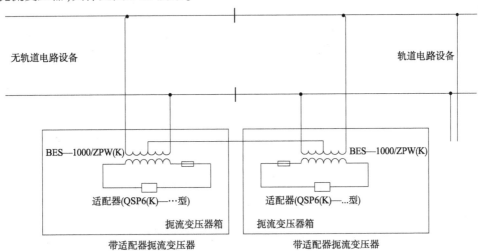

图 3-68 站内无轨道设备的机械绝缘节处空扼流变压器布置示意图

注:此处所说的空扼流变压器是指为了确保牵引电流的畅通而专门设置的扼流变压器。

2.区间

电气化区段,在钢轨线路需要接贯通综合地线或牵引回流线处,应设置空扼流变压器。

方式1:通过空扼流变压器与空心线圈实现牵引回流,如图 3-69 所示。

方式2:通过空扼流变压器与空扼流变压器实现牵引回流,如图 3-70 所示。

(五)室外设备布置及引接线走线示意图

1.区间及无绝缘分割的股道

(1)电气绝缘节处设备布置及引接线走线示意图。电气绝缘节处设备由两个调谐匹配单元和一个空心线圈构成。其设备布置及引接线走线,如图3-71所示。

（2）进、出站口机械绝缘节处设备布置及引接线走线,如图3-72所示。

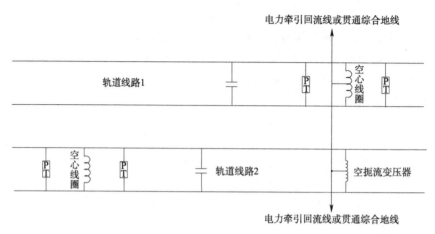

图 3-69　通过空扼流变压器与空心线圈实现牵引回流示意图

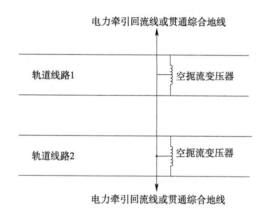

图 3-70　通过空扼流变压器与空扼流变压器实现牵引回流示意图

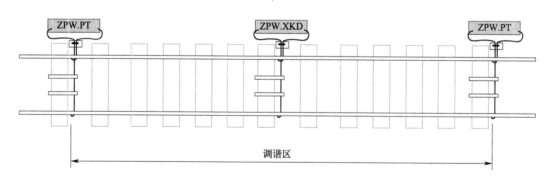

图 3-71　电气绝缘节处设备布置及引接线走线示意图

2. 站内道岔区段和机械绝缘节分割的侧线股道

电气化区段机械绝缘节处设备布置及引接线走线,如图3-73所示。

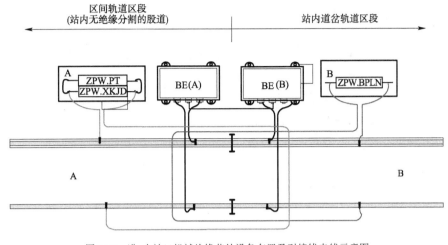

图3-72 进、出站口机械绝缘节处设备布置及引接线走线示意图

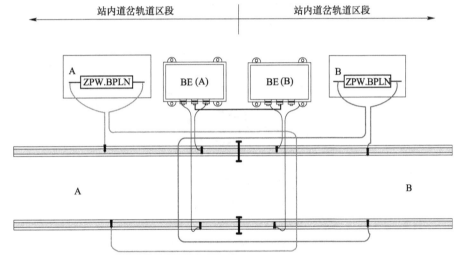

图3-73 电气化区段机械绝缘节处设备布置及引接线走线示意图

3. 站内道岔区段"跳线"的布置和走线示意图

(1) 岔尖内部加强引线布置和走线,如图3-74所示。

(2) 渡线道岔轨道绝缘处的道岔"跳线"引线布置和走线,如图3-75所示。

道岔区段多分支轨道电路采用分支并联结构,"跳线"设置原则:

①采用带绝缘护套的 $70mm^2$ 的铜导线相当的钢包铜线;

②"道岔跳线"从道岔弯股末端(即:道岔弯股的轨道绝缘节)起,向岔心方向(即:道岔绝缘节)依次间隔设置,间隔不大于20m、岔心间隔不大于30m,两端部必须设置"跳线"。

(六)完全横向连接的一般规定

1. 电化区段钢轨牵引回流要求

(1) 钢轨回流必须通过空扼流变压器或空心线圈等中点与 PW 保护线、架空回流线、贯通综合地线连接。

(2) 两个完全横向连接的距离不应小于1200m,参见图3-76。

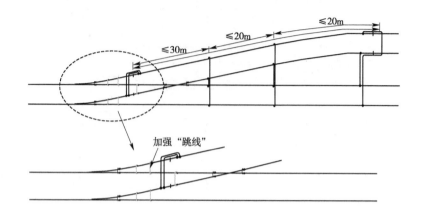

图 3-74　岔尖内部加强引线布置和走线示意图

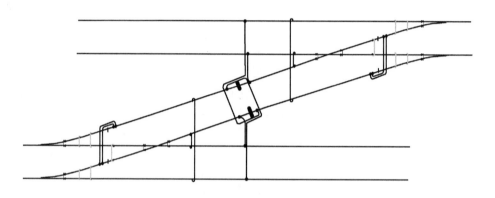

图 3-75　渡线道岔轨道绝缘处的道岔"跳线"引线布置和走线示意图

(3) 轨道电路区段长度小于 1200m 时，可以通过增加空扼流抗流器实现完全横向连接，参见图 3-77。可以通过空心线圈实现完全横向连接。

牵引电流超过空心线圈容量时，不可以通过空心线圈实现横向连接。

说明：

各点处的钢轨回流值应由电力牵引提供，然后结合器材容量等因素，选择横向连接方式。在变电所牵引电流总归点处，建议采用扼流抗流器，通过其中点与回归线连接。

2. 空扼流变压器与轨道电路设备间的距离规定

空扼流变压器与轨道电路设备间的距离规定，如图 3-78 所示。

3. 多条线路横向连接的规定

三条线路，一条横向连接线严禁连接两段同一频率的轨道电路。如果不能通过绝缘节方式完成横向连接时，应增设空扼流变压器完成连接。

该特殊情况亦可通过载频类型合理设置加以避免该情况的出现。

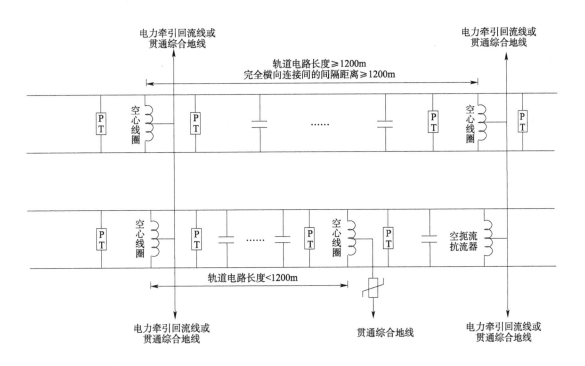

图 3-76 横向连接示意图

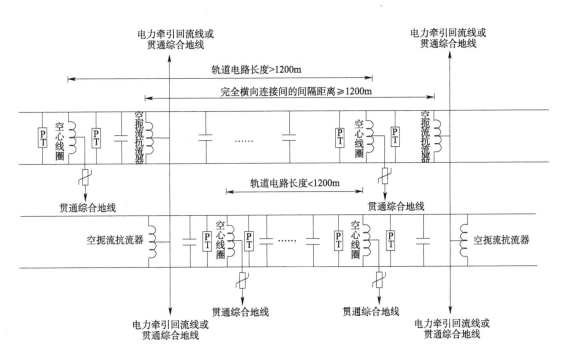

图 3-77 横向连接示意图

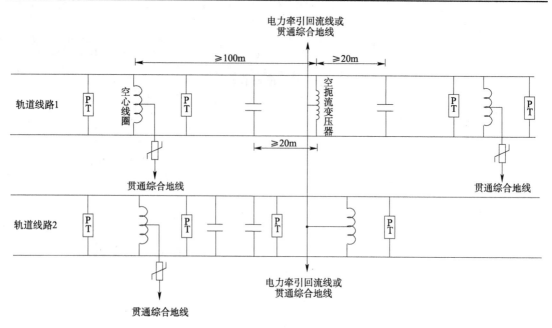

图 3-78 空扼流变压器与轨道电路设备间的距离规定示意图

三条横向连接线,如图 3-79 所示。

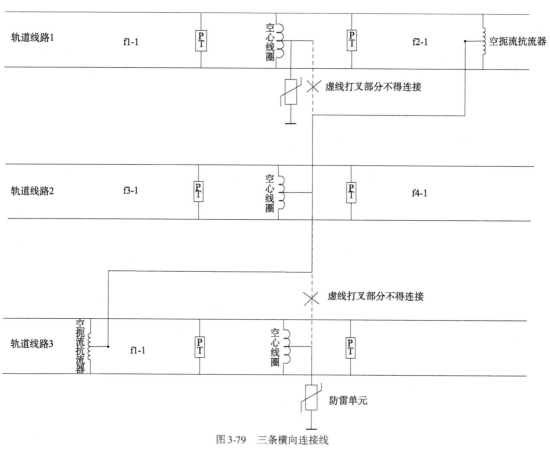

图 3-79 三条横向连接线

复习思考题

1. 客运专线 ZPW-2000A 系统与普铁 ZPW-2000A 系统有何区别?
2. 画出区间电气绝缘节-电气绝缘节轨道电路系统结构图。
3. 补偿电容如何配置?
4. 说明冗余衰耗盘功能。
5. 为了防护轨道电路的电缆串音,客运专线 ZPW-2000A 系统对电缆使用有何要求?

项目四 应答器与地面电子单元 LEU

教学目标

掌握应答器的作用、种类；了解应答器报文、相关接口；掌握应答器结构与原理；掌握应答器的配置、编号、命名及安装；掌握 LEU 的功能及工作原理。

项目描述

随着列车运行速度不断提高，仅依靠由轨道电路将闭塞信息送至车载设备的方式，在信息量方面已经不能满足列车安全高速行驶的要求，需要增加应答器设备向车载设备提供大量固定信息和可变信息。在中国列车运行控制系统 CTCS 技术规范总则里，从 CTCS-2 级到 CTCS-4 级都要运用应答器设备。因此，应答器是铁路既有线提速以及客运专线中不可缺少的设备。

应答器安装于两钢轨中心，利用电磁感应原理，用于在特定地点实现地面与车载设备间高速点式数据传输。区间每隔一定距离设置一组无源应答器；车站进站口、出站口、中继站及根据规定设置有源应答器组，全路应答器采用统一编号。LEU 与有源应答器连接，接收来自列控中心的报文，并连续不断地向有源应答器发送可变信息的报文。

任务一 应答器作用与种类

一、应答器的作用

应答器设备的作用，主要是向车载 ATP 设备传送以下信息：

(1) 线路基本参数：如线路坡度、轨道区段等参数；

(2) 线路速度信息：如线路最大允许速度等；

(3) 临时限速信息：当由于施工等原因引起的对列车运行速度进行限制时，向列车提供临时限速信息；

(4) 车站进路信息：对车站每个接发车进路，可以向列车提供"线路坡度""线路速度""轨道区段"等线路参数；

(5) 道岔信息：给出前方道岔侧向允许列车运行的速度；

(6) 特殊定位信息：如升降弓、进出隧道、鸣笛、列车定位、级间切换等；

(7) 其他信息：固定障碍物信息、列车运行目标数据、链接数据等。

二、应答器的种类

应答器地面设备由无源应答器、有源应答器、地面电子单元（LEU）组成。

1. 无源应答器（固定报文应答器）

无源应答器与外界无物理连接，向列车传送自身预存的固定信息。当列车经过无源应答器上方时，无源应答器接收到车载天线发射的电磁能量后，将其转换成电能，使地面应答器中的电子电路工作，把存储在地面应答器中的数据循环发送出去，直至电能消失（即车载天线已经离去）。

无源应答器发送的固定不变的数据，包括线路坡度、线路最大允许运行速度、列车最大允许速度、轨道电路参数、列控等级转换等信息。

2. 有源应答器（可变报文应答器）

有源应答器通过专用电缆与地面电子单元（LEU）连接，用于发送来自于 LEU 的实时变化的信息；其信息对应于车站联锁排列的进路、临时限速服务器或 CTC/TDCS 下达的临时限速命令。LEU 周期接收来自于车站列控中心（TCC）的报文，并将其连续不断地向有源应答器发送。

当列车经过有源应答器上方时，有源应答器接收到车载天线发射的电磁能量后，将其转换成电能，使地面应答器中发射电路工作，将 LEU 传输给有源应答器的数据循环实时发送出去，直至电能消失（即车载天线已经离去）。

当与 LEU 通信故障时，有源应答器变为无源应答器工作模式，发送存储的固定信息（默认报文）。

任务二　应答器报文

应答器以报文的形式发送信息，因此需要定义报文的格式、所代表的含义。

我国列控系统中，应答器报文采用欧洲标准。

每条应答器报文都是由一个 50 位的报文帧头、若干信息包以及 8 位结束包构成，共计 830 位，如表 4-1 所示。每个信息包都具有各自的格式和定义。

应答器报文结构　　　　　　　　　　　　　　表 4-1

序号	名称	变量	位数	备注
1	帧头	Q_UPDOWN	1	信息传送的方向
		M_VERSION	7	语言/代码版本编号
		Q_MEDIA	1	信息传输媒介
		N_PIG	3	本应答器在应答器组中的位置
		N_TOTAL	3	应答器组中所包含的应答器数量
		M_DUP	2	本应答器信息与前/后应答器信息的关系
		M_MCOUNT	8	报文计数器
		NID_C	10	高 7 位 = 大区编号，低 3 位 = 分区编号
		NID_BG	14	高 6 位 = 车站编号，低 8 位 = 应答器单元编号
		Q_LINK	1	应答器（组）的链接关系

续上表

序号	名称	变量	位数	备注
2	用户信息包		最大772	信息包1 信息包2 …… 信息包n
3	结束包		8	=1111 1111,表示信息帧结束

根据原铁道部科技运[2008]16号关于印发《CTCS-2级应答器报文定义及应用原则(暂行)》的通知,CTCS-2列控系统所用到的信息包如表4-2所示。

CTCS-2列控系统信息包列表　　　　　表4-2

序　号	信息包号	信息包名称
1	[ETCS-5]	应答器链接包
2	[ETCS-21]	线路坡度包
3	[ETCS-27]	线路速度包
4	[ETCS-41]	列控等级转换包
5	[ETCS-44]	欧洲标准以外的信息包
6	[ETCS-68]	特殊区段包
7	[ETCS-72]	文本信息包
8	[ETCS-79]	地理位置信息包
9	[ETCS-132]	调车危险包
10	[ETCS-254]	默认信息包
11	[ETCS-255]	信息结束包
12	[CTCS-1]	轨道区段包
13	[CTCS-2]	临时限速包
14	[CTCS-3]	区间反向运行包
15	[CTCS-4]	大号码道岔包
16	[CTCS-5]	绝对停车包

按照系统设计要求,将上述信息包组合成830位报文后,为了保证传输的安全性和可靠性,按照欧洲标准对其进行编码,形成1023位的传输报文。应答器、LEU、TCC中储存及其传输的是1023位的传输报文。

任务三　应答器结构、原理及主要技术指标

1.应答器的结构

应答器是利用电磁感应原理,用于在特定地点实现地面与车载设备间高速点式数据传输的设备。应答器的外形结构,如图4-1所示。

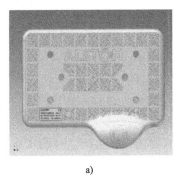
a)

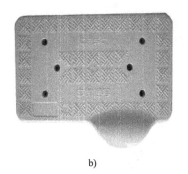
b)

图 4-1 应答器的外形结构

应答器安装于两钢轨中心，平时处于休眠状态，仅靠瞬时接收车载天线的功率而工作，并能在接收到车载天线功率的同时向车载天线发送编码信息。安装于机车底部的车载天线不断向地面发送功率并在机车通过地面应答器时接收来自应答器的编码信息。

当列车经过应答器上方时，应答器接收到车载天线发射的电磁能量后，将其转换成电能，使应答器中的电子电路工作，把存储在应答器中的 1023 位数据报文循环发送出去，直至电能消失（即车载天线已经离去）。

通过报文读写工具 BEPT 可以改写应答器的数据报文。

通过 BEPT 可以对无源应答器存储的数据报文进行读出、校核。

有源应答器通过与 LEU 的连接，可实时改变传送的数据报文。

当与 LEU 通信故障时（接口"C"故障），有源应答器发送有源应答器默认报文。

2. 电路板原理框图

电路板原理框图，如图 4-2 所示。

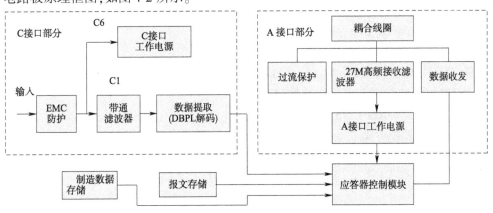

图 4-2 应答器原理框图

其工作过程如下：

当车载天线接近应答器时，应答器的耦合线圈感应到 27MHz 的磁场，能量接收电路将其转化为电能，从而建立起应答器工作所需要的电源，此时，应答器开始工作。如图 4-3 所示。

应答器控制模块是整个电路的控制核心，当电源建立后，它首先判断由 C 接口来的数据是否有效，若该数据无效或无数据，控制模块使用存储在报文存储器中的数据，将其进行 FSK

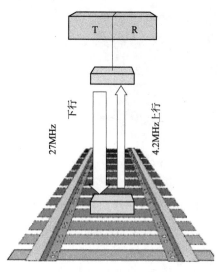

图 4-3 应答器收发电磁频率示意图

调制后,输出到数据收发模块,经功率放大后,由耦合线圈发送。只要电源存在,控制模块就不间断地发送,这意味着车载天线一直在应答器上方。

当控制模块上电时,判断出 C 接口的数据有效,则控制模块将发送 C 接口传来的数据。

一旦控制模块做出报文选择(选择存储的数据还是 C 接口传来的数据),在这次上电的工作周期内,无论 C 接口数据有效与否,应答器都不会改变发送的数据。

当车载天线离开应答器上方后,应答器失去了电源,便停止数据发送。

C 接口工作电源仅用于该接口电路部分,不给控制模块和数据收发供电,因此,有源应答器也只有在车载天线出现时才发送数据。

制造数据存储器的数据只能被报文读写工具读取。

3. 应答器主要技术指标

目前我国采用的应答器技术主要来自于阿尔斯通(法国)、安萨尔多(意大利)、西门子(德国)等公司。国内多家公司已有产品通过认证,如中国通号、交大思诺等。其外形结构,如图 4-1 所示。

应答器主要指标:

① 报文长度:1023bit;

② 外形尺寸:480mm×350mm×70mm(长×宽×高);

③ 重量:约 7kg;

④ 材料:外壳为绝缘乙烯材料,树脂灌封;

⑤ 接收电磁能量频率:27.095MHz±5kHz 连续波(CW);

⑥ 平均数据传输速率:564.48±2.5% kbit/s;

⑦ 上行数据链路传输方式:移频键控 FSK。

中心频率:4.234MHz±175kHz。

调制频偏:282.24kHz±7%。

任务四 应答器相关接口

应答器设备与其他设备连接以及报文传输主要有以下接口:

A 接口——应答器与车载 ATP 设备无线传输接口。

C 接口——LEU 与有源应答器间报文传输接口。

S 接口——TCC 与 LEU 间串行通信接口。

1. A 接口

A 接口是应答器与车载 ATP 设备之间的无线传输接口。它具有上行数据传输接口 A1、供电接口 A4、编程接口 A5,这 3 个功能:

1) A1 接口

A1 接口是由应答器向车载 ATP 传输数据报文的接口,当车载设备经过应答器上方时,应答器连续不断地将 1023 位的传输报文发出。

A1 接口采用移频键控调制 FSK 方式:

中心频率为 4.234MHz;

调制频偏为 282.24kHz;

平均传输速率为 564.48kbit/s。

当要发送的数据是逻辑"0"时,对应的发送频率为 3.951MHz;当要发送的数据是逻辑"1"时,对应的发送频率为 4.516MHz。

2) A4 接口

A4 接口用于由车载设备向应答器提供工作电源。

车载天线单元通过产生磁场为应答器提供能量,应答器感应该磁场,并将其转换为工作电源。

车载天线发送频率为 27.095MHz 的连续波。

3) A5 接口

A5 接口用于对应答器进行编程,即报文写入及生产制造资料写入。

2. C 接口

C 接口是 LEU 与有源应答器之间的数据传输接口,采用专用电缆。它具有以下 3 个功能:

——LEU 向有源应答器传送报文的接口 C1;

——LEU 向有源应答器接口电路提供电源的接口 C6;

——有源应答器向 LEU 发送有列车通过信息的接口 C4。

1) 传输媒介

C 接口采用 LEU·BS 系列应答器电缆数据传输,参见原铁道部运基信号[2005]431 号《关于印发应答器数据传输电缆技术条件(暂行)的通知》。

LEU 至室内分线盘、室外分线盒至有源应答器的连接,采用铜丝编织屏蔽层应答器数据传输电缆。其电气性能及试验方法,如表 4-3 所示。

应答器铜网编织屏蔽电缆主要指标　　　　表 4-3

序号	项　目	单位	指　标	试验方法	换算公式
1	导体直流电阻 20℃	Ω/km	≤27.0	GB/T 3048.4	$L/1000$
2	绝缘电阻 DC100~DC500V 20℃	$M\Omega \cdot km$	≥10000	GB/T 3048.6	$1000/L$
3	工作电容 0.8~1.0kHz	nF/km	≤42.3	GB/T 5441.2	$L/1000$
4	绝缘介电强度 2min 线芯间 线芯对地	V	交流 50Hz 或 直流 1000　1500 2000　3000	GB/T 3048.8 GB/T 3048.14	—
5	特性阻抗　1800kHz	Ω	120	GB/T 5441.7	—

室内分线盘至室外分线盒,采用双钢带铠装应答器数据传输电缆。其电气性能及试验方法,如表 4-4 所示。

应答器双钢带铠装电缆主要指标　　　　　　　　表4-4

序号	项目	单位	指标	试验方法	换算公式
1	直流电阻20℃ 每根导体直流电阻	Ω/km	≤9.9	GB/T 3048.4	$L/1000$
2	工作线对导体电阻不平衡①	%	≤2	GB/T 3048.4	—
3	绝缘电阻 DC100～DC500V 20℃	MΩ·km	≥10000	GB/T 3048.6	$1000/L$
4	工作电容 0.8～1.0kHz	nF/km	≤42.3	GB/T 5441.2	$L/1000$
5	绝缘介电强度 2min 线芯间 线芯对地	V	交流50Hz 或直流 1000　1500 2000　3000	GB/T 3048.8 GB/T 3048.14	—
6	特性阻抗　1800kHz	Ω	120±5	GB/T 5441.7	—
7	线对衰减常数② 1800kHz 20℃	dB/km	≤8.0	GB/T 5441.7	$L/1000$
8	理想屏蔽系数 50Hz 电缆金属护套上的感应电压为 50～200V/km	—	≤0.2（铝护套） ≤0.8（综合护套）	GB/T 5441.9	—
9	屏蔽层的连续性	—	电气导通	电铃或指示灯	—

注：①导体电阻不平衡，即工作线对两根导体的电阻之差与其电阻之和的比值；
　　②20℃时衰减温度系数推荐为 0.0021/℃。

2）C1 接口

C1 接口传输基带信号。LEU 将 1023 位的应答器传输报文进行码型变换，将其转换为 DBPL 码，通过电缆不间断地向有源应答器发送。

(1) DBPL (Differential Bi-Phase-Level) 编码

DBPL 是双相位差分电平码。其原理，如图 4-4 所示。

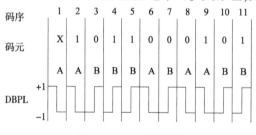

编码在 LEU 中通过硬件电路完成，当码元为"1"时，与上一位的波形保持一致；当码元为"0"时，将上一位的波形反相，作为本位码元的编码结果。

(2) C1 特性指标

在 LEU 输出端接 120Ω 阻性负载，信号幅值 Vpp 为 14～18V。

图 4-4　DBPL 编码的原理

平均数据传输速率为 564.48kbit/s。

3）C6 接口

C6 接口是由 LEU 给有源应答器接口电路提供电源的接口，其频率为 8.82kHz；在 LEU 端接 170Ω 阻性负载时，其峰-峰值为 20～23V 的正弦波。

3. S 接口

接口"S"是 LEU 与车站列控中心（TCC）间的通信接口。

每个 LEU 有 2 个 RS-422 接口与 TCC 进行通信，构成冗余。

采用主从通信方式，TCC 为主机，LEU 为从机；TCC 以 500ms 为周期向 LEU 发送应答器报文，通信传输速率 38400bit/s。

通信协议采用现场总线安全通信协议(FSFB/2)。

任务五　应答器的配置

在现场应用中,CTCS-3 级与 CTCS-2 级列控系统的应答器名称和设置有所不同,本节只介绍了列控系统中常规应答器的设置及报文内容,如区间、出站、进站应答器。

一、区间应答器的配置

1. 配置原则及目的

站间每隔 3～5km 成对设无源应答器于闭塞边界上,分别提供正、反方向前方一定距离内的线路参数及定位信息;正线的线路参数要交叉覆盖。

在应答器被用于运行方向的区分时,至少应成对设置,而在用于其他用途时则可以单独设置。正线上应答器布置,如图 4-5 所示。

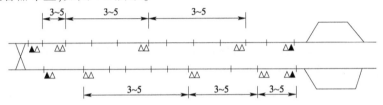

图 4-5　正线上应答器布置(尺寸单位:km)

应答器基本设在车站进站口或在车站区间闭塞临界前 15m 处;车站出站口的应答器基本设在闭塞临界 15m 处。应答器的间隔最小为 3m,最大为 12m。

1 个应答器组也有跨 2 个轨道电路的时候,甚至跨 2 个闭塞区间的时候。

应答器与无绝缘轨道电路的相对位置,见图 4-6;应答器与绝缘轨道电路的相对位置,见图 4-7。

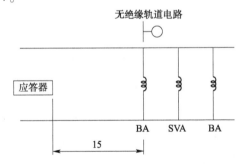

图 4-6　应答器与无绝缘轨道电路的相对位置(尺寸单位:m)

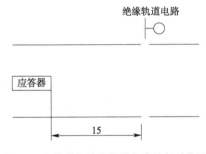

图 4-7　应答器与绝缘轨道电路的相对位置(尺寸单位:m)

2. 区间应答器报文内容

区间应答器报文内容有:应答器连接信息、路线的坡度信息、静态限速信息、等级转换信息、特殊区间信息、轨道电路信息。这些信息应以 1 个或多个信息包组合起来传输。

无源应答器把前方一定距离内的线路参数向车载设备传输。前方一定距离是指从前方第二个应答器组向前到大约相当于制动距离处,传输的内容包括线路坡度信息。另外,接近进站口的应答器发送前一个车站的正线线路参数。

二、出站应答器的配置

1. 配置原则及目的

在出站口处闭塞电路边界上附近,放置1个或多数有源应答器和1个或多数无源应答器,以组成应答器组。无源应答器组提供前方一定距离内的线路参数等信息;有源应答器提供前方一定距离内的临时限速等信息。出站口应答器的布置,如图4-8所示。

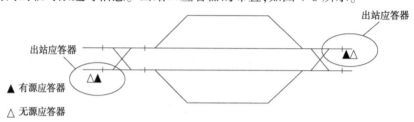

图4-8　出站口应答器的布置

2. 出站应答器报文内容

(1)无源应答器的报文内容有:应答器连接信息、线路坡度信息、静态限速信息、等级转换信息、特殊区间信息、轨道电路信息。

(2)有源应答器的报文内容有:反向运行时从有源应答器接收反向运行的进路信息。

①正向发车时:应答器连接信息、临时限速信息;

②反向接车时:应答器连接信息、线路坡度信息、静态限速信息、调车危险信息、轨道电路信息、临时限速信息、反向运行信息。

上述应答器的信息应以1个或多个信息包组合起来传输。

无源应答器向车载设备传输前方一定距离内的线路参数。前方一定距离是指从前方第二个应答器组向前到大约相当于制动距离处;传输的内容包括线路坡度信息。有源应答器传输直到下一站为止的临时限速等信息。

三、进站应答器的配置

1. 配置原则及目的

进站应答器设在进站信号机(含反向)外方30±0.5m,由1个有源应答器和2个无源应答器组成。进站口应答器的布置,如图4-9所示。

当列车进站停车时,应答器向列车提供地面应答器编号、至出站点的链接信息、接车进路线路参数,包括:目标距离、线路坡度、线路限速、信号机类型、轨道电路载频和接车进路区域临时限速等信息。

当接车股道具有直股发车进路时,应同时提供直股发车进路及前方一定距离内的线路参数和临时限速信息。

当办理正线通过进路时,进站口应答器需同时给出前方区间较低的临时限速信息。

2. 进站应答器报文内容

(1)无源应答器的报文内容有:应答器连接信息、线路坡度信息、静态限速信息、等级的转换信息、特殊区间信息、轨道电路信息。不过这些是为反向运行的信息,正向运行时不传输。

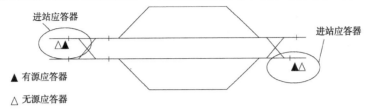

图 4-9 进站口应答器的布置

（2）有源应答器的报文内容有:线路坡度信息、静态限速信息、调车危险信息、轨道电路信息、临时限速信息、反向运行信息。

任务六　应答器的编号及命名

1. 应答器编号规则

应答器编号应具有唯一性,每个应答器的编号由"设备类型编号""大区编号""分区编号""车站编号""应答器单元编号""应答器组内序号"构成。

全国铁路按一定原则划分若干大区,每个大区分成若干分区,每个分区包含若干车站(含区间)。原则上每个车站对应一个车站编号,应答器以应答器(组)为基本单元进行编号(简称单元编号)。

大区编号由三位十进制表示,编号范围为 1~127。

分区编号由一位十进制表示,编号范围为 1~7。

车站编号由二位十进制表示,编号范围为 1~60。一个分区内的车站数量一般按不超过 50 个进行分配。

应答器单元编号由三位十进制数表示,编号范围为 1~255。应答器单元编号应遵循以下原则:

（1）对车站管辖范围内(含区间)的全部应答器组进行统一编号,应答器组编号顺序按照先正线后到发线的顺序进行。

（2）正线以列车正向运行方向为参照,按正线贯通、从小到大的原则进行编号;下行方向编号为奇数、上行方向编号为偶数。

（3）侧线股道应答器组编号,临近正线的第一个股道依次编号;下行侧股道编号为奇数、上行侧股道编号为偶数。

（4）对于有三、四线等的应答器组编号,其原则是先进行一线、二线编号,再进行三线、四线编号,最后进行站内侧线应答器组编号;各线间宜预留编号余量。

每个应答器组可由 1~8 个应答器构成,以列车正向运行为参照,列车首先经过的第一个应答器为①号,其他以此类推,如图 4-10 所示。

应答器组内的编号是在下行线离起点最近的应答器为①号;在上行线以离起点最远的应答器为①号。

2. 车站编号范围

每一个车站编号应包含的应答器范围为:以列车正运行方向为参照,从进站信号机开始至相邻车站进站信号机(不含)范围内的所有应答器。

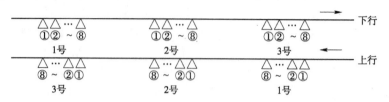

图 4-10 应答器编号

进站应答器放在进站信号机的闭塞边界跟前,由 1 个或多个有源应答器组成,由此组成应答器组。车站编号范围,如图 4-11 所示。

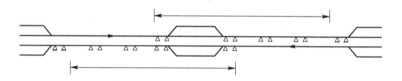

图 4-11 车站编号范围

3. 应答器命名

应答器名称由"应答器组名称"和"组内编号"两部分构成。

应答器组命名以 B 开头,区间应答器组后加公里标,公里标参照区间通过信号机命名规则执行;站内信号机处的应答器组后加信号机名称,设置在股道中央的定位应答器组后加股道名称。当应答器组名称相同时,沿列车正向运行方向依次增加"A""B""C"区分。

4. 应答器编号及命名示例

(1) 如图 4-12 所示,应答器位于 045 号大区、1 号分区、23 号车站,在信号平面布置图中表示为 045-1-23,放置于车站名称下方。

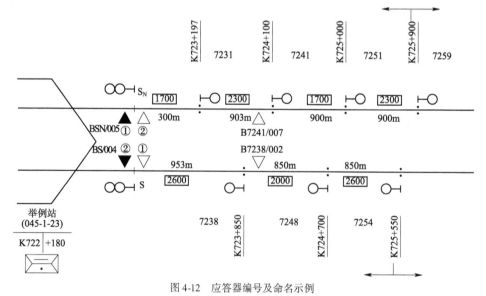

图 4-12 应答器编号及命名示例

(2) 7238 通过信号机处的应答器,命名为 B7238,单元编号为 002,图中标识为 B7238/

002,最终档案编号为 045-1-23-002。

(3)上行进站信号机处的应答器组,命名为 BS,单元编号为 004,图中标识为 BS/004,并用 ①和②表示两个应答器在组中的位置;最终档案编号分别为 045-1-23-004-1、045-1-23-004-2。

任务七　应答器安装

应答器安装在轨道中央,用于向列控车载设备传输地面线路参数与信息。安装前必须确认应答器标明的安装地点与实际安装地点一致。

为方便描述应答器安装,定义以下 X 轴、Y 轴、Z 轴。

X 轴——与铁轨平行的坐标轴。

Y 轴——与铁轨呈直角、与铁轨顶端水平的坐标轴。

Z 轴——垂直向上、与铁轨平面垂直的坐标轴。

在应答器的每个边上都有参考标记,标明与三个轴相关的应答器电气中心位置。

1. 应答器安装方向

应答器安装方向有横向安装与纵向安装两种,一般采用横向安装。

应答器横向安装,如图 4-13a)所示;应答器纵向安装,如图 4-13b)所示。

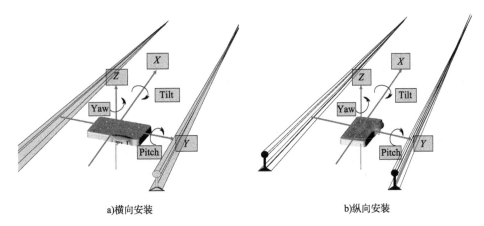

a)横向安装　　　　　　　　　　b)纵向安装

图 4-13　应答器横向安装与纵向安装示意图

注:当受到无金属空间条件限制、最高列车运行速度大于 300km/h 且应答器使用长报文格式时,应采用纵向安装方式。

2. 应答器安装间距

应答器组内安装间距:组内相邻应答器间距为 5.0m±0.5m。

应答器组间安装间距:两应答器组间距应不小于 100m。

应答器与相邻轨道车载天线的最小间距为 3.0m,如图 4-14 所示。天线最大偏移按 300mm 计算。

应答器与岔区内相邻轨道车载天线的最小间距:当岔区内同时只能存在一列车时,应答器与相邻轨道车载天线的最小间距为 1.4m,如图 4-15 所示,天线最大偏移按 300mm 计算。

应答器与钢轨接头的最小间距为 1.0m,无论单接头还是双接头,如图 4-16 所示。

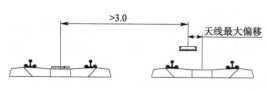

图 4-14 应答器与相邻轨道车载天线最小间距(尺寸单位:m)

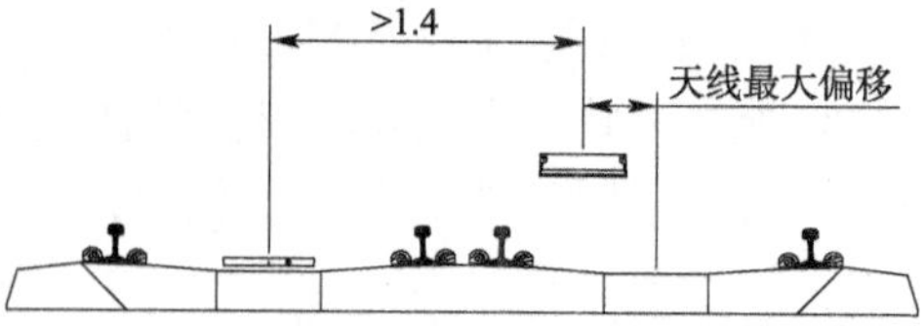

图 4-15 应答器与岔区内相邻轨道车载天线最小间距(尺寸单位:m)

3. 应答器安装位置

1) 安装高度

应答器安装高度,如图 4-17 所示。应答器侧边参考标记至钢轨顶部为:93~150mm。

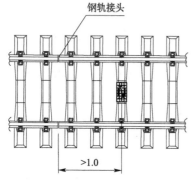

图 4-16 应答器与钢轨接头的最小间距(尺寸单位:m)

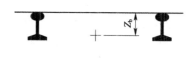

图 4-17 应答器安装高度示意图

2) 安装横向误差

应答器顶面参考标记中心点至两条钢轨间中心线的最大横向误差为 15mm,如表 4-5 所示。

应答器安装位移误差 表 4-5

条 件	误 差	注 释
应答器 Z 参考标记与轨道中心轴间的最大横向偏差	±15mm	常规应用时的误差

3) 安装角度误差

应答器安装角度误差,如表 4-6 所列。

应答器安装角度误差 表 4-6

角 坐 标	误差	应答器横向安装	应答器纵向安装
旋转 X 轴,应答器产生的角度	±2°	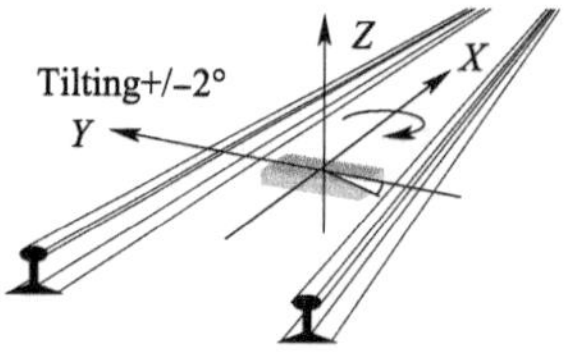 Tilting+/−2°	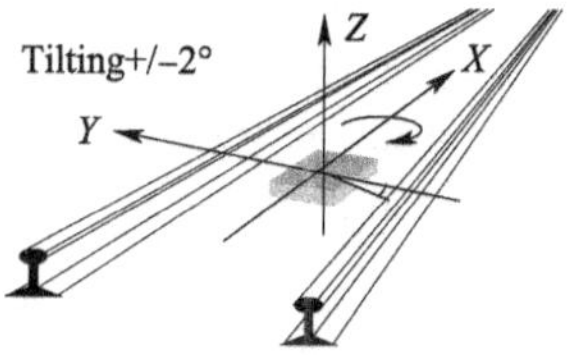 Tilting+/−2°

续上表

角 坐 标	误差	应答器横向安装	应答器纵向安装
旋转 Y 轴,应答器产生的角度	±5°	Pitching+/-5°	Pitching+/-5°
旋转 Z 轴,应答器产生的角度	±10°	Yawing+/-10°	Yawing+/-10°

4. 应答器安装限制条件要求

1)无金属空间

在应答器周围一定范围内应避免金属或导磁材料。

横向安装应答器无金属范围(见图 4-18),X 轴为 ±315mm,Y 轴为 ±410mm。

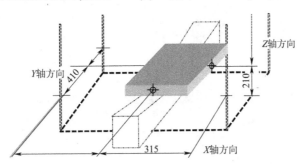

图 4-18 横向安装应答器无金属范围示意图(尺寸单位:mm)

纵向安装应答器无金属范围(见图 4-19),X 轴为 ±410mm,Y 轴为 ±315mm。

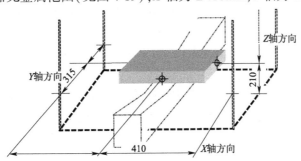

图 4-19 纵向安装应答器无金属范围示意图(尺寸单位:mm)

当不能找到这样一个无金属范围时,安装高度应根据图4-20要求进行调整。

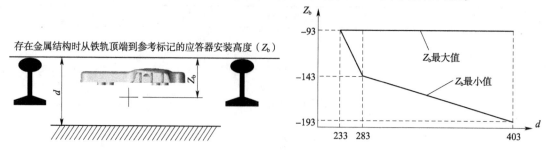

图4-20 有金属物时的应答器安装高度(尺寸单位:mm)

2)有护轮轨情况

当应答器安装在护轮轨处时,应答器中心至护轮轨轨基之间的横向无金属距离缩小为:横向安装应答器时:320mm;纵向安装应答器时:220mm。

沿应答器 X 轴方向,应在基准点 ±300mm 的范围内的每根护轮轨断开至少 20mm 的间距,并安装绝缘节,以减少护轮轨对应答器数据传输的影响。

图4-21所示为有护轮轨情况下横向安装应答器时无金属距离。该图中 $X = \pm 300$mm。

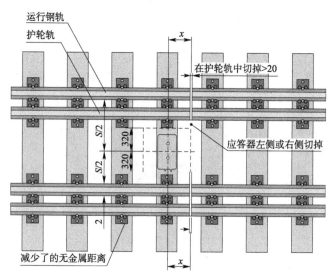

图4-21 有护轮轨情况下横向安装应答器时无金属距离(尺寸单位:mm)

3)干扰电缆

在应答器周围(距应答器侧边400mm以内),不应有其他设备电缆。

5. 应答器安装举例

对于不同类型的道床与轨枕,可以采用不同的应答器安装方法与方式,可以采用不同的应答器安装装置。无论是采用哪种安装方式,均应满足上述限制条件,否则将影响应答器正常工作。

1)应答器在轨枕上的安装

图4-22所示是CTCS-2级列控系统在轨枕上横向安装应答器的示例。

2）应答器在双块式无砟道床上的安装

双块式无砟道床，如图 4-23 所示。

图 4-22　应答器在轨枕上横向安装示例　　　图 4-23　双块式无砟道床

采用在道床上打孔安装方式，采用垫板调节应答器安装的高度，如图 4-24 所示。设计垫板厚度时，以应答器距轨面 120mm 进行设计，实际安装时，该距离可调整。

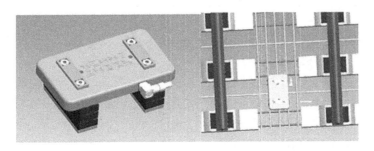

图 4-24　在双块式无砟道床上安装应答器示意图

在道床上打安装孔前，需要查明道床的钢筋位置与分布情况，如有可能，应配置金属探测装置。为保证打孔位置的准确，需要预先制作辅助打孔工装设备，以便打孔的准确与快捷。

任务八　LEU

一、LEU 构成

以通号公司 LEU 设备为例，其结构如图 4-25 所示。

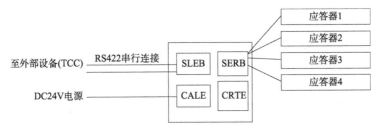

图 4-25　LEU 连接示意图

LEU 盒内安装有母板,在母板上插接 4 块电路板。这 4 块电路板分别为电源板 CALE、数据处理板 CRTE、S 接口通信板 SLEB、输出板 SERB。

1. 电源板 CALE

通过插头连接外部的 DC24V 电源,将其转换为 LEU 所需的工作电源。

电源板 CALE 为整个 LEU 提供工作电源。输入标称电压是 DC24V,输入电压范围可以为 10 ~ 35V 电压,消耗功率为 20W。

电源板上装有一个绿色 LED(焊接面),当 LED 亮灯时,表明 LEU 的电源工作正常。

电源板通过插座与外部电源连接,其管脚定义如表 4-7 所示。

电源板插座管脚定义　　　　　　　　　　表 4-7

管脚号	Z 排	D 排	管脚号	Z 排	D 排
32	NC	NC	8	0V	0V
30	NC	NC	6	0V	0V
…	…	…	4	+24V	+24V
10	NC	NC	2	+24V	+24V

2. 数据处理板 CRTE

数据处理板是整个 LEU 的核心控制部分,采用 Motorola MPC860 微处理器及双套应用软件,它不需要通过插头与外部连接。

数据处理板采用透明传输模式,即把从 TCC 接收到的报文转发到应答器。它的主要工作是:S 接口的安全通信管理,正确接收 TCC 发来的报文;向 4 个有源应答器转发正确报文;S 接口异常时,向 4 个有源应答器发送相应的默认报文;向 TCC 传送自检结果,并存储记录。

数据处理板装有 4 个 LED:

1) 绿色 LED-DS1(软件处理状态)

当处理器处于正常工作状态时,该绿色 LED 灯亮。

当 LEU 处于远程模式时,闪光($\cong 1s$ 灯亮;$\cong 1s$ 灯熄)。如果编码器处于远程模式,检查所有的连接器(电源板、通信板、输出板);如果所有的连接器没有问题,则是 LEU 的配置问题(LEU 参数),需要重新对 LEU 参数进行配置。

当处理器处于初始化模式时,灯灭。

2) 黄色 LED-DS3(FIP 网络#1)

当在 FIP 网络#1 上检查到载波时,灯亮。

3) 黄色 LED-DS2(FIP 网络#2)

当在 FIP 网络#2 上检查到载波时,灯亮。

4) 红色 LED-DS4(有车出现)

在处理器初始化期间,灯亮。

当在其中某个应答器上有车通过时,亮 $\cong 1s$。

如果该红色 LED 灯长时间亮,需要检查输出板的连接器以及传输电缆,LEU 与应答器之间的电缆可能会出现问题。

3. 串行输入接口板 SLEB

串行通信板通过插头与 TCC 的串行通信线连接,是 LEU 接收报文的通道。

串行通信板包含两路独立的 RS-422 串行接口,每路接口有 2 个 LED,1 个黄色 LED ,1 个绿色 LED。黄灯亮表示接收数据,绿灯亮表示发送数据。

串行通信板插座管脚定义,如表 4-8 所示。

串行通信板插座管脚定义　　　　　　　　　　　　　　　　表 4-8

管脚号	Z 排	D 排	管脚号	Z 排	D 排
32	NC	NC	16	NC	NC
30	Rxd1 +	Rxd1 −	14	Rxd2 +	Rxd2 −
28	Rxd1 +	Rxd1 −	12	Rxd2 +	Rxd2 −
26	Txd1 +	Txd1 −	10	Txd2 +	Txd2 −
24	Txd1 +	Txd1 −	8	Txd2 +	Txd2 −
22	0V1	0V1	6	0V2	0V2
20	0V1	0V1	4	0V2	0V2
18	NC	NC	2	NC	NC

4. 输出板 SERB

输出板通过插头与应答器传输电缆连接,向 4 个有源应答器输出可变化的报文。

输出板的作用是把数据处理板的报文进行 DBPL 编码以及功率放大。

输出板插座管脚定义,如表 4-9 所示。

应答器输出板插座管脚定义　　　　　　　　　　　　　　　表 4-9

管脚号	Z 排	D 排	管脚号	Z 排	D 排
32	ELB_data	0V	16	NC	NC
30	NC	NC	14	NC	NC
28	NC	NC	12	NC	NC
26	应答器 1P	应答器 1N	10	应答器 3P	应答器 3N
24	NC	NC	8	NC	NC
22	NC	NC	6	NC	NC
20	NC	NC	4	NC	NC
18	应答器 2P	应答器 2N	2	应答器 4P	应答器 4N

二、LEU 功能及工作原理

1. 功能

LEU 是安全相关设备,为信号系统与应答器之间提供接口。其主要功能有:接收外部发送的应答器报文并连续向应答器转发;当输入通道故障或 LEU 内部有故障时,向应答器发送预先存储的默认报文;当有车载天线经过有源应答器上方时,LEU 在一定时间内不转换新的报文;一台 LEU 可以同时向 4 台有源应答器发送 4 种不同的报文;设备自检及事件记录。

2. 工作原理

LEU 工作原理,如图 4-26 所示。

1)报文接收

微处理器通过通信接口周期性地从 TCC 接收报文,并把报文传送到逻辑控制单元;由逻辑控制单元把周期性的报文输入变为连续的报文输出。

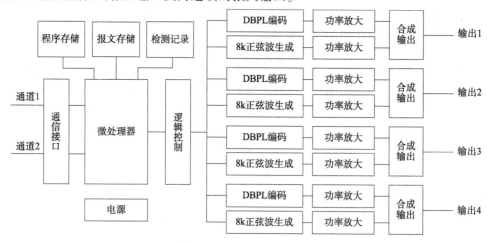

图 4-26　LEU 工作原理框图

如果由于通道故障或 LEU 内部故障，微处理器就无法接收到正确的报文。此时，便从报文存储器中选择出相应的默认报文，并传送到逻辑控制单元。

在采用透明传输模式时，报文存储器只存储 LEU 的默认报文，即对每一路输出只存储一条默认报文。

输入通道和接口单元是双套同时工作的，即使有一路通道或接口电路发生故障，也不会影响 LEU 与 TCC 之间的通信。

安全通信协议保证了通信的可靠性，除采用常见的编码、帧结构定义和 CRC 校验外，其最大的特点是引入时间戳概念，从而确保了通信信息的正确性、实时性、完整性以及信息顺序的正确性。

2）逻辑控制单元

微处理器收到报文后，把报文转储在逻辑控制单元中；逻辑控制单元相当于发送缓冲器，以 564.48kb/s 的速率把这个 1023 位的报文循环地输出。

逻辑控制单元中采用了现场可编程门阵列 FPGA，因此最大程度上减少了元件数量、缩小了体积、提高了可靠性和抗干扰能力。

逻辑控制单元除输出报文数据外，还产生 C6 接口所需要的 8.82kHz 方波。

3）功率放大

由于 C 接口定义的报文数据 C1 和接口供电信号 C6 在频率上相差很大，需要分别进行功率放大。

将经过放大后的 C1 和 C6 信号偶合到一个变压器内，从而实现了在一对传输线上传送两种信号。

三、LEU 防雷

LEU 与有源应答器间传输通道采用 DEHN 公司生产的：BCT MOD BD HFD 24（reference 919 675）防雷单元。其安装架型号：BCT BAS（reference 919 506）。

防雷单元设计与安装应符合铁建设［2007］123 号《铁路 CTCS-2 级列车运行控制系统应答

器工程技术暂行规定》、铁运[2006]26号《铁路信号设备雷电及电磁兼容综合防护实施指导意见》、铁建设[2007]39号《铁路防雷、电磁兼容及接地工程技术暂行规定》。

四、LEU主要技术指标

(1)报文长度:1023bit。
(2)外形尺寸:112mm×150mm×320mm(宽×高×深)。
(3)重量:约3kg。
(4)输出数量:4路独立的输出连接4台有源应答器。
(5)输出传输距离:2.5km。
(6)平均传输速率:564.48kbit/s±200ppm。
(7)与列控中心设备串行通信接口:

通道:2路(RS-422);

通信速率:38.4kbit/s;

通信周期:500ms;

通信协议:FSFB/2故障安全通信协议。

(8)电源:标称DC24V(10~36V DC)。
(9)耗电量:20W。
(10)工作温度范围:-40~+70℃。
(11)冷却方式:自然对流。
(12)平均无故障时间MTBF:>200000H(环境温度40℃时)。
(13)湿度:不大于90%。
(14)大气压力:70~106kPa(相当于海拔高度3000m以下)。
(15)使用寿命:>22年,40℃情况下。
(16)安全性:SIL 4,根据EN 50129(电子系统),EN 50126(RAMS),以及EN50128(SW)。

五、LEU安装与调式

对于车站,LEU设备一般放置在单独的LEU设备柜中;对于中继站,LEU设备放置在列控中心主设备柜中。

当LEU与有源应答器间电缆长度大于2500m时,采用远程控制LEU方式,即LEU设置在室外靠近有源应答器的地方,由TCC对远程LEU进行报文传输及切换控制。

LEU的安装应遵照以下顺序进行:

1. 安装底座

将底座用金属螺钉固定在机柜内,确保LEU盒体与机柜之间导电连续性,如图4-27所示。

2. 在底座上安装LEU

将LEU的后侧部分塞入底座钳内,拧紧LEU盒前侧M5螺钉,如图4-28所示。

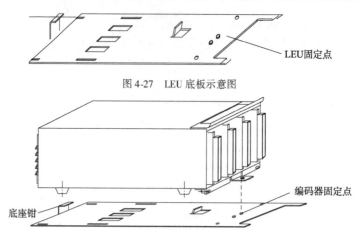

图 4-27　LEU 底板示意图

图 4-28　LEU 安装示意图

3. 外部电缆插头连接到 LEU 对应电路板插座

使用指定的插头连接外部电缆。

连接器参考说明：

供货商：HARTING；

型号：DIN41612 F09 06 248 32 01；

32 弯针：09 99 000 0191；

外盒：09 06 048 0521；

插针：09 06 000 99 88；

鉴别销：09 06 001 9905。

4. 安装 LEU 前盖

将前盖对准 LEU 位置，拧紧两个手拧螺钉，将前盖固定在 LEU 盒上。

5. LEU 调试

当 LEU 安装完成后，通过 TCC 或报文读写工具 BEPT 按下面过程对它进行调试。

(1) 首先，连接电源线，向 LEU 的电源板供 24V 电源。

(2) 上电初始化后，如果没有下载默认报文和参数配置，LEU 应该在远程模式（绿色 LED-DS1 闪亮），这种情况下，LEU 不能工作。

(3) 按指定的规程下载默认报文和参数后，LEU 应进入正常工作模式，绿灯一直点亮。如果上述过程执行 3 次，LEU 仍不能进入正常工作模式，则此 LEU 失效，需要入厂返修。

6. LEU 现场更换程序

现场更换程序是从底座上拆掉整个安装好的并连接好的 LEU 盒，并用一个备用的、可使用的 LEU 替代这一个。

其步骤如下所述：

(1) 关闭 LEU 电源。

(2) 拧松手拧专用螺钉，拆掉前盖。

(3) 取下各电缆插头。

(4) 拧下 LEU 盒的固定螺钉，并从底座上拆掉 LEU。

(5)安装备用的 LEU。

(6)接通 LEU 电源,检查 LEU 进入正常工作状态。

7. LEU 冗余设置

按系统设计要求,LEU 可冗余设置,由列控中心进行冗余切换控制。

8. LEU 输出通道连接

在 LEU 与有源应答器之间,连接有室内专用电缆、防雷单元、专用干线电缆、专用室外尾缆,这些设备及电缆的正确安装对于整个系统正常工作至关重要。

应答器数据传输电缆应符合运基信号[2005]431 号《应答器数据传输电缆技术条件(暂行)》的规定。

应答器数据传输电缆敷设与防护应符合《铁路信号施工规范》(TB 10206—99)、铁建设[2007]123 号《CTCS-2 级列控系统应答器工程技术暂行规定》的相关规定。

电缆终端包括室外电缆成端、电缆与防雷单元连接、室内电缆与 LEU 连接 3 部分。设备连接,如图 4-29 所示。

1)电缆与防雷单元的连接

室外电缆与防雷单元连接:室外电缆引入口处,将电缆钢带、铝护套、屏蔽层按规定与地线连接;将电缆芯线与防雷单元的外线端连接,电缆芯线配线时不破坏电缆芯线的原纽绞结构,芯线端头做成高 30mm 的鹅头弯,直接上端子。

室内电缆与防雷单元连接:按接线长度开剥电缆,断开电缆屏蔽层,露出电缆芯线。将电缆芯线与防雷单元的设备端连接,电缆芯线配线时不破坏电缆芯线的原纽绞结构,芯线端直接上端子。LEU 室内连接,如图 4-29 所示。

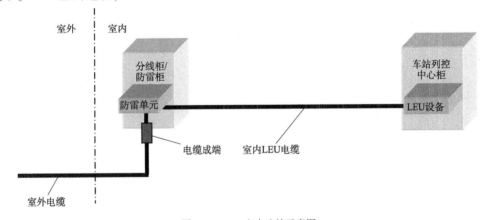

图 4-29 LEU 室内连接示意图

需要注意的是,防雷单元所标示的输入与输出端是针对雷电信号而言的,即外部引入线应连接到防雷单元的输入端,并且,电缆屏蔽层应与地线连接。

2)室内电缆与 LEU 设备的连接

在安装 LEU 的机柜电缆引入口处,按接线长度开剥电缆屏蔽层,保留电缆芯线和屏蔽线(开剥电缆时不破坏电缆芯线的原纽绞结构)。

根据设计要求将电缆芯线连接到 LEU 设备对应的接线端子上(注意:电缆芯线使用时,必须按对角使用的原则,即红、白线为一个工作线对,蓝、绿线为一个工作线对,严禁随意组合)。

将屏蔽线用 7×0.52 多股铜线连接后,连接到车站列控中心柜屏蔽接地端子排。

复习思考题

1. 应答器设备的作用是什么？由哪几项设备组成？
2. 应答器分为哪几个种类？
3. 应答器报文是由哪几部分组成的？
4. 应答器的接口有哪几种？各接口的主要功能是什么？
5. 区间、出站、进站应答器的配置原则及目的各是什么？
6. 应答器单元编号应遵循的原则是什么？
7. LEU 是由哪几部分构成的？
8. LEU 的功能是什么？

项目五　列控中心(TCC)

教学目标

掌握列控中心适用范围、功能、系统结构及接口;了解相关技术要求。

项目描述

列控中心是设于各个车站、中继站的 CTCS-2 级列控核心安全设备,由列控主机、输入输出接口、通信接口、监测维护终端、安全数据网、电源单元组成。列控中心接收来自临时限速服务器(TSRS)的临时限速命令和车站联锁的进路信息,经过运算生成相应报文,通过 LEU 传至有源应答器;接收来自轨道电路的列车占用信息和车站联锁的进路信息,控制轨道电路低频编码,并驱动站内及区间轨道电路方向继电器;根据临时限速信息和车站进路状态,向联锁发送信号降级信息,其相应轨道区段低频编码也作降级处理;同时列控中心将自身运行状态和内部逻辑状态实时地传递给 CTC 和信号集中监测系统。

任务一　列控中心概述

一、适用范围

列控中心 TCC 是列车运行控制系统地面设备的核心部分,适用于 CTCS-2 级或 CTCS-3 级客运专线上的联锁车站、中继站或线路所,亦可使用在与 CTCS-2 级或 CTCS-3 级客运专线相衔接的 CTCS-0 级的车站。

二、主要功能

列控中心根据其管辖范围内各列车位置(轨道占用状况)、联锁进路以及线路限速状态等信息,对轨道电路发送编码信息,对车站有源应答器发送进路参数信息,向列车提供其所需的运行许可信息。

列控中心系统主要作用是向车载设备提供控车信息。它具有轨道电路编码、应答器报文存储和调用、区间信号机控制、站间安全信息(区间轨道电路状态、中继站临时限速信息、区间闭塞和方向条件等信息)传输等功能;根据轨道电路、进路状态及临时限速等信息产生行车许可,通过轨道电路及有源应答器将行车许可传递给列车。

列控中心接收来自 CTC 的临时限速命令和车站联锁的进路信息,经过运算生成相应报文,通过 LEU 传至有源应答器;接收来自轨道电路的列车占用信息和联锁的进路信息,控制轨道电路低频编码信息,并驱动站内及区间轨道电路方向继电器,控制轨道电路的发码方向;对列车在区间的走行进行三点逻辑检查,对轨道电路的占用、出清、非正常逻辑进行判断和报警,并采取必要的防护措施。如图 5-1 所示。

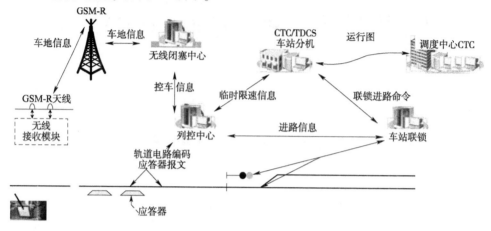

图 5-1 列控中心功能示意图

在 CTCS-2 模式下,列控中心产生的行车许可信息通过轨道电路及有源应答器传递给列车。在 CTCS-3 模式下,其行车许可信息通过无线闭塞中心 RBC 传递给列车;同时列控中心向轨道电路及有源应答器传递相应信息作为备用,当无线闭塞中心或无线通信故障时切换为 CTCS-2 模式。

三、特点

以北京全路通信信号研究设计院的 LKD2-2-TH 型列控中心为例。

列控中心采用 2×2 取 2 计算机 K5BMC 硬件设备,通过轨道电路编码、应答器报文编码等功能应用软件,实现列控中心的控制功能。

列控中心具有以下特点:

(1)实现轨道电路和有源应答器的编码控制,完成完整的列车控制功能。

(2)列控主机采用"故障-安全"专用处理器,为并列二重系结构。单系采用双 CPU 时钟同步比较方式保障故障安全。二系之间采用处理周期同步的并行运行方式。正常时,二系同时具有向外进行控制输出的能力,当一系发生故障时,另一系转入单系工作,而故障系停止对外输出。系统单系保证"故障-安全",二重系保证高可靠性。

(3)作为输入输出模块的电子终端,每块电路板都是采用"故障-安全"型双 CPU(FSCPU)构成的智能控制器。输出电路按故障倒向安全的原则设计,输入采集电路通过有效的自检测功能,能够检测出输入电路的故障,保证输入信息的安全性。输出驱动采用双 CPU 动态和静态信号比较校核,保证输出的安全性。电子终端采用并列二重系结构,单板的故障不影响系统的输出。输出驱动和输入采集均采用静态方式,直接驱动安全型继电器,简化接口电路设计,方便系统维护。

(4)与轨道电路接口的 CAN 总线,符合国际标准,支持 2.0B 协议,采用双总线冗余方式。

(5)与车站联锁、临时限速服务器、相邻列控中心连接使用安全数据网进行通信。

(6)具有高可靠性的信息通道。列控主机、电子终端部件采用浮地安装,与外界完全隔离,具有很高的抗电压瞬变能力和抗电磁干扰性能。符合国家电磁兼容标准和防雷标准。

(7)系统具有配套的离线数据生成、系统配置软件和测试软件,数据可靠性强,程序与数据分离,具有高安全性,设计周期短。

(8)系统具有高安全性、高可靠性和易维护、少维修、易扩展的优点。

任务二　系统结构及接口

一、系统结构

LKD2-2-TH 型列控中心主要有以下几种机柜:列控主机柜、轨道电路接口及监测机柜、综合柜(不配置 ZPW-2000A 轨道电路设备的车站,轨道电路接口及监测机柜更名为综合柜)、LEU 柜、PIO 柜、UPS 电源柜。

列控中心机柜内主要由以下子部分组成:列控主机单元、输入输出接口单元、LEU 通信接口单元、轨道电路通信接口单元、列控中心监测维护终端、轨道电路监测维护终端、电源单元、信号安全数据网通信单元。

1. 列控中心设备配置

列控中心按照结构配置分成中继站列控中心、车站列控中心 2 种类型。

1)中继站列控中心机柜正面示意图

中继站列控中心配置 1 台列控主机柜和 1 台轨道电路接口及监测机柜。

列控主机柜中配置 1 台列控主机单元、1~2 台输入输出接口单元、1 台 LEU 通信接口单元、1 台轨道电路通信接口单元、2 台 24V 直流电源。

轨道电路接口及监测机柜中放置 1 台轨道电路监测维护机、1 台列控中心监测维护机、1 台显示器、1 台 KVM 切换器、ODF 架、2 台 24V 电源、2 台 LEU 电子单元以及交换机,如图 5-2 所示。

对于不含 ZPW-2000A 轨道电路设备的中继站,中继站列控中心配置 1 台列控主机柜和 1 台综合柜。列控主机柜中配置 1 台列控主机单元、1~2 台输入输出接口单元、1 台 LEU 通信接口单元、2 台 24V 直流电源。综合柜机柜内配置 1 台列控中心监测维护机、1 台显示器、ODF 架、2 台 24V 电源、2 台 LEU 电子单元以及交换机。

2)中继站列控中心背面示意图

如图 5-3 所示,中继站列控中心的列控主机柜背面配置列控主机柜电源端子排 TB1。

轨道电路接口及监测机柜背面配置监测柜电源端子排 TB2;配置室内冗余 LEU 端子排 TB5;配置信号安全数据网交换机安装端子排 TB16 以及交换机。对于综合柜,机柜背面配置监测柜电源端子排 TB7。

3)车站列控中心机柜正面示意图(图 5-4)

轨道电路接口及监测机柜中配置 1 台轨道电路监测维护机、1 台列控中心监测维护机、1 台显示器、1 台 KVM 切换器、ODF 架、2 台 24V 电源以及交换机。

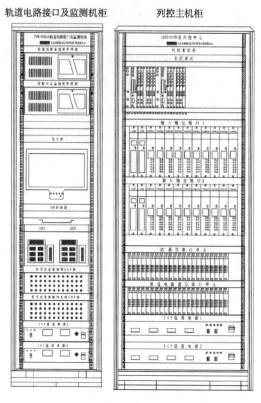

图 5-2 中继站列控中心机柜正面示意图

LEU 机柜中配置 LEU 电子单元和 2 台 24V 电源;LEU 机柜中最多放置 10 台 LEU 电子单元。如果 LEU 电子单元数量大于 10 台,则增加扩展 LEU 机柜。

4)不配置 ZPW-2000A 轨道电路设备的车站列控中心机柜正面示意图(图 5-5)

不配置 ZPW-2000A 轨道电路设备的车站列控中心配置 1 台列控主机柜、1 台综合柜、1 台 LEU 机柜和 1 台扩展 LEU 机柜(可选)以及 PIO 柜(可选)。

列控主机柜中配置 1 台列控主机单元、1~2 台输入输出接口单元、1 台 LEU 通信接口单元、2 台 24V 直流电源。如果输入输出接口单元大于 2 台,则增加 PIO 柜。

综合柜中配置 1 台列控中心监测维护机、1 台显示器、ODF 架、2 台 24V 电源以及交换机。

LEU 机柜中配置 LEU 电子单元和 2 台 24V 电源;LEU 机柜中最多放置 10 台 LEU 电子单元。如果 LEU 电子单元数量大于 10 台,则增加扩展 LEU 机柜。

2. 机柜外形尺寸

列控主机柜:高×宽×厚 2350mm×900mm×800mm;

轨道电路接口及监测机柜:高×宽×厚 2350mm×600mm×800mm;

综合柜:高×宽×厚 2350mm×600mm×800mm;

LEU 机柜:高×宽×厚 2350mm×600mm×800mm;

PIO 柜:高×宽×厚 2350mm×900mm×800mm;

UPS 电源柜:高×宽×厚 2350mm×600mm×800mm。

LKD2-2-TH 型列控中心安装于信号机械室机房中(符合防静电、防尘、防雷要求),采用下出线方式。

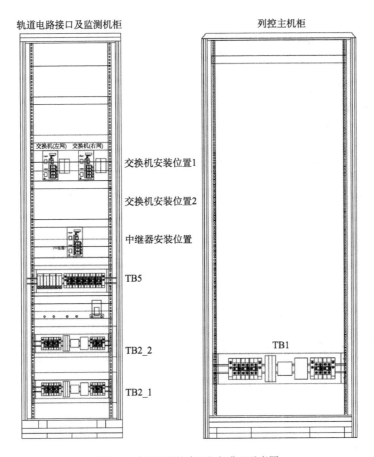

图 5-3　中继站列控中心机柜背面示意图

二、列控中心各个单元结构功能

1. 电源单元

电源单元将外部电源屏提供的 AC220V 电源转换为内部各个单元所使用的 DC24V。

电源单元分为两种,分别为安装在列控主机柜中的"电源模块 1、2"和安装在轨道电路接口及监测机柜或者 LEU 机柜中的"电源模块 3、4"。

1) 电源模块 1、2

电源模块 1、2 为两台独立的电源模块,每台提供两路独立的 DC24V 电源:一路为逻辑电源,供各个单元逻辑运算使用;另一路为采集驱动电源,也叫接口电源,供设备对外的开关量采集和驱动使用。逻辑 24V 模块和采集驱动 24V 模块输出功率均为 720W。每一路电源都为双冗余结构,即:电源模块 1、2 的逻辑电源(输出 1)并在一起使用,接机柜内侧面的红黑汇流条;采集驱动电源(输出 2)并在一起使用,接机柜内侧面的黄绿汇流条。如图 5-6 和图 5-7 所示。

2) 电源模块 3、4

电源模块 3、4 分别提供一路 DC24V 电源,输出功率为 720W,并在一起为 LEU 设备提供逻辑用电,接 LEU 机柜或者轨道电路接口及监测机柜的红黑汇流条。如图 5-8、图 5-9 所示。

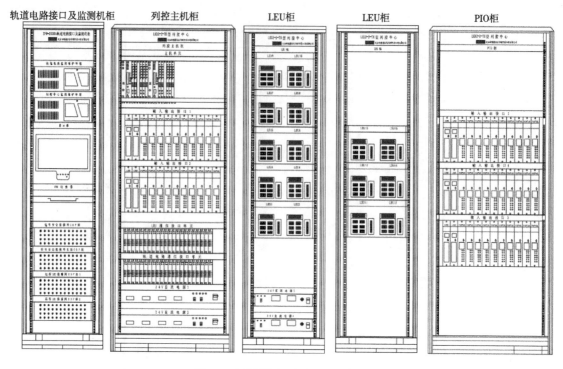

图 5-4　车站列控中心机柜正面示意图

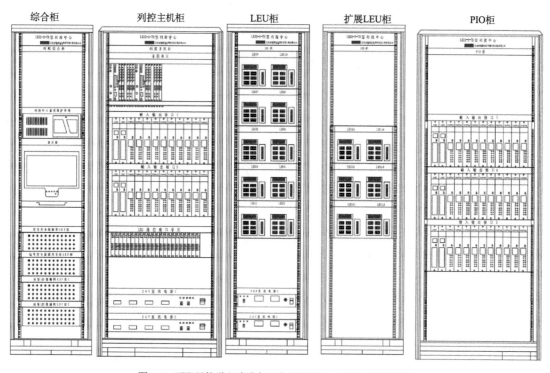

图 5-5　不配置轨道电路设备的车站列控中心机柜正面示意图

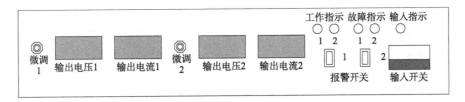

图 5-6　电源模块 1、2 正面示意图

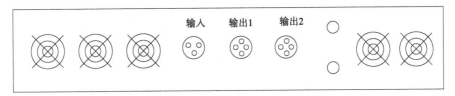

图 5-7　电源模块 1、2 背面示意图

注：输出电源 1 为逻辑电源，输出电源 2 为接口电源。

图 5-8　电源模块 3、4 正面示意图

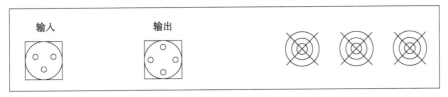

图 5-9　电源模块 3、4 背面示意图

2. 列控主机单元

列控主机为列控中心的核心设备，负责完成列控中心的逻辑处理和系统管理的任务。该主机具有高可靠性和高安全性。

列控主机由并列二重系组成，以主从方式并行运行，每一系采用故障-安全的双 CPU 处理器 F486-4，称逻辑控制单元，用于完成列控中心逻辑运算和列控系统软件和硬件管理；二系之间通过并行接口(FIFO)建立的高速通道交换信息，实现二重系的同步和切换。

每系主机由 IPU6(电源板)、F486-4(CPU 板)、FSIO(通信扩展板)、CANIF(CAN 通信扩展板)、Z2ETH(以太网通信板)组成。组匣内的各电路板之间通过母板上的 VME 总线互连。各板卡安装位置，如图 5-10 所示。

列控中心主机单元中的 A 系和 B 系成对称分布。其中第二块 FSIO(2)选配，当 ET-PIO 机笼多于 3 台时配置。

当配置了第二块 FSIO(2)后，相应的配置后插板 EXTFIO7[P]，如图 5-11 所示。

列控中心主机单元机笼中的各个板卡结构功能如下：

(1) IPU6 板实现外部输入的直流 24V 至直流 5V 的转变，为本系逻辑电路提供稳定的 5V 电源。

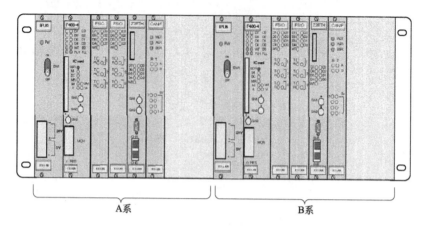

图 5-10　列控中心主机单元正视图

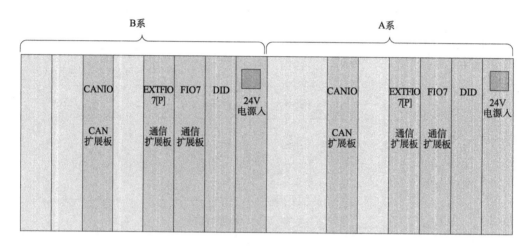

图 5-11　列控中心主机单元背视图

(2) F486-4 是列控主机的主 CPU 板。每一系各有一块 F486-4 板,完成列控逻辑运算、二重系间通信及切换控制、二重系一致性检查、系统的故障检测及报警,异常时停止动作。每次列控主机加电需从 CF 卡读入列控主机程序和配置数据,存储在 RAM 中。

(3) FSIO(通信扩展板)实现列控主机与输入输出(ET-PIO)接口之间进行现场采集数据和输出控制数据交换。有 3 路与输入输出接口的通信接口,实现列控主机与监测维护终端之间数据交换。

(4) FIO7[P]板(接口板)提供光纤接口与 ET 单元或外部监测设备接口。

(5) EXTFIO7[P]板(接口板)提供光纤接口与 ET 单元或外部监测设备接口。当配置第二块 FSIO 板时,同时配置 EXTFIO7[P]接口板。

(6) CAN 通信扩展板(CANIF)实现列控主机与轨道电路设备以及通信接口单元之间的数据交换。配置有 2 路 CAN 总线通信接口。

(7) CANIO 接口板提供 CAN 通信接口和外部设备通信。

(8)Z2ETH 板提供列控中心站间独立的 2 路以太网通信接口。

3. 输入输出接口单元(ET-R)

输入输出接口是采用故障-安全型双 CPU(FSCPU)构成的智能控制器。其输出电路按故障倒向安全的原则设计,输入采集电路通过有效的自检测功能,能够检测出输入电路的故障,保证输入信息的安全性。输出驱动采用双 CPU 动态和静态信号比较校核,保证输出的安全性。电子终端采用并列二重系结构,单板的故障不影响系统的输入和输出。输出驱动和输入采集均采用静态方式。输出直接驱动安全型继电器。输入采集直流 24V 信号。

一个输入输出接口单元内有 12 个插槽。组匣正面左边的 2 个插槽用于安装 2 个 ET-LINE 板;其余的 10 个插槽用于安装 PIO 板。输入输出接口单元正视图,如图 5-12 所示。

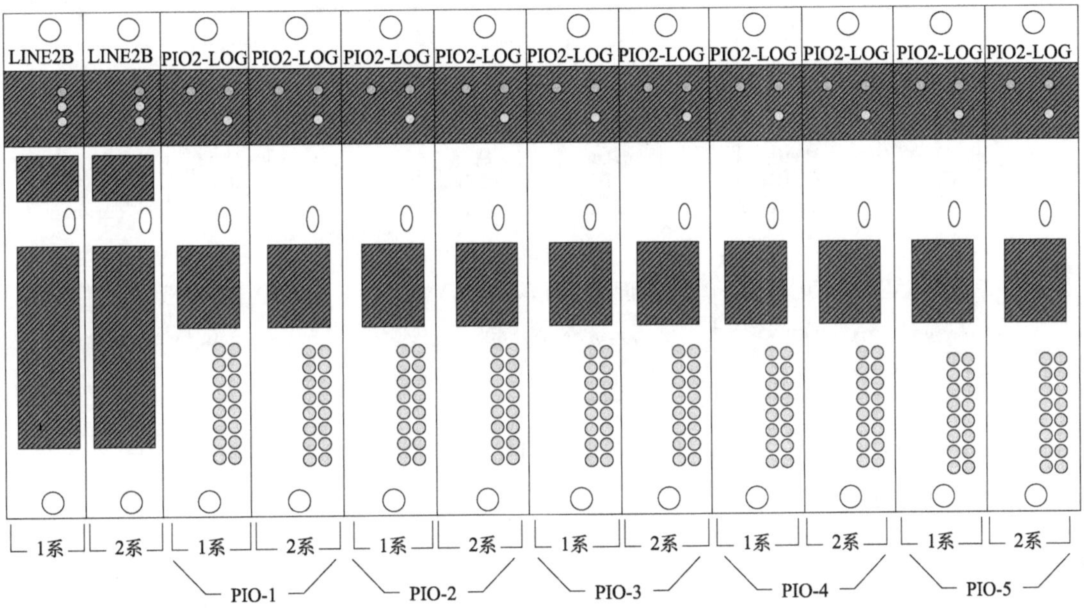

图 5-12 输入输出接口单元正视图

ET 为二重系并列结构。左数第一个插槽安装 1 系 LINE 板,通过光纤与列控主机 1 系的 FIO7[P]板或 EXTFIO7P 板(ET-R 个数多于 3 个时,多出的 ET-R 连接至该板卡)连接;左数第二个插槽安装 2 系 LINE,通过光纤与列控主机 2 系的 FIO7[P]板或 EXTFIO7P 板(ET-R 个数大于 3 个时,多出的 ET-R 连接至该板卡)连接。

通信板(ET-LINE)实现列控主机与 PIO 板之间继电器条件输入及继电器输出状态数据的串行通信。列控主机二系分别对应一块 ET-LINE 板。

输入输出板(ET_PIO)接收主机单元的命令数据输出驱动继电器,并采集外部继电器状态,传送给主机单元。每块板卡配置 32 路采集和 32 路驱动。

4. 轨道电路通信接口单元

轨道电路通信接口单元实现列控中心设备与轨道电路的通信。

轨道电路通信接口单元中包含 1 种类型的通信接口板:CI-TC2;轨道电路通信接口板,用于实现和轨道电路设备的编码通信。

轨道电路通信接口单元用于列控中心主机和轨道电路设备间的 CAN 总线通信协议间互

换,实现列控中心主机向轨道电路设备发生编码命令,并接收轨道电路设备的状态。其中CAN 总线-CANA、CANB 用于和列控主机交换数据;CAN 总线-CANC 用于发送监测数据给轨道电路监测维护终端;CAN 总线-CAND、CANE 用于和轨道电路设备交换数据。其数据通信结构,如图5-13 所示。

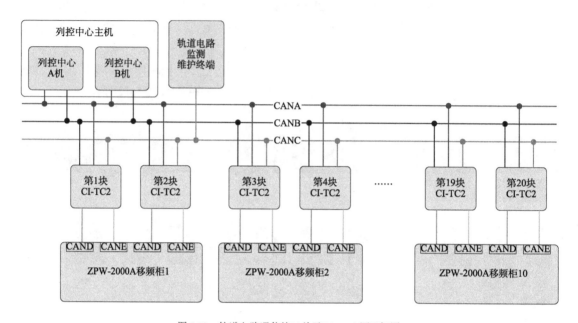

图5-13　轨道电路通信接口单元(CI-X1)原理框图

5. 通信接口单元

通信接口单元实现列控中心设备与 LEU 以及 CTC 设备的通信。通信接口单元中包含2 种类型的通信接口板:CTC 通信接口板(CI-GS),用于实现和 CTC 设备的通信接口;LEU 通信接口板(CI-TIU),用于实现应答器报文的实时编码和向 LEU 发送。

1) CTC 通信接口板(CI-GS)

CTC 通信接口板(CI-GS),用于列控中心主机和 CTC 站机设备间的 RS422 串行总线通信,实现列控中心向 CTC 设备传送区间轨道电路状态、码序和方向信息。其中 CANA、CANB 总线用于和列控主机交换数据;RS422 总线用于和 CTC 设备通信。其数据通信结构,如图5-14所示。

2) LEU 通信接口板(CI-TIU)

LEU 通信接口板(CI-TIU),用于列控中心主机和 LEU 电子单元间的 RS422 串行总线通信,实现列控中心应答器报文的实时编码和 LEU 数据通信的功能。通信板接收列控中心主机的应答器用户数据,实时编码成应答器报文后向 LEU 发送;同时接收 LEU 设备反馈的应答器设备状态向列控中心主机传输。

其中 CAN 总线-CANA、CANB 用于和列控主机交换数据;RS422 总线用于和 LEU 设备通信;CAN 总线-CANC 用于发送监测数据给监测维护机,包括应答器报文数据和设备状态数据。其数据通信结构,如图5-15 所示。

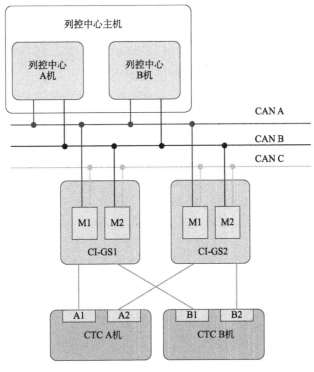

图 5-14　CTC 通信接口板(CI-GS)通信结构示意图

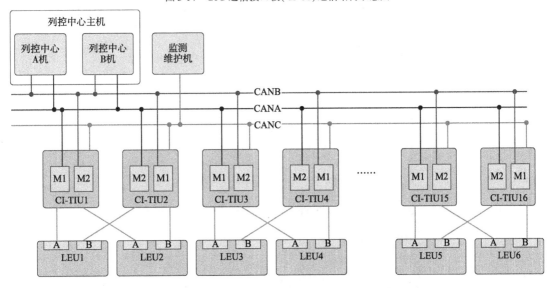

图 5-15　LEU 通信接口板(CI-TIU)(CI-X3 通信机笼)通信结构示意图

每种类型的通信接口板硬件结构相同,在通信机笼母板上都分配有独立的地址编码;通信接口板通过读取不同槽位上的地址码来识别自身的通信地址配置。

6. 辅助维护监测终端

辅助维护监测终端包括列控中心监测维护终端和轨道电路监测维护终端。其主要功能为记录列控中心、轨道电路、LEU 等各个单元的工作状态和数据;同时把监测数据传送给集中监测设备。可以采用远程登录方式对其操作。

监测维护主机对外提供以太网接口、CAN 总线接口和 INIO2 卡光通道等接口。

列控中心监测维护终端和轨道电路监测维护终端共同配置一台 17 英寸上架显示器,配置一台 KVM 切换器进行切换,作为监测维护终端的显示设备。

监测维护终端主机通过以太网接口和外部的集中监测设备通信。通信电缆采用超 5 类屏蔽双绞以太网线。

7. 信号安全数据网通信单元

信号安全数据网通信单元安装在轨道电路接口及监测机柜中,主要由工业级交换机组成,用于列控中心设备和联锁设备接入信号安全数据网,实现列控中心设备站间通信、列控中心和联锁设备通信、列控中心设备和 TSRS 设备通信、联锁设备间通信、联锁设备和 RBC 设备通信。

8. LEU 电子单元

LEU 电子单元安装在列控中心 LEU 机柜中(中继站安装在轨道电路接口及监测机柜),实现把列控中心设备发送的应答器报文命令经过驱动放大后发送至室外应答器设备中;同时把应答器的通信通道状态和 LEU 设备状态发送给列控中心设备。

安装在正线上的有源应答器由冗余 LEU 控制,列控中心控制 LEU 冗余切换单元实现冗余 LEU 设备的自动切换。冗余切换单元随 LEU 设备安装,中继站安装在轨道电路接口及监测机柜中,车站安装在 LEU 柜中。

冗余 LEU 切换单元采用信号安全继电器实现应答器信号的切换。其切换原理,如图 5-16 所示。

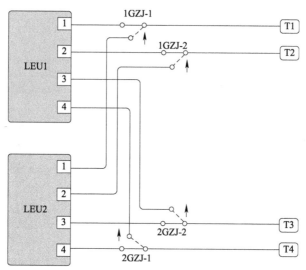

图 5-16 冗余 LEU 切换单元安装结构图

LEU1、LEU2 的配置完全一样,都有 4 路应答器输出至切换单元。常态下 LEU1 的输出 1、2 通过切换选择至应答器 1、2,LEU2 的输出 3、4 至应答器 3、4。当检测到任一个 LEU 发生故障时,相应的切换继电器落下,此时应答器的输出全部切换到另一个正常的 LEU,实现 LEU 的冗余配置。

三、系统接口

列控中心对外接口示意图,如图 5-17 所示。

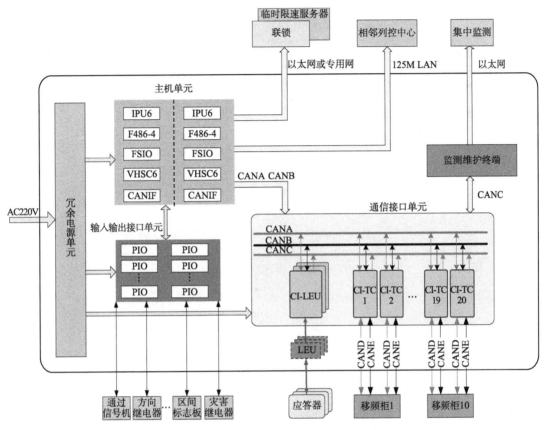

图 5-17 列控中心系统接口

1. 列控中心电源接口

电源屏输出 2 路独立的 AC220V、2 路独立的 DC24V 给列控中心设备供电。AC220V 电源用于列控中心设备提供给内部 24V 电源模块、监测维护终端和散热风扇。DC24V 电源用于信号安全数据网交换机的供电。

对于配置有远程 LEU 的列控中心,电源屏为每台 LEU 远程柜配置一路 DC48-90V 可调电源,用于为远程 LEU 切换单元工作。

列控中心主机柜内部配置两个 24V 电源模块,提供冗余的 2 路 24V 电源:逻辑 24V 电源(L24V、30A)和接口 24V 电源(I24V、30A)电源。其中逻辑 24V 电源供给列控中心主机单元、输入输出接口单元、通信接口单元、轨道电路通信接口单元;接口 24V 电源供给输入输出单元的输入输出板、输出接口驱动继电器及输入接口采集继电器。中继站列控中心外部输入电源接口,如图 5-18 所示。

车站列控中心 LEU 机柜内部单独配置两个 24V 电源模块,提供冗余的 1 路 24V 电源(30A),为机柜中 LEU 设备供电。如图 5-19、图 5-20 所示。

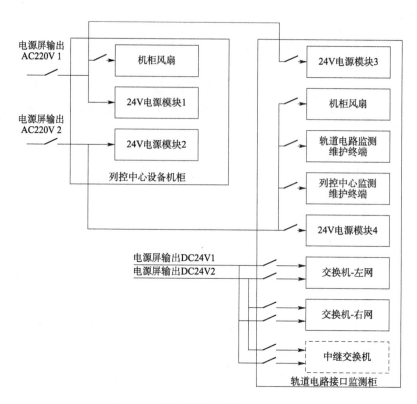

图 5-18 中继站列控中心外部输入电源接口

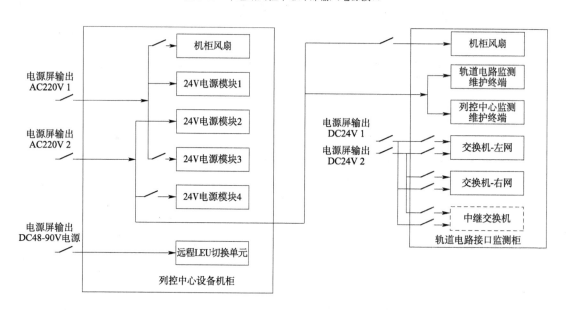

图 5-19 车站列控中心外部输入电源接口

中继站列控中心轨道电路接口及监测机柜(/综合柜)内部单独配置两个 24V 电源模块，提供冗余的 1 路 24V 电源(30A)，为机柜中 LEU 设备供电。

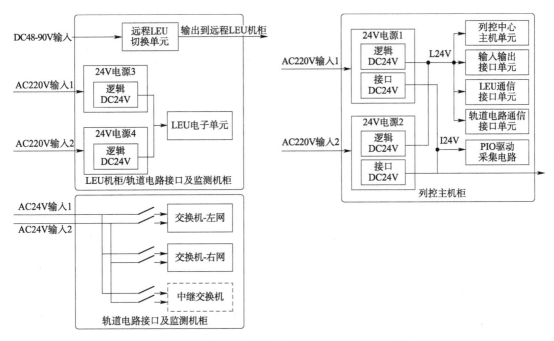

图 5-20　列控中心内部电源系统图

监测维护终端相关设备由电源屏输出 2 路 AC220V 中的其中 1 路供电。

2. 输出输入接口

在列控中心与继电器组合架之间设一"接口架",作为列控中心与继电器电路之间的连接界面。在接口架上设 CS-TX19-5.08-36Z 型 36 线插座或 36 线的其他插座。每个插座配 32 根信号线。继电器电路一侧的连线焊接在插座上;列控中心一侧的连线用插头连接。

在 ET 机架的背面,每一对 ET-PIO 有两个矩形插座。其中 J1 用于连接输入信号。J1 插座有 60 芯,用其中的 32 芯,引入 32 路输入信号。在接口架上,对应每一个 ET-PIO 的 32 路输入,设一个 CS-TX19-36Z 型插座,采用 36 芯信号电缆。电缆的一端用压接方式连接与 J1 对应的插头。电缆的另一端焊接 CS-TX19-36T 型插头。

在 ET-PIO 背面的 J2 插座与 J1 型号相同,用于引入 32 路输出信号。连接电缆及两端的插头形式与输入电缆相同。输出电缆中有 4 根芯线用于连接输出信号的负极公共端。

输入输出接口电源的连接,如图 5-21 所示。

在图 5-21 中,接口架上插座采用 CS-TX19-36Z 型插座。

输出接口 PIO 的输出驱动信号电压为 24V,输出信号极性为"+"。输入输出接口输出驱动信号从 PIO 模块的 J2 引出,经列控中心机柜和综合柜的 CS-TX19-36T/Z 型插头/插座,连接到被控继电器;经继电器线圈返回到接口 24V 电源的"-"(I24)。

采集驱动电缆,如图 5-22 所示。

ET-PIO 输入插座 J1、输出插座 J2 与机柜联机插座,以及接口架上的输入输出插座接线端子之间的对应关系如图 5-23 所示。

3. 驱动采集接口

1) 站内轨道电路方向继电器驱动和采集原理

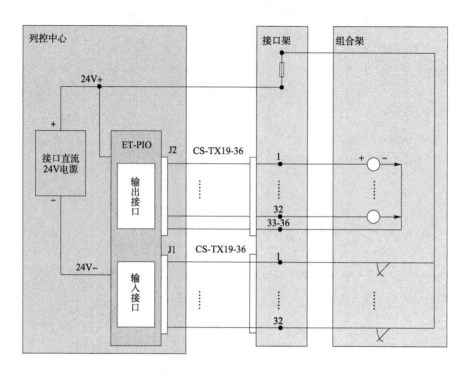

图 5-21 输入输出接口电源的连接

图 5-22 采集驱动电缆

站内每个轨道区段配置 1 个方向继电器,用于倒换轨道电路送电端及受电端,并点亮衰耗冗余控制器正向灯及反向灯。该继电器为 JWXC-1700,放于继电器组合柜中。

以武广线乌龙泉站为例说明(见图 5-24)。

站内轨道电路方向继电器驱动原理,如图 5-25 所示。

站内轨道电路方向继电器采集原理,如图 5-26 所示。

2)区间轨道电路方向继电器驱动和采集原理

对于车站,按每站 4 个线路方向 X、XN、S、SN,每个线路方向 8 个区段(可多于 8 个区段),线路方向继电器驱动电路如图 5-27 所示。对于每个线路方向,列控中心驱动两个继电器分别为 ZGFJ、FGFJ(均为 JWXC-1700 继电器),由 ZGFJ 及 FGFJ 接点组合,驱动线路方向继电器,每个线路方向配置 1 个 JYXC-660。其中 FQJ1~FQJ8 为线路方向继电器的复示继电器,型号为 JWXC-1700 继电器,分别用于本线路方向的 8 个区段,倒换轨道电路送电端及受电端,并点亮衰耗冗余控制器正向灯及反向灯。

序号	PIO 输入插座 J1	接口架 插座端子
1	5	1
2	6	2
3	7	3
4	8	4
5	9	5
6	10	6
7	11	7
8	12	8
9	44	9
10	45	10
11	46	11
12	57	12
13	48	13
14	49	14
15	50	15
16	51	16
17	13	17
18	14	18
19	15	19
20	16	20
21	17	21
22	18	22
23	19	23
24	20	24
25	52	25
26	53	26
27	54	27
28	55	28
29	56	29
30	57	30
31	58	31
32	59	32
33		33
34		34
35		35
36		36

序号	PIO 输入插座 J2	接口架 插座端子
1	3	1
2	4	2
3	5	3
4	6	4
5	7	5
6	8	6
7	9	7
8	10	8
9	42	9
10	43	10
11	44	11
12	45	12
13	46	13
14	47	14
15	48	15
16	49	16
17	12	17
18	13	18
19	14	19
20	15	20
21	16	21
22	17	22
23	18	23
24	19	24
25	51	25
26	52	26
27	53	27
28	54	28
29	55	29
30	56	30
31	57	31
32	58	32
33	1(24V −)	33
34	40(24V −)	34
35	21(24V −)	35
36	60(24V −)	36

端子位置图

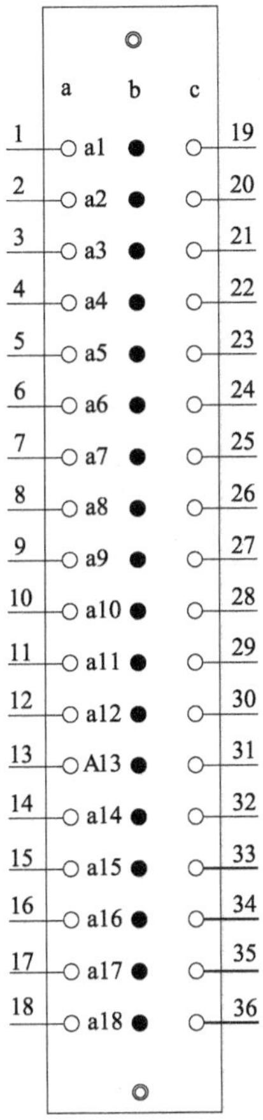

图 5-23 输入输出接插件端子对应图

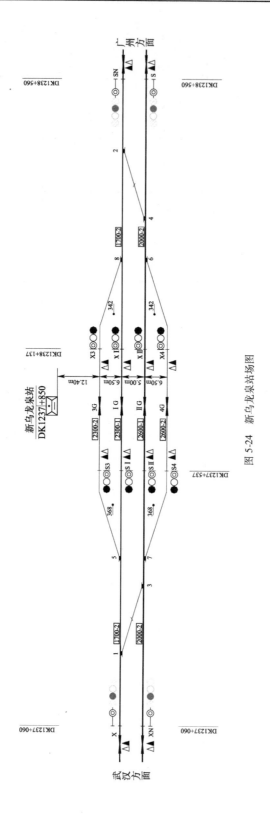

图 5-24 新乌龙泉站场图

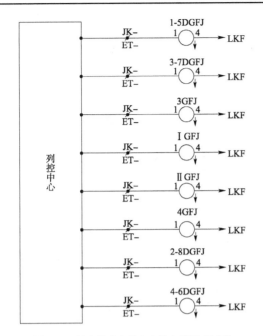
图 5-25 站内轨道电路方向继电器驱动原理

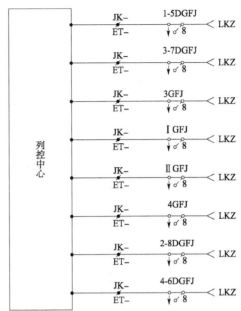
图 5-26 站内轨道电路方向继电器采集原理

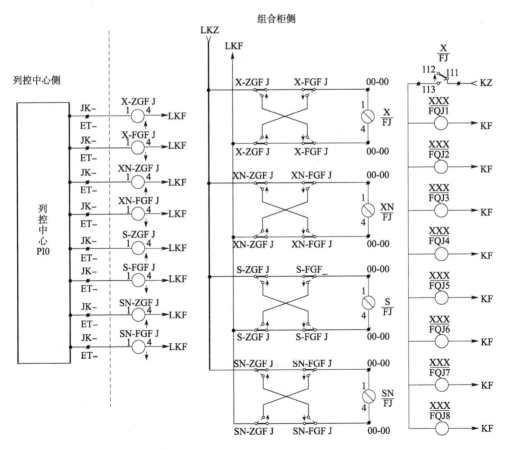
图 5-27 区间轨道电路方向继电器驱动原理

线路方向继电器驱动电路如图 5-28 所示。

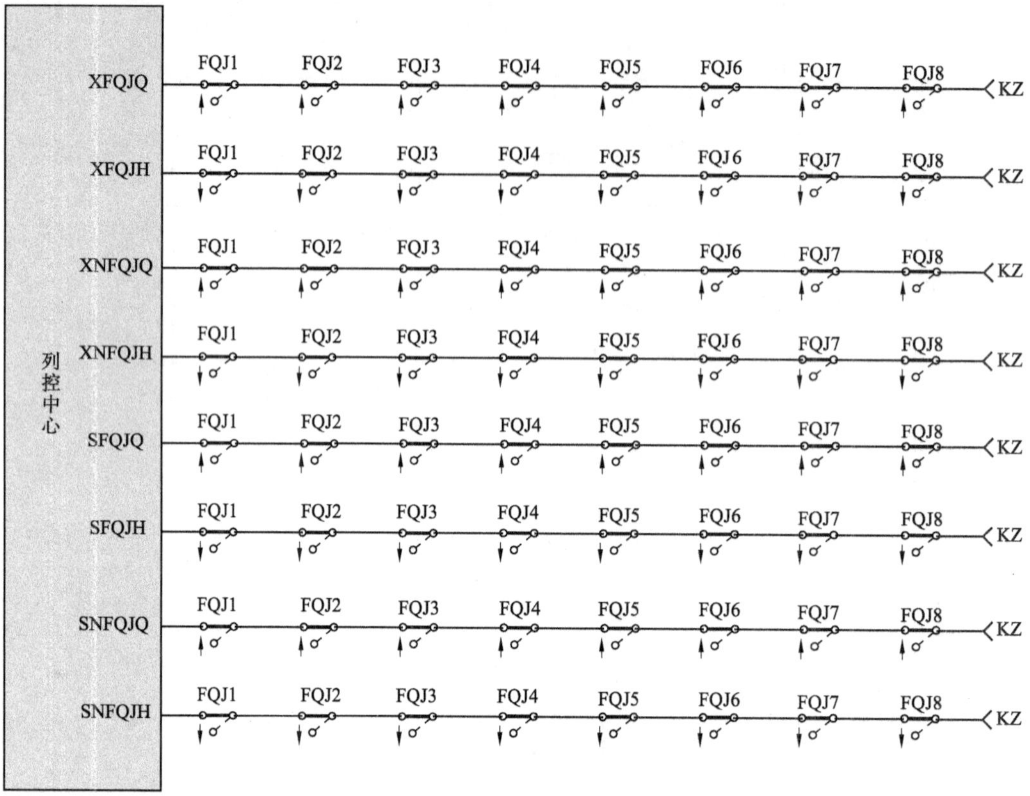

图 5-28 采集区间方向继电器原理

对于中继站,因为只有上下行正线方向控制,因此线路方向继电器只考虑 XFJ 和 SFJ 即可,驱动采集原理和车站方案一致。

3)轨道继电器采集原理

列控中心采集站内和区间的轨道继电器状态来判断轨道电路的空闲和占用。轨道继电器采集原理,如图 5-29 所示。

4)灾害防护继电器采集原理

一旦有落物发生时,防灾报警系统以继电器接点形式给相应列控中心报警。LWJ 为落物监测继电器,FYJ(S)为上行复原继电器,FYJ(X)为下行复原继电器。

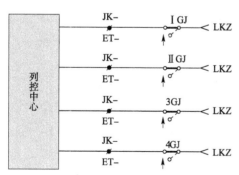

图 5-29 轨道继电器采集原理

正常状态为 LWJ 吸起,FYJ(X)、FYJ(S)落下;落物发生时,LWJ 落下,FYJ(X)、FYJ(S)落下,TCC 控制落物所在闭塞分区和前一闭塞分区内的轨道电路发 H 码。

当落物灾害上行处理完毕,上行复原时,LWJ 落下,FYJ(S)吸起,FYJ(X)落下,这时上行线轨道电路恢复正常码,下行线继续发防护码。

当落物灾害下行处理完毕,下行复原时,LWJ 落下,FYJ(X)吸起,FYJ(S)落下,这时下行线轨道电路恢复正常码,上行线继续发防护码。

当落物灾害上、下行处理完毕,上、下行都复原时,LWJ 吸起,FYJ(X)、FYJ(S)落下,上、下行线轨道电路恢复正常码。

灾害防护继电器采集原理,如图 5-30 所示。

5)LEU 冗余切换驱动

对于控制正线上有源应答器的 LEU 需要冗余配置,2 台 LEU 冗余控制 4 台应答器的输出,由列控中心控制 2 个安全信号继电器实现。武广客专车站站内正线有 8 组应答器,所以需要采用 2 组 LEU 冗余切换组合逻辑单元,列控中心一共驱动 4 个信号安全继电器来实现;对于中继站,中心有 4 组应答器,只需要 1 组 LEU 冗余切换组合逻辑单元。

LEU 切换继电器的驱动原理,如图 5-31 所示。

4 个 LEU 冗余切换继电器设置在列控中心机柜内(中继站设置在主设备柜中,车站列控中心设置在 LEU 设备柜中),列控中心的 PIO 驱动

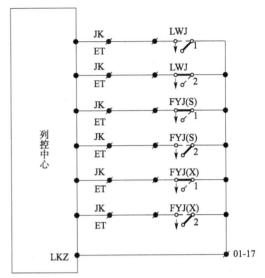

图 5-30 灾害防护继电器采集原理

电缆先输出到接口架上后,通过接口架铺设 LEU 切换继电器驱动电缆到列控中心机柜来驱动 LEU 冗余切换继电器。

LEU 冗余切换继电器的采集电缆先从列控中心机柜引出到接口架,从接口架通过列控中心 PIO 采集电缆输入到列控中心 PIO 采集单元中。

LEU 切换继电器采集原理,如图 5-32 所示。

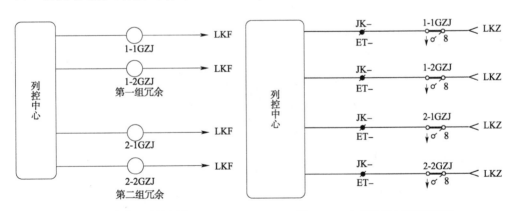

图 5-31 LEU 切换驱动输出原理   图 5-32 LEU 切换继电器采集原理

列控中心的驱动采集电缆配置,如图 5-33 所示。

列控中心的采集驱动电缆为 36 芯电缆,随列控中心设备一同提供,电缆直接从列控中心铺设到接口架。LEU 切换继电器驱动采集电缆为 36 芯电缆,随列控中心设备一起提供。

LEU 切换继电器驱动采集电缆连接到接口架上的 D0 端子上,接口架上的继电器驱动 D1

端子上的1、2、3、4分别引接到D0端子上的1、2、3、4,接口架上的采集端子D1上的1、2、3、4分别引接到D0端子上的5、6、7、8。如果是中继车站列控中心,则只需要引接1、2和5、6端子电缆。LEU切换继电器驱动电缆的信号定义,如表5-1所示。

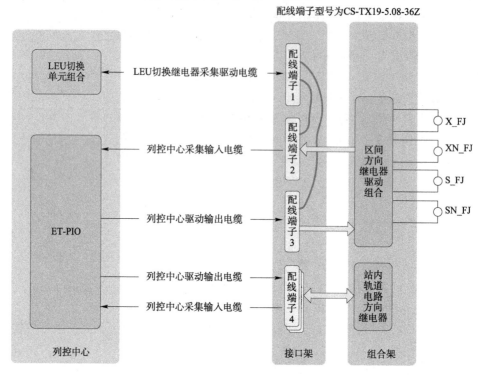

图5-33 列控中心驱动采集配线示意图

LEU切换继电器驱动电缆的信号定义 表5-1

电缆线序	LEU 驱采端子 D0	电缆线序	LEU 驱采端子 D0
1	驱动端子 D1-1（LEU 切换继电器 1-1GZJ）	6	采集端子 D1-2（LEU 驱动继电器 1-2GZJ）
2	驱动端子 D1-2（LEU 驱动继电器 1-2GZJ）	7	采集端子 D1-3（LEU 切换继电器 2-1GZJ）
3	驱动端子 D1-3（LEU 驱动继电器 2-1GZJ）	8	采集端子 D1-4（LEU 切换继电器 2-2GZJ）
4	驱动端子 D1-4（LEU 驱动继电器 2-2GZJ）	9～36	预留
5	采集端子 D1-1（LEU 切换继电器 1-1GZJ）		

注:红色字体继电器只有在车站列控中心配置,中继站作预留。

列控中心规定采用ET机架1的驱动板1来驱动LEU切换单元组合和方向继电器组合,驱动板1的前12位为固定驱动位置,工程设计时不要占用和改变前12位的驱动位置和继电器名称。

列控中心驱动输出的内容为:轨道电路方向继电器(包括区间方向继电器)和LEU切换继电器。车站列控中心和中继站列控中心的驱动配置,参见附表1。当实际驱动数量大于1台ET机架的容量时,需要增加ET机架。红色驱动位置为固定驱动继电器位置,工程设计时不要占用。对于中继站,不配置2-1GZJ、2-2GZJ、XN-ZGFJ、XN-FGFJ、SN-ZGFJ、SN-FGFJ继电器的驱动。

列控中心采集的内容为：轨道电路方向继电器状态、站内和区间轨道电路继电器状态、灾害防护继电器状态和 LEU 切换继电器状态,规定列控中心 ET 机架 1 的采集板 1 的红色标注通道为固定采集通道,车站列控中心和中继站列控中心的采集配置,参见附表 2。实际采集容量超过 1 台 ET 机架的容量时,需要增加 ET 机架。对于中继站,不配置 2-1GZJ 、2-2GZJ、XNZGF、XNFGF、SNZGF、SNFGF、XNFQJQ、XNFQJH、SNFQJQ、SNFQJH 继电器的采集。

4. 通信接口单元与轨道电路移频柜的连接

每对轨道电路通信接口板控制 1 个移频柜,CAN1、CAN3、CAN5、CAN7、CAN9、CAN11 为轨道电路通信接口板(主)连接线;CAN2、CAN4、CAN6、CAN8、CAN10、CAN12 为轨道电路通信接口板(备)连接线。连接示意图,如图 5-34 所示。

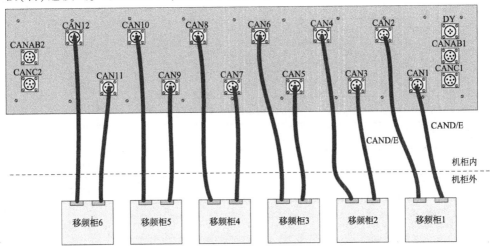

图 5-34　通信接口单元与轨道电路柜的连接图

通信电缆采用 2 芯屏蔽双绞线(SBVPVZR23 ×0.15 ×2),电缆从轨道电路通信接口单元引出机柜,连接到移频柜 CAN 通信端子 11 或 12 上,结构如图 5-35 所示。

图 5-35　轨道电路通信电缆

移频柜中第 11 个端子排用于轨道电路主通信板 CAND 及 CANE 连接(见表 5-2)。

表 5-2

移频柜端子	通信组匣	备　注
11-01-D	CAN1-CANDH	轨道电路主通信板
11-02-D	CAN1-CANDL	轨道电路主通信板
11-03-D	CAN1-CANEH	轨道电路主通信板
11-04-D	CAN1-CANEL	轨道电路主通信板

移频柜中第 12 个端子排用于轨道电路备通信板 CAND 及 CANE 连接(见表 5-3)。

表 5-3

移频柜端子	通信组匣	备注
12-01-D	CAN2-CANDH	轨道电路备通信板
12-02-D	CAN2-CANDL	轨道电路备通信板
12-03-D	CAN2-CANEH	轨道电路备通信板
12-04-D	CAN2-CANEL	轨道电路备通信板

通信组匣 CAN1、CAN2……见表 5-4。

表 5-4

引脚	含义	备注
1	CANDH	
2	CANDL	
3	CANEH	
4	CANEL	
5	PBD	屏蔽地
6	PBD	屏蔽地

5. 应答器接口

列控中心的应答器报文通过 LEU 电子单元传送给室外有源应答器;室外应答器电缆通过室内分线盘和防雷单元后连接到列控中心 LEU 设备柜(或主机设备柜)中。列控中心机柜中,每 2 台 LEU 占用一排端子,连接 8 台应答器。配线端子举例示意,如图 5-36 所示。

空气开关用于控制 LEU 的供电。应答器室内接口示意,如图 5-37 所示。

6. 列控中心监测维护终端与集中监测的连接

列控中心将自身的运行状态和内部逻辑状态实时地传递给信号集中监测系统。列控中心监测维护终端与集中监测之间采用超 5 类屏蔽网线进行连接,接口类型为 RJ45。列控中心监测维护终端与集中监测的连接,如图 5-38 所示。

7. 信号安全数据网通信接口

列控中心设备中配置有工业以太网交换机,主机单元通过以太网交换机接入信号安全数据网中,实现列控中心站间、列控中心和联锁、列控中心和临时限速服务器之间的通信。其通信接口,如图 5-39 所示。

列控中心主机单元中每系都配置有 2 个以太网接口,分别接入信号安全数据网的左网交换机和右网交换机,通过交换机设备接入到信号安全数据网中。车站联锁设备同样通过以太网交换机接入到信号安全数据网中,联锁设备和列控中心设备间走线距离不应超过 20m。通信电缆采用 6 类屏蔽双绞以太网线。

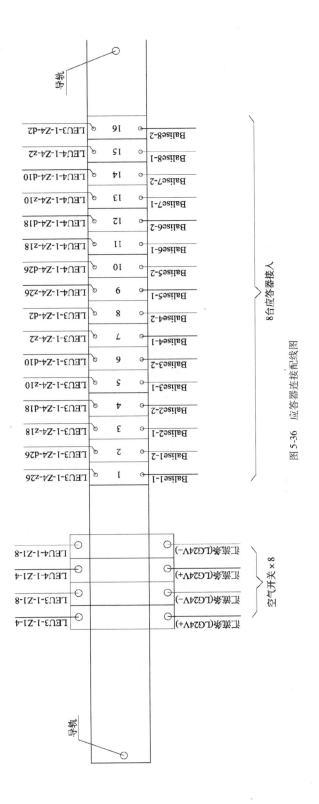

图 5-36 应答器接线配线图

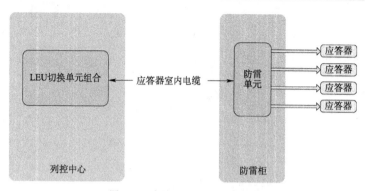

图 5-37　应答器室内接口示意图

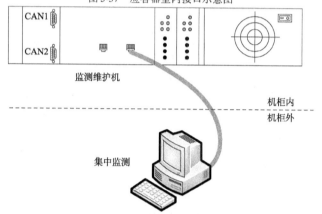

图 5-38　监测维护终端与集中监测连接图

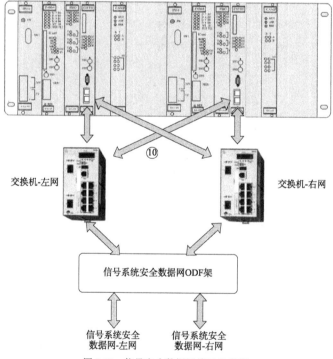

图 5-39　信号安全数据网接口示意图

任务三 技术要求及列控维护终端

一、系统配置要求

(1)客专列控中心可根据不同系统方案、站场规模进行配置。可配置内容包括轨道电路通信接口、LEU 通信接口、输入输出接口、电源等。

(2)列控中心应能同时控制 10 个移频柜。

(3)列控中心应能同时控制 16 个 LEU 设备。

(4)列控中心应能同时控制 8 个中继站列控中心;当含无配线站时,和中继站总数不超过 8 个。

二、安装环境要求

(1)机房应按《计算机场地通用规范》(GB/T 2887—2011)B 级标准建设。

(2)温度:0~50℃。

(3)相对湿度:≤90%(25℃)。

(4)大气压力:74.8~106kPa(相当于海拔高度 3000m 以下)。

(5)室内应采取防静电、防尘等措施;周围无腐蚀性和引起爆炸危险的有害气体。

(6)振动条件:2~200Hz $5m/s^2$ 的正弦稳态振动。

(7)采用贯通地线接地,接地电阻不大于 1Ω。

三、系统接地与防雷

1. 防雷

列控中心设备中配置防雷单元,电源屏提供的 AC220V 电源经过防雷单元后进入列控中心电源系统。

2. 接地

列控中心设备分别配置防雷地和安全地接入端子,配置如下:

(1)列控主机柜中配置防雷地连接端子,用于电源防雷设备接地。

(2)列控主机柜、LEU 柜和轨道电路接口及监测机柜配置安全地连接端子,用于设备中 LEU 通信接口单元、轨道电路通信接口单元、冗余电源单元、列控中心监测维护终端(包括显示器键盘)、轨道电路监测维护终端(包括显示器键盘)、LEU 电子单元(包括 ECI 单元)的机笼外壳以及机柜柜体(包括机柜风扇)接地。

LKD2-2-TH 型列控中心中的主机单元、输入输出接口单元采用浮地安装,与其他电子单元间进行了电气隔离。

四、列控维护终端

LKD2-2-TH 型列控中心维护终端,负责对列控中心设备、LEU 设备进行监测,可对相关数据进行实时采集、显示和历史数据存储及回放,并实现与集中监测的接口功能。其通信接口,如图 5-40 所示。

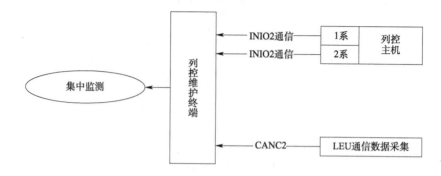

图 5-40 列控维护终端通信接口示意图

LKD2-2-TH 型列控中心采用基于通号院与日本京三公司联合开发的 K5B-MC 型平台。对于 LKD2-2-TH 型列控中心,列控主机通过 MM-NET 光缆实现与列控维护终端之间的物理连接。

列控主机通过通信扩展板(FSIO)再经过 FIO7 光电转换板引出光缆与列控维护终端的 INIO2 卡连接。列控维护终端要扩展安装两块 INIO2 卡分别与列控主机的两系连接。连接光缆采用一根两芯光缆。

从列控主机 INIO2 可以采集到的信息有:
(1)列控中心主机设备工作状态和各接口的通信状态。
(2)列控中心与邻站的边界状态等接口信息。
(3)列控中心与联锁的进路条件等接口信息。
(4)列控中心与临时限速服务器(TSRS)的临时限速条件等接口信息。
(5)列控中心对继电器驱采的 PIO 通道状态信息。
(6)列控中心对轨道电路设备接口的编码控制输出命令。

附表 1:

××车站列控中心驱动配置表 附表 1-1

通道号	驱动板 1		驱动板 2		驱动板 3		驱动板 4		驱动板 5	
	类型	名称	类型	名称	类型	名称	类型	名称	类型	名称
1	LEU 切换继电器	1-1GZJ								
2	LEU 切换继电器	1-2GZJ								
3	LEU 切换继电器	2-1GZJ								
4	LEU 切换继电器	2-2GZJ								
5	改方继电器	X-ZGFJ								
6	改方继电器	X-FGFJ								
7	改方继电器	XN-ZGFJ								

续上表

通道号	驱动板1		驱动板2		驱动板3		驱动板4		驱动板5	
	类型	名称	类型	名称	类型	名称	类型	名称	类型	名称
8	改方继电器	XN-FGFJ								
9	改方继电器	S-ZGFJ								
10	改方继电器	S-FGFJ								
11	改方继电器	SN-ZGFJ								
12	改方继电器	SN-FGFJ								
13										
14										
15										
16										
17										
18										
19										
20										
21										
22										
23										
24										
25										
26										
27										
28										
29										
30										
31										
32										

填表说明：①每台ET-PIO机架包括5块驱动板,分别为驱动板1、驱动板2、驱动板3、驱动板4、驱动板5;
②每一块驱动板可驱动32路继电器;
③ET-PIO机架1的驱动板1前12位通道驱动固定的继电器,继电器名称如表中红色字体所示;
④剩余其他通道可按车站规模配置站内轨道电路方向继电器;
⑤当一个ET机架的容量不够时,可增加ET机架。

××中继站列控中心驱动配置表

附表1-2

通道号	驱动板1		驱动板2		驱动板3		驱动板4		驱动板5	
	类型	名称	类型	名称	类型	名称	类型	名称	类型	名称
1	LEU切换继电器	1-1GZJ								
2	LEU切换继电器	1-2GZJ								
3	改方继电器	X-ZGFJ								
4	改方继电器	X-FGFJ								
5	改方继电器	S-ZGFJ								
6	改方继电器	S-FGFJ								
7										
8										
9										
10										
11										
12										
13										
14										
15										
16										
17										
18										
19										
20										
21										
22										
23										
24										
25										
26										
27										
28										
29										
30										
31										
32										

填表说明：①每台ET-PIO机架包括5块驱动板，分别为驱动板1、驱动板2、驱动板3、驱动板4、驱动板5；

②每一块驱动板可驱动32路继电器；

③ET-PIO机架1的驱动板1前6位通道驱动固定的继电器，继电器名称如表中红色字体所示；

④当一个ET机架的容量不够时，可增加ET机架。

附表 2：

××车站列控中心采集配置表   附表 2-1

通道号	采集板 1		采集板 2		采集板 3		采集板 4		采集板 5	
	类型	名称	类型	名称	类型	名称	类型	名称	类型	名称
1	LEU 切换继电器	1-1GZJ								
2	LEU 切换继电器	1-2GZJ								
3	LEU 切换继电器	2-1GZJ								
4	LEU 切换继电器	2-2GZJ								
5	区间方向继电器	XZGF								
6	区间方向继电器	XFGF								
7	区间方向继电器	XNZGF								
8	区间方向继电器	XNFGF								
9	区间方向继电器	SZGF								
10	区间方向继电器	SFGF								
11	区间方向继电器	SNZGF								
12	区间方向继电器	SNFGF								
13	区间方向继电器	XFGJQ								
14	区间方向继电器	XFQJH								
15	区间方向继电器	XNFQJQ								
16	区间方向继电器	XNFQJH								
17	区间方向继电器	SFQJQ								
18	区间方向继电器	SFQJH								
19	区间方向继电器	SNFQJQ								
20	区间方向继电器	SNFQJH								
21										
22										
23										
24										
25										
26										
27										
28										
29										
30										
31										
32										

填表说明：①每台 ET-PIO 机架包括 5 块采集板，分别为采集板 1、采集板 2、采集板 3、采集板 4、采集板 5；

②每一块采集板可采集 32 路继电器状态；

③ET-PIO 的 1 号机架的采集板 1 的前 20 位通道采集固定的继电器，继电器名称如表中红色字体所示；

④剩余其他通道可按车站规模配置站内轨道电路方向继电器、站内轨道继电器、区间轨道继电器和灾害防护继电器；

⑤当一个 ET 机架的容量不够时，可增加 ET 机架的配置。

××中继站列控中心采集配置表

附表 2-2

通道号	采集板1		采集板2		采集板3		采集板4		采集板5	
	类型	名称	类型	名称	类型	名称	类型	名称	类型	名称
1	LEU切换继电器	1-1GZJ								
2	LEU切换继电器	1-2GZJ								
3	区间方向继电器	XZGF								
4	区间方向继电器	XFGF								
5	区间方向继电器	SZGF								
6	区间方向继电器	SFGF								
7	区间方向继电器	XFGJQ								
8	区间方向继电器	XFQJH								
9	区间方向继电器	SFQJQ								
10	区间方向继电器	SFQJH								
11										
12										
13										
14										
15										
16										
17										
18										
19										
20										
21										
22										
23										
24										
25										
26										
27										
28										
29										
30										
31										
32										

填表说明：①每台ET-PIO机架包括5块采集板,分别为采集板1、采集板2、采集板3、采集板4、采集板5；

②每一块采集板可采集32路继电器状态；

③ET-PIO的1号机架的采集板1的前10位通道采集固定的继电器,继电器名称如表中红色字体所示；

④剩余其他通道可按车站规模配置区间轨道继电器和灾害防护继电器；

⑤当一个ET机架的容量不够时,可增加ET机架的配置。

复习思考题

1. 列控中心 TCC 的适用范围是什么?
2. 简述列控中心 TCC 的功能。
3. LKD2-2-TH 列控中心系统由哪几个功能部分组成?各部分的功能是什么?
4. 灾害防护继电器的采集原理是什么?
5. 列控中心驱动输出的内容是什么?
6. 列控中心采集的内容是什么?
7. 简述列控中心系统配置要求和环境要求。
8. LKD2-2-TH 型列控维护终端从列控主机 INIO2 采集到的信息有哪些?

项目六 无线闭塞中心(RBC)系统

教学目标

了解无线闭塞中心的用途及适用范围、系统特点;掌握 RBC 系统接口与结构;了解 RBC 机柜、VIA 机柜及其技术要求。

项目描述

无线闭塞中心根据所控制列车的状态,从车站联锁获取的轨道占用及列车进路状态,从临时限速服务器获取的限速命令、灾害防护和线路参数等信息产生针对所控列车的移动授权信息;并通过 GSM-R 无线通信系统传输给车载设备,同时无线闭塞中心通过 GSM-R 无线通信系统接受车载设备发送的位置和列车数据等信息,保证管辖范围内列车的运行安全。为提高系统安全可靠性,无线闭塞中心系统采用故障安全计算机系统。以通号设备为例,LKR-T 型 RBC 设备由 RBC 安全平台、ISDN 服务器、RBC 维护终端、VIA(协议适配器)服务器及司法记录单元构成,采用不同的网络与车站联锁、临时限速服务器、CTC、GSM-R、集中监测、相邻 RBC 接口。

任务一 系统概述

一、主要用途及适用范围

无线闭塞中心(RBC)是基于信号故障安全计算机的控制系统,属于 CTCS-3 级列控的核心部分。它根据地面子系统或来自外部地面系统的信息,如轨道占用信息、进路状态、临时限速命令、灾害防护和线路参数等产生列车移动授权,并通过 GSM-R 无线通信系统传输给车载设备,保证其管辖范围内列车的运行安全。

无线闭塞中心适用于运用 CTCS-3 级列控系统的线路。

二、系统特点

CTCS-3 级列控系统的每一台 RBC 均为 2 乘 2 取 2 冗余结构。以通号公司 LKR-T 型 RBC 设备为例,RBC 系统具有以下特点:

(1)设备的硬件平台采用商业通用服务器、商用操作系统和以太网搭建组成,利用专业厂商生产的服务器、交换机等设备实现逻辑处理和通信功能,因此可提供优秀的计算处理能力,并且易于通过软件更新满足客户的需求。

（2）采用冗余结构，并采用热备工作方式。当现场软件需要更新时，备用 RBC 可先进行软件版本升级，并在合适的时间，对在线 RBC 和备用 RBC 进行切换。现场更换部件时，未更换的部分可立刻恢复原来的使用状态，而需要更换的部件必须在用于商业运营之前进行适当的调试。

（3）RBC 实际设置的位置同样会影响维护的适用性，由于所有接口均通过以太网连接，因此 RBC 可根据维护管理方便设置在具备通信网络的地点，一般设置在该客专的一个或几个枢纽站。

（4）安全平台由不同的故障安全处理单元和操作系统构成。应用软件采用 N 版本冗余技术，对运算和表决采用不同的策略。

任务二　系统功能及结构

一、系统功能要求

RBC 的主要功能是控制和管理 CTCS-3 级运行的列车。其功能要求如下：

（1）RBC 应根据联锁发出的信号授权信息，向列车发送移动授权。

（2）RBC 应在向列车发送移动授权的同时，发送线路参数，包括固定限速、线路坡度、轨道状况、临时限速等信息。

（3）RBC 系统应能实现列车的注册与注销，并接受来自列车的位置报告和列车数据。

（4）RBC 系统应提供安全密钥管理、数据管理及维护管理。

（5）RBC 系统应能够收集并保存来自系统内部的事件。

（6）RBC 系统应具备完整的故障自诊断功能，故障应定位为电路板级故障。

（7）RBC 所有必备部件的设计应满足应用需求。

（8）RBC 系统应能保证通过 RBC-RBC 边界的列车获得 MA 的一致性，列车不减速通过 RBC。

（9）RBC 系统应能根据联锁或调度员的紧急停车命令，向列车发送紧急停车消息。

二、系统结构

RBC 系统由 RBC 主机、ISDN 服务器、RBC 维护终端、接口服务器、RBC 本地终端以及司法记录单元组成。其结构，如图 6-1 所示。RBC 通过信号安全数据网与联锁、相邻 RBC、临时限速服务器 TSRS 连接，通过接口服务器与 CTC、CSM 连接。

三、LKR-T 型 RBC 系统结构

LKR-T 型 RBC 系统由无线闭塞单元（RBU）、ISDN 服务器、RBC 维护终端、VIA 服务器、RBC 本地终端、司法记录单元（R-JRU）和交换机等设备组成。LKR-T 型 RBC 系统结构，如图 6-2 所示。

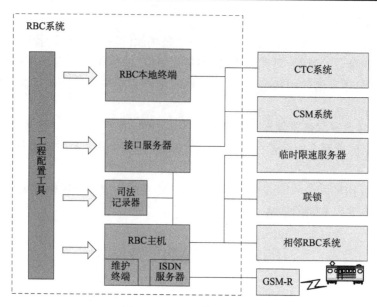

图 6-1　RBC 系统结构示意图

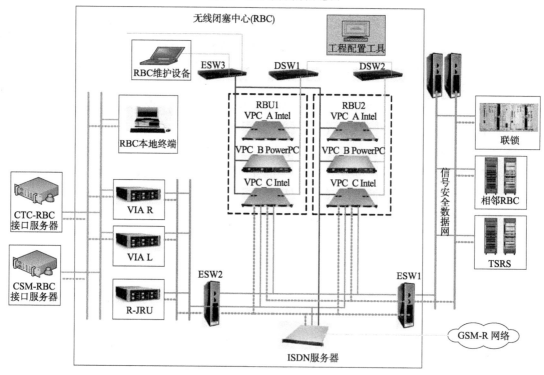

图 6-2　LKR-T 型 RBC 系统结构

1. 无线闭塞单元

无线闭塞单元是 RBC 系统的核心逻辑处理单元,包括网络系统、硬件平台、操作系统、故障安全处理软件、应用逻辑软件、工程配置数据等。其系统框架为基于通用计算服务器的 2×2 取 2 计算机系统。

2. ISDN 服务器

ISDN 服务器是 RBU 和 GSM-R 设施之间的接口,它和 RBU 通过以太网连接,和 GSM-R 网络采用基本多路连接(S2M)。ISDN 服务器集成了 ISDN 接口(ISDN-PRI 板)。硬件平台采用安装 LINUX 操作系统的商业通用服务器,其功能实现符合欧洲无线协议非安全层。

3. RBC 维护终端

RBC 维护终端的功能是监测 RBC 系统自身的工作状态,包括系统内部的各个通信连接状态、系统与各外接设备的通信连接状态以及系统工作模式等,从而向维护人员提供必要的状态信息,在 RBC 工作不正常时向维护人员发出警报。此外维护终端还能获取 RBC 内部所注册的列车的状态并将之显示与显示屏幕上。

调试、测试技术人员和维护人员通过 RBC 维护终端的接口访问 RBU,并通过网络浏览器和网络服务器实现。技术或维护人员可以通过浏览器界面,获得基本的系统操作信息,如信息记录和报警列表。

4. VIA 服务器

实现 RBC 与 RBC 本地操作终端、司法记录单元、CTC、集中监测之间的通信转换,1 个接口服务器可以满足 9 个 RBC 的需求,并与 1 套 RBC 本地终端连接。接口服务器采用冗余配置,并配备维护终端。

5. RBC 本地终端

以武广客专为例,RBC 本地操作终端设置在武汉站 RBC 机械室。该终端将允许操作员使用 RBC 中的维护、诊断等功能。RBC 的工作状态将在该终端上显示。本地终端允许操作员向 RBC 发出人工登记与注销等命令。该终端可显示表明进路状态和轨道占用的线路平面图。

6. 司法记录单元

对 RBC 系统的各种控制、接口等信息进行记录,并且其记录可作为司法依据。

任务三 系统接口

一、系统接口

RBC 系统的接口包括:
(1)通过信号安全数据网与联锁接口。
(2)通过信号安全数据网与 TSR 服务器接口。
(3)通过 PRI 与 GSM-R 网络接口。
(4)通过 CTC 专用数字通道与 CTC 接口。
(5)通过集中监测专用数字通道与集中监测(CSM)系统接口。

其中 RBC 与 CTC 接口、RBC 与集中监测接口均通过 VIA 实现通信,一个 VIA 负责实现 9 个 RBC 的通信转换;RBC 与信号安全数据网的连接是通过 RBC 中的 VPC-C 服务器直接与信号安全数据网连接。

1. 与车站联锁接口

RBC 通过计算机联锁获取轨道占用、进路状态、区间方向、闭塞分区的可用性等信息;

RBC 不直接与列控中心 TCC 进行信息交互。

RBC 和联锁通过信号安全数据网连接,物理接口采用 RJ45 接头及 STP 超 5 类网络信号线。该系统为冗余配置的封闭局域网,整个网络满足 EN50159-1 的安全需求。其连接示意图,如图 6-3 所示。

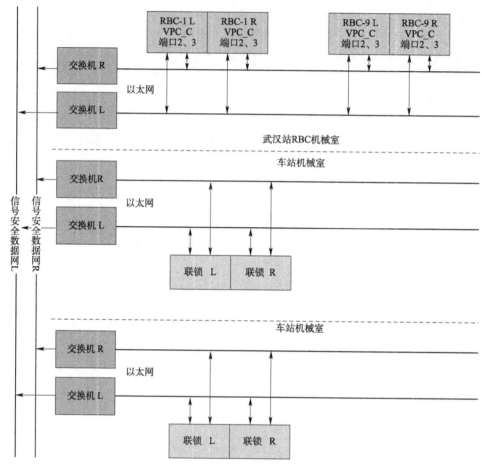

图 6-3　RBC 系统与联锁接口示意图

RBC 如果在规定时间(3s)内接收消息缺失(未收到或收到无效信息)时,则认为与联锁的通信已中断,RBC 的所有输入将被置为安全态,RBC 不向列车发送该联锁控制范围内的移动授权(MA);RBC 应用层应发出断开连接指令,并在维护终端上显示与联锁中断。通信恢复后联锁重新发起连接。

2. 与 TSR 服务器接口

RBC 通过信号安全数据通信网与临时限速服务器连接,传输临时限速相关信息。临时限速服务器可以和多个 RBC 相连,但一个 RBC 只能和一个临时限速服务器相连。其物理接口采用 RJ45 接头及 STP 超 5 类网络信号线。其连接示意图,如图 6-4 所示。

3. 与 GSM-R 接口

RBC 通过和 ISDN-PRI 接口与 GSM-R 网络移动交换机(MSC)相互连接,主要负责接收列车信息,发送行车许可及相关控制信息;同时负责信息传输通道的管理、加密并检查接收信息的完整性。ISDN 服务器和 VLAN 交换机放置在 RBC 机架之中，可以看作是 RBC 设备的组成部分；RBC 的安全主机和 ISDN 服务器之间通过 VLAN 交换机连接，采用 TCP/IP 通信。1 台安全主机连接 4 个 ISDN 服务器。其连接示意图，如图 6-5 所示。

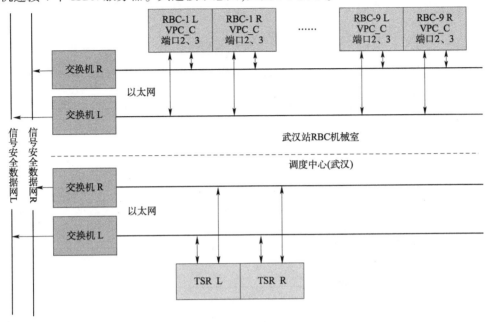

图 6-4　RBC 系统与 TSR 服务器接口示意图

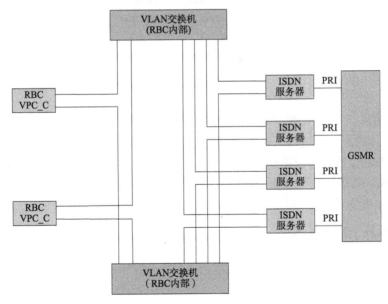

图 6-5　RBC 系统与 GSM-R 接口示意图

4. 与 CTC 系统接口

RBC 与 CTC 之间的接口有两种方式：第一种是通过以太网连接，第二种是通过 2M 数字传输通道连接。CTC 系统通过 CTC-RBC 接口服务器（属 CTC 系统设备）和 RBC 系统的 VIA

接口服务器通信。目前在武广客专、沪宁城际项目使用的都是第二种连接方式。

RBC 系统在信号安全数据网机柜中独立设置两套交换机和路由器设备,其中路由器设备通过自带的 BNC 端口连接通信机房内的 2M 柜实现通信通道的接入。其连接示意图,如图 6-6 所示。

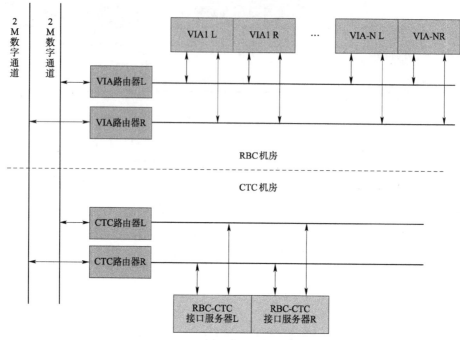

图 6-6　VIA 接入 CTC 数字通道示意图

5. 与集中监测接口

RBC 向集中监测站机传送的主要信息包含有:RBC 设备的运行状态信息、维护诊断信息等。控制中心站 RBC 机械室设立 RBC/CSM 接口服务器负责实现 VIA 和集中监测中心分机的通信。

以武广线为例,VIA 负责将所有 9 台 RBC 的维护、诊断信息汇总、处理,并通过接口服务器将 RBC 的监测信息传输给武汉站集中监测分机,由分机对数据进行处理;并通过信号集中监测网络,将 RBC 监测信息发送给各级维修中心。

VIA 和 RBC/CSM 接口服务器采用以太网连接,物理接口采用 RJ45 接头及 STP 超 5 类网络信号线。RBC 机械室内的连接图,如图 6-7 所示。

二、RBC 系统的物理结构

以武广客运专线 RBC 系统为例,其整体结构如图 6-8 所示。

三、RBC 的边界

运行在 CTCS-3 级的列车,必须能不减速地通过相邻 RBC 的边界。因此,移交 RBC 必须能够从与之相连的联锁系统获得移交区的进路信息、从 TSR 服务器获得移交区的限速信息,以保证可以向即将通过边界的列车发送移动授权信息。

项目六 无线闭塞中心(RBC)系统

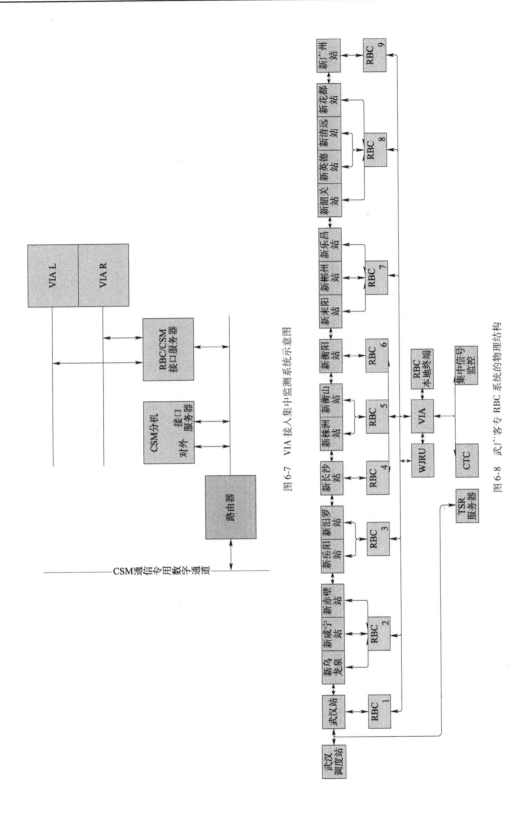

图 6-7　VIA 接入集中监测系统示意图

图 6-8　武广客专 RBC 系统的物理结构

为了降低 RBC 边界区的复杂性，RBC 边界应设在无道岔的区间。

四、GSM-R 无线小区内列车数量限制

GSM-R 系统中，一个无线小区可支持的数据通道数量是有限的。如果所有通道已经被运行列车占用，任何其他通过 GSM-R 无线呼叫 RBC 的列车，都无法与 RBC 建立通信联系。

根据 GSM-R 网络规划，每个无线小区只能有 4 个载频，相应有 32 个信道。其中有 30 个信道可以用于一般通信应用。

任务四　设备机柜

无线闭塞中心系统是 CTCS-3 级列控系统的地面核心设备，需要实现列车运行控制的完整功能。根据结构需要，RBC 主要包括以下部分：RBC 柜、VIA 柜、RBC 本地终端。以武广线为例，RBC 柜、VIA 柜、RBC 本地终端均放在武汉站 RBC 机械室。

一、RBC 柜

CTCS-3 级列控系统 RBC 柜的结构，如图 6-9 所示。它主要包括以下几部分：
(1) RBC 主机，由 VPC-A、VPC-B、VPC-C 组成，运行 RBC 应用程序。
(2) VPC-T，运行维护、诊断、试验、记录和仿真应用程序。
(3) VPC-I，运行 ISDN 应用程序。
(4) FPM，液晶显示套件。
(5) KVM，监控器、键盘和鼠标多路复用器。
(6) DSW，内部交换机，用于 RBC 主机间通信。
(7) ESW，外部交换机，用于 VPC-C 与 VPC-I、VPC-T、VIA、R-JRU、TSR、联锁间的通信。
(8) PDU，电源分布单元。

1. RBC 柜的外形尺寸及重量

外形尺寸：(宽×高×深) 648mm×2020mm×1105mm；
重量：650kg。

2. RBC 柜的技术要求

RBC 柜的技术要求，如表 6-1 所示。

RBC 柜的技术要求　　　　表 6-1

规　　格	参　　数
电源	详见：RBC 柜的电源需求
温度	+10～+35℃（服务器运行时）
	0～+43℃（服务器关闭时）
最大发热量	2650W
海拔	最大海拔高度 3000m
湿度	10%～80%，非冷凝
制冷	需要使用空调
安装位置	侧面距其他物体最小距离 1500mm；正面、背面距其他物体最小距离 2000mm

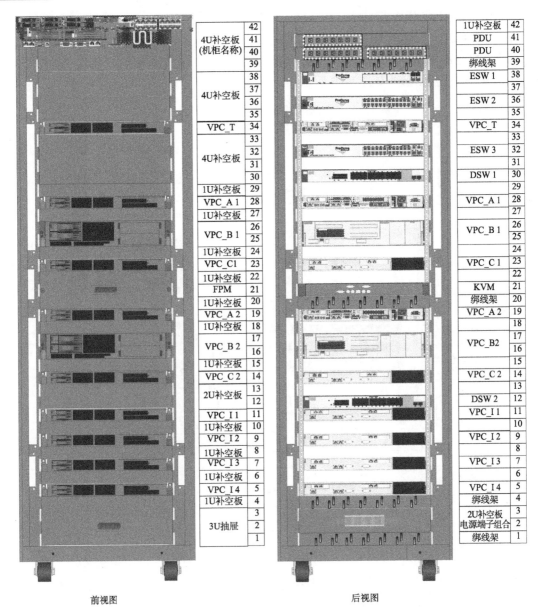

图6-9 RBC柜的布置

3. RBC柜的电源需求

RBC柜应使用专用的不间断电源供电。每个RBC机柜要求3路独立经UPS的净化稳压AC 220V电源,电压范围AC210V~AC230V,50Hz。3路电源实际用电量,如表6-2所示,工程适当考虑余量。

RBC柜的电源要求　　　　　　　　表6-2

线　　路	用电量(W)	线　　路	用电量(W)
L1	1100	L3	800
L2	1100		

141

4. RBC 柜的电源接线

在主配电架上,三路电源(L1、L2 和 L3)应独立设置 16A 空开断路器。每个 PDU(配电单元)都应有自己的单相 PDU 电源线。所有的电源线都应有 3 根独立的芯线:相线、中性线和接地线。RBC 柜的电源接线,如图 6-10 所示。

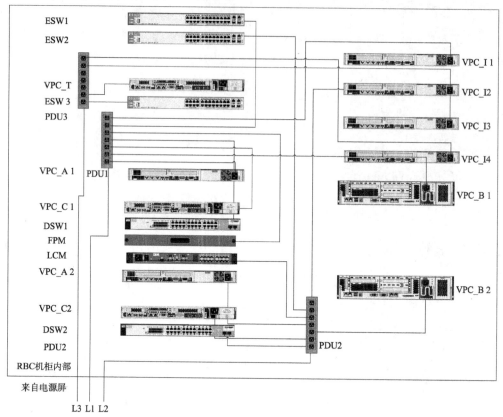

图 6-10　RBC 柜的电源接线图

二、VIA 柜

VIA 柜的结构,如图 6-11 所示。它主要包括以下几部分:
(1)W-JRU 服务器。
(2)VIA 服务器。
(3)FPM,液晶显示套件。
(4)KVM,键盘和鼠标多路复用器。
(5)LAN 交换机,其中 LAN1(L/R)为外部交换机,用于与 CTC、CSM、本地终端通信。
(6)配电单元,2 套。
(7)PDU,电源分布单元,4 套。

1. VIA 柜的外形尺寸及重量

外形尺寸:(宽×高×深)648mm×2020mm×1105mm;
重量:425kg。

项目六 无线闭塞中心(RBC)系统

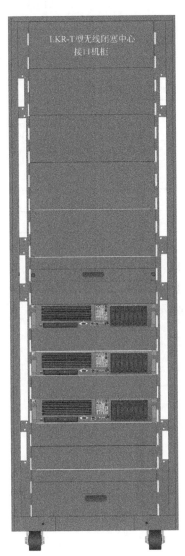

图 6-11 VIA 柜的布置

2. VIA 柜的技术要求

VIA 柜的技术要求,如表 6-3 所示。

VIA 柜的技术要求 表 6-3

规　格	参　数
电源	详见：VIA 柜的电源需求
温度	+10 ~ +35℃(服务器运行时)
	0 ~ +43℃(服务器关闭时)
最大发热量	1050W
海拔	最大海拔高度 3000m

143

续上表

规　格	参　数
湿度	10%～80%，非冷凝
制冷	需要使用空调
安装位置	侧面距其他物体最小距离1500mm；正面、背面距其他物体最小距离2000mm

3. VIA柜的电源要求

VIA机柜要求2路独立经UPS的净化稳压AC220V电源，电压范围AC210V～AC230V，50Hz。2路电源实际用电量，如表6-4所示，工程适当考虑余量。

VIA柜的电源要求　　　　　　　　　　　　　表6-4

线　路	用电量(W)	线　路	用电量(W)
L1	700	L2	500

4. VIA柜的电源接线

VIA柜主电源应使用专用的不间断电源供电。在主配电架上，2路电源(L1和L2)应独立设置16A保险丝。每个PDU(配电单元)都应有自己的单相PDU电源线。所有的电源线都应有3根独立的芯线：相线、中性线和接地线。VIA柜的电源接线，如图6-12所示。

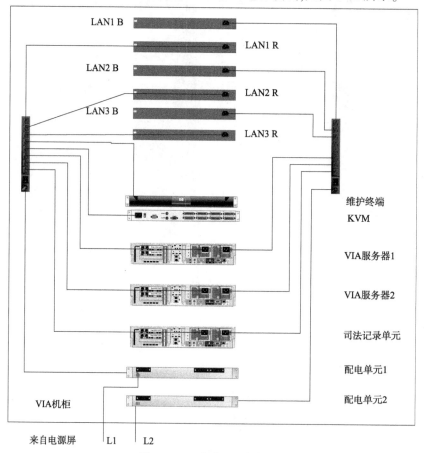

图6-12　VIA柜的电源接线

三、RBC 本地终端

RBC 本地终端,如图 6-13 所示。它主要包括:工作台、显示器、键盘与鼠标。

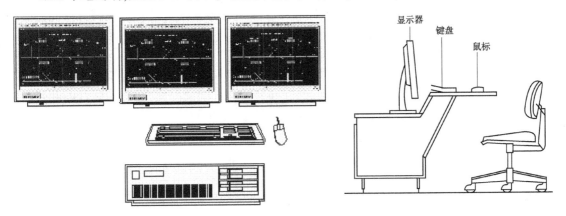

图 6-13 RBC 本地终端

RBC 本地终端的技术要求,见表 6-5。

RBC 本地终端的技术要求 表 6-5

规　格	参　数
电源	UPS 的净化稳压 AC220V 电源,电压范围 AC210V～AC230V,50Hz。实际用电量 500W,工程适当考虑余量
温度	+10～+35℃(服务器运行时)
	0～+43℃(服务器关闭时)
最大发热量	410W
海拔	最大海拔高度 3000m
湿度	10%～80%,非冷凝
制冷	需要使用空调

四、RBC 系统的技术要求

1. 系统配置要求

(1)列车以 350km/h 的最大线速在铁路线上行车时,RBC 系统应支持机车的操作。
(2)单个 RBC 应能控制的对象,其最大数量如下:
①单个 RBC 最多应能同时管理 96 辆已注册列车;
②单个 RBC 最多应能同时管理 500 条已办理的进路;
③单个 RBC 最多应能同时管理 255 个已激活的临时限速;
④单个 RBC 最多应能同时管理 200 个已激活的紧急区。

2. 环境要求

RBC 系统设备要求安装在带空调的机械室内(符合防静电、防尘、防雷要求),采用下出线方式。地面安装有防静电地板,贯通地线电阻不大于1Ω,工作环境应符合《计算机场地通用规范》(GB 2887—2011)。使用环境要求为:70~106kPa(相当于海拔高度3000m以下);周围无腐蚀性和引起爆炸危险的有害气体。

复习思考题

1. 什么是无线闭塞中心(RBC)?
2. 简述 RBC 系统的组成及主要设备的功能。
3. RBC 系统的接口包括哪几项?
4. RBC 柜由哪几部分组成?
5. VIA 柜由哪几部分组成?
6. RBC 系统应如何进行系统配置?其环境要求是什么?

项目七　临时限速服务器(TSRS)

教学目标

学习掌握临时限速服务器(TSRS)设备结构、使用及维护；理解客运专线临时限速和限速流程。

项目描述

临时限速服务器(TSRS，Temporary Speed Restriction Server)是指线路固定限速以外的、具有实效性的临时限速设备。包括：施工、维修引起的计划性限速；自然灾害、设备故障引起的突发性限速等。TSRS基于2×2取2安全计算机平台，遵循安全性原则，实现临时限速命令集中管理。

任务一　临时限速服务器

临时限速服务器(TSRS)系统是基于信号故障安全计算机的控制系统。它根据调度员的临时限速操作命令，实现对各列控中心、无线闭塞中心分配和集中管理临时限速指令，保证施工限速计划的顺利实施。

1. TSRS系统功能

TSRS系统在保障列控限速设置的安全性上，主要实现了以下功能：

(1)能够对限速命令参数进行可执行性校验，有利于保证限速计划的有效性。

(2)能够对限速命令提供激活提示与设置提示功能，有利于保证限速生效的及时性。

(3)能够同时设置和取消CTCS-2与CTCS-3级限速命令，有利于保证两种控车制式的一致性。

(4)能够存储列控限速命令参数，有利于保证限速命令的完整性，即使设备断电重启，也不会丢失。

(5)能够对限速命令执行状态进行综合判定，以方便调度员确认限速命令的有效性。

(6)能够对TCC、RBC自动补发限速命令和初始化命令，有利于保证限速命令的完整性，并提高列控系统的可用性。

2. TSRS系统结构

TSRS系统由临时限速服务器(TSRS)、临时限速维护终端(TSRM)和网络设备等组成。TSRS系统结构，如图7-1所示。早期在设有多个TSRS时，还需增设TSR-CTC接口服务器。

由 TSR-CTC 接口服务器负责与 CTC 接口服务器接口。现在一般都与 CTC 服务器一对一配置。

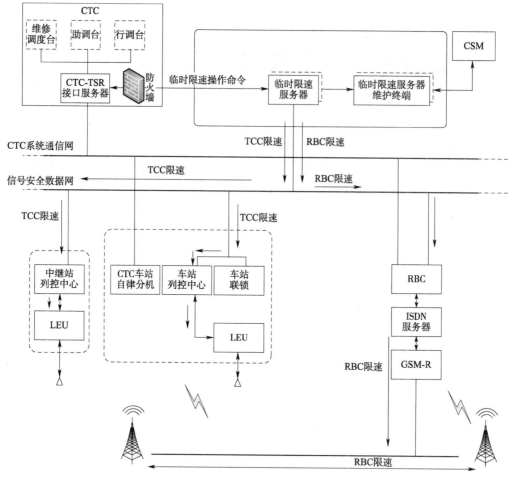

图 7-1　TSRS 系统结构

3. LKX-TH 型临时限速服务器硬件组成

LKX-TH 型临时限速服务器是中国通号研究设计院根据我国列控系统临时限速的需求、自主研发完成的临时限速设备。它是基于通用服务器构建的 2×2 取 2 安全计算机平台，由不同的故障安全处理单元和操作系统构成；实现对线路管辖内 TSRS 命令的集中管理，具备对拟定的临时限速命令进行存储、校验、拆分、撤销、设置和取消，以及限速设置时机的辅助提示等。

LKX-TH 型临时限速服务器主机柜，高×宽×厚为 2020mm×648mm×1105mm。机柜布局，如图 7-2 所示。

1) TSRS 主机单元

TSRS 主机单元是 TSRS 系统的核心逻辑处理单元。它包括网络系统、硬件平台、操作系统、TSRS 全处理软件、应用逻辑软件、工程配置数据等。其系统框架为基于通用服务器的 2×2 取 2 计算机系统。TSRS 主机单元采用冗余结构，每一系由 3 台服务器组成，分别为 VPC-A、VPC-B 和 VPC-C。其中 VPC-A 和 VPC-B 为故障-安全处理单元，又分别称为 FSPA 和 FSPB，用于实现 TSRS 逻辑功能。VPC-C 为伺服处理单元，又可称为 SPU，用于处理 TSRS 设备对外接口和通信功能。

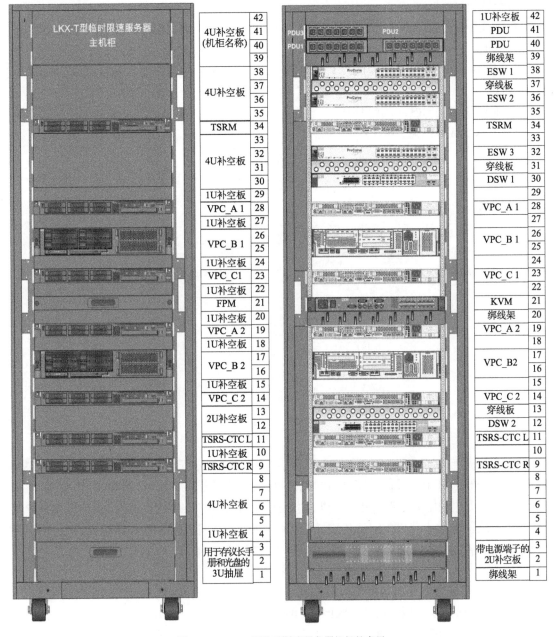

图 7-2　LKX-TH 型临时限速服务器机柜的布局

2）TSRM 单元

临时限速维护终端（TSRM）主要为维护工程师及其他技术人员提供在线检测报警和出现系统故障时的事后分析。

3）TSR-CTC 接口服务器

当调度中心处设有多个调度台且 CTC 接口服务器仅设置 1 台时，TSRS 系统需增设 1 套

TSR-CTC 接口服务器。TSR-CTC 接口服务器负责多个 TSRS 的信息的分发和协议转换。现在一般一对一配置,不再设置接口服务器。

4)交换机

TSRS 柜内包括 2 台内部交换机(DSW1/DSW2)和 3 台外部交换机(ESW1/ESW2ESW3)。

5)其他

3 个电源 PDU;液晶显示套件;KVM 交换机,用于实现对各服务器的切换操作,最多可支持 16 路信号。

4. LKX-TH 型 TSRS 系统的接口

TSRS 系统接口示意,如图 7-3 所示。

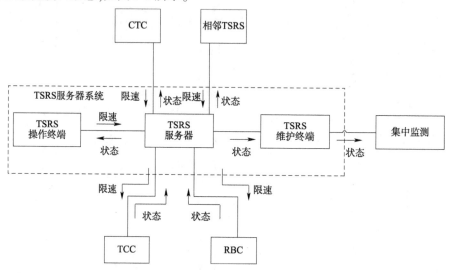

图 7-3 TSRS 系统接口示意图

1)TSRS 与信号安全数据网接口

TSRS 设备与 TCC、RBC、相邻 TSRS 的通信统一通过信号安全数据网进行。RBC 机械室内设有通信机柜,其中放置信号安全网的交换机设备,用于连接 RBC 设备和 TSRS 设备,在其他各车站的机械室内也设置专用交换机,用于连接 RBC 和 TCC 设备。交换机均按照冗余设计,各节点之间通过千兆以太网络传输。TSRS 与通信柜之间采用 STP CAT5e/6 网线连接,物理接口为 RJ-45,水晶头应采用金属屏蔽层并和网线屏蔽接合。

2)TSRS 与 CTC 系统接口

在 TSRS 机械室内的通信机柜内设置冗余配置的交换机、路由器和协议转换器设备。

TSRS 与通信柜之间采用 STP CAT5e/6 网线连接,物理接口为 RJ-45,水晶头应采用金属屏蔽层并和网线屏蔽接合。通信协议转换器应通过成对同轴电缆连接到通信机房的 DDF 架并接入 2M 数字通道,转换器对同轴电缆提供 BNC 阴型插座。

(1)CTC 应向 TSRS 发送以下信息:

①时钟信息。

②线路限速状态初始确认命令。

③临时限速命令的拟定检验、验证、执行及撤销等操作指令,并应至少包含以下参数信息:

CTC 编号、临时限速调度命令号、受令车站号、限速值、限速区起点、限速区终点、线路号、操作员编号及限速原因代码等。

④临时限速命令列表的分类查询请求,包括待执行、提示执行、正执行的临时限速命令列表。

(2)TSRS 应向 CTC 发送以下信息:

①临时限速命令的执行结果:成功状态或失败代码。

②待执行临时限速命令列表。

③提示执行临时限速命令列表。

④正执行临时限速命令列表。

⑤列控设备初始化状态信息。

⑥TSRS 工作状态信息。

3)TSRS 与 TCC 接口

(1)TSRS 应向 TCC 发送以下信息:

①临时限速命令的刷新请求。

②临时限速命令的设置验证、设置执行、取消验证、取消执行等操作指令。

③临时限速命令参数信息,应至少包含:临时限速调度命令号、限速值、限速区起点、限速区终点、线路号、CTC 编号、操作员编号及限速原因等。

④时钟信息。

(2)TCC 应向 TSRS 发送以下信息:

①临时限速执行结果:成功状态或失败代码。

②闭塞分区状态信息。

③区间运行方向信息。

④初始化状态。

⑤TSRS 与 TCC 通信中断时,TSRS 应向 CTC 和 CSM 指示通道连接中断;TCC 应维持发送已经设置的临时限速信息。

⑥边界站 TCC 应能同时接收来自 TSRS 和 CTC/TDCS 下达的临时限速命令,并遵照相应的接口协议交互信息,由该 TCC 负责限速命令格式的协议转换。

4)TSRS 与 RBC 接口

(1)TSRS 应向 RBC 发送以下信息:

①临时限速命令的刷新请求。

②临时限速命令的设置验证、设置执行、取消验证及取消执行等操作指令。

③临时限速命令参数信息,应至少包含:临时限速调度命令号、受令车站号、限速值、限速区起点、限速区终点、线路号、CTC 编号、操作员编号及限速原因等。

(2)RBC 向 TSRS 发送以下信息:

①临时限速执行结果:成功状态或失败代码。

②初始化状态。

③TSRS 与 RBC 通信中断时,TSRS 应向 CTC 指示通道连接中断;RBC 应维持发送已经设置的临时限速信息。

5）相邻 TSRS 间的接口

相邻 TSRS 间应相互发送以下信息：

①交换管辖边界相关的临时限速操作命令及临时限速执行结果信息。

②相邻 TSRS 初始化状态信息。

③边界 TCC 的正线闭塞分区状态。

④若 TSRS 认为与相邻 TSRS 的通信中断，则 TSRS 应向 CTC 发送报警。

6）TSRS 系统内部接口

TSRS 柜内部接口，TSRS 内部连接可分为以下两个部分：

（1）TSRS 主机单元中各服务器通过内部交换机的通信连接以及 TSRS 机柜中所有其他服务器到 TSRM 的连接，用于实现临时限速服务器主机内部通信和柜内服务器到监测主机的通信。

（2）TSRS 中所有服务器对外部交换机 ESW1、ESW2 的连接，用于实现 TSRS 系统对外部设备的连接。

TSRS 柜内所有连接均使用 STP CAT6 网线，物理接口为 RJ-45，水晶头采用金属屏蔽并和网线屏蔽接合。

5. 临时限速服务器的配置

临时限速服务器（TSRS）设备应设置于靠近调度中心的车站，宜与 RBC 设置在同一机房。若无 RBC 机房，则与 TCC 共同设置在信号机房内。机房空调应单独冗余配置。TSRS 设备配置应充分考虑线路长度和接入设备数量及工程实施对相邻线路的影响等因素。每台 TSRS 的控制能力应同时满足以下要求：

（1）在通信机柜为 TSRS 设置 1 组安全网交换机和 1 组 CTC 网交换机及路由器。

（2）每台 TSRS 连接的 TCC 不应少于 35 个。

（3）每台 TSRS 连接的 RBC 不应少于 4 个。

（4）每台 TSRS 连接的相邻 TSRS 不少于 4 个，且同一正线上不得连接超过 2 个相邻 TSRS。

任务二　客运专线临时限速

临时限速是客运专线列控系统的重要功能。临时限速的设置应满足运输安全，实现灵活设置。客运专线列控限速调度命令由临时限速服务器（TSRS）集中管理。

TSRS 设置于靠近调度中心的车站，分别向列控中心（TCC）及无线闭塞中心（RBC）传递临时限速指令。TCC 应根据进路状态、临时限速等信息实时组帧生成用户报文（830bits），并编码生成相应的应答器报文（1023bits），经 LEU 传输至有源应答器；RBC 应根据行车许可、临时限速等信息实时生成相应的无线消息，经 GSM-R 传输至车载设备。

1. 列控系统临时限速发展

随着我国高速铁路的发展，列车速度的提高，临时限速技术日新月异。各项技术参数对比见表 7-1。

临时限速对比表　　　　　　　　　表 7-1

序号	限速技术指标	既有线 C2	原客专线 C2	新建客运专线 C2/C3
1	临时限速报文	预存储(上万条)	预存储(上千条)	基于模版(几十条)实时组帧
2	限速值	45km/h、60km/h、80km/h、120km/h、160km/h 五档	45km/h、80km/h、120km/h、160km/h、200km/h 五档	45~350km/h,每5km/h一档
3	限速区长度	100m、500m、1000m、1500m、2000m、3000m、4000m、6000m 八档	闭塞分区为基本单元	1m 精度
4	限速区起点	100m 为基本单位取整	闭塞分区为基本单元	1m 精度
5	信号降级	正线 L 降 U	侧线 UUS 降 UU,正线不降	侧线 UUS 降 UU,正线不降
6	临时限速管辖范围	至邻站出站信号机处	至邻站反向进站信号机外加制动距离	至下一站出站第二个应答器 + 最高速度制动距离 + 100m
7	侧线限速	不支持	分区设置	分区设置
8	正线限速区数目	1 处	1 处	5 处(受其他系统限制)
9	限速命令意图与实际限速位置差别	百米归档,最大误差可为 2100m	闭塞分区归档,最大误差可为 1500m	描述精度归档,最大误差仅为 20m

2. 客运专线临时限速操作流程

(1)施工调度台负责拟写临时限速调度命令;行车调度台负责拟定临时限速调度命令。

行车调度员在行车调度台检索待拟订的临时限速调度命令,确认后生成临时限速调度命令(含文本),下发给临时限速服务器进行有效性校验。临时限速服务器校验成功后,将该临时限速调度命令存入待执行列表中,并向 CTC 返回校验成功;若校验失败,向 CTC 返回失败原因。行车调度员可根据失败原因调整临时限速命令参数,重新尝试下发。如图 7-4 所示。

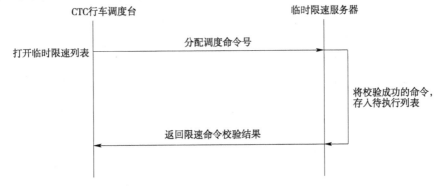

图 7-4 拟定临时限速调度命令的操作流程

(2)临时限速服务器对即将执行的临时限速调度命令以其计划开始执行时间的前 30min 起,提示调度员确认激活;并可间隔 10min 重复提示直至确认或超出该临时限速调度命令的计划结束时间。如图 7-5 所示。

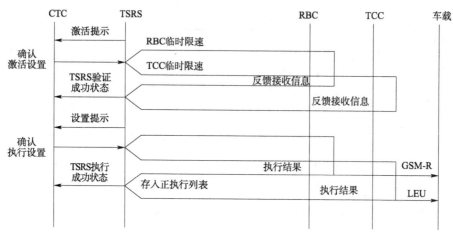

图 7-5 设置临时限速命令的操作流程

(3)行车调度员根据 CTC 的激活提示,选取并激活即将执行的临时限速调度命令。

临时限速服务器根据临时限速调度命令参数信息判别相关 TCC 和 RBC,并根据相关 TCC 和 RBC 的管辖范围及接口协议要求,进行拆分和转换为相应设备所识别的临时限速信息。

相关 TCC 和 RBC 分别对接收的临时限速信息进行有效性判断后,将验证结果反馈给临时限速服务器。

(4)临时限速服务器对 TCC、RBC 的验证结果进行综合判定,若存在任一设备验证失败或超时未返回验证结果,则向 CTC 返回限速验证失败。行车调度员根据验证失败原因可选择撤销或重新尝试激活验证。若全部设备验证成功,则向 CTC 返回限速验证成功;同时,向行车调度员提供下达设置时机的参考提示。

(5)行车调度员根据 CTC 的设置提示,选取并设置验证成功的临时限速调度命令。

(6)临时限速服务器将临时限速调度命令拆分和转换后分发给相关 TCC 和 RBC 执行。

(7)相关 TCC 和 RBC 分别执行接收到的临时限速信息,并将执行结果反馈给 TSRS。

(8)临时限速服务器对 TCC 和 RBC 的执行结果进行综合判定,若存在任一设备执行失败或超时未返回执行结果,则向 CTC 返回限速失败。行车调度员根据执行失败原因可选择取消或重新尝试设置;若全部设备执行成功,则向 CTC 返回限速成功。

(9)对于执行成功的临时限速信息,RBC 和 TCC 分别通过 GSM-R 无线通信和有源应答器将临时限速信息发送给车载设备。

(10)当行车调度员确认临时限速调度命令可取消时,经行车调度台再次拟定与该设置命令的限速区位置参数完全一致的取消命令,然后下发给临时限速服务器做校验和存储。如图 7-6 所示。

(11)临时限速服务器校验成功后,将该临时限速调度命令存入待执行列表中,并向 CTC 返回校验成功;若校验失败,向 CTC 返回失败原因。行车调度员可根据失败原因调整临时限速命令参数,重新尝试下发。

(12)行车调度员根据 CTC 的校验成功回复,选取下达取消验证命令。

(13)临时限速服务器将取消验证命令分发至相关 TCC 和 RBC。

(14)相关 TCC 和 RBC 分别对接收的临时限速取消信息进行有效性判断后,将验证结果反馈给临时限速服务器。

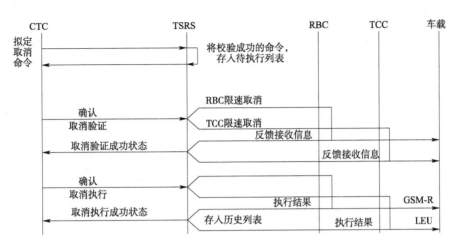

图 7-6　取消临时限速命令的操作流程

(15) 临时限速服务器对 TCC 和 RBC 的验证结果进行综合判定,若存在任一设备验证失败或超时未返回验证结果,则向 CTC 返回取消验证失败。行车调度员根据验证失败原因可选择重新尝试取消或通知设备维护。若全部设备验证成功,则向 CTC 返回取消验证成功。

(16) 当行车调度员确认临时限速调度命令取消验证操作成功时,即可下达取消执行命令。

(17) 临时限速服务器将取消执行命令分发至相关 TCC 和 RBC。

(18) 相关 TCC 和 RBC 分别执行临时限速取消信息,并将执行结果反馈给临时限速服务器。

(19) 临时限速服务器对 TCC 和 RBC 的执行结果进行综合判定,若存在任一设备执行失败或超时未返回执行结果,即向 CTC 返回限速取消失败。行车调度员根据执行失败原因可选择重新尝试取消或通知设备维护;若全部设备执行成功,则向 CTC 返回限速取消成功。

(20) 若 TSR 系统完全故障,造成临时限速命令无法下达执行时,调度员应采用限速调度命令文本流程,通知司机按文本限速调度命令控制列车运行。

(21) 若设置低于 45km/h 的限速,CTC/TDCS 按 45km/h 向 TSRS 传送,并按实际速度值自动生成限速调度命令文本,通知司机按文本限速调度命令控制列车运行。

(22) 涉及跨局的临时限速调度命令,以工务局界划分限速区域归属地,由线路正向上的限速起点所在的调度局负责拟定、下达和取消。

(23) 涉及跨调度台显示界的临时限速调度命令,须由相应调度台拆分后分别负责拟定、下达和取消。

3. 临时限速调度命令要求

(1) 临时限速命令应包括命令号、线路号、起始里程标、终点里程标、限速值、计划执行开始时间、计划执行结束时间等信息。侧线临时限速命令应增加车站号信息,且起点与终点里程标固定为 K0000+000 和 K9999+999。

(2) 区间及站内正线临时限速按实际里程标设置(单位:m),临时限速值分辨率为5km/h,最低限速值45km/h,最长限速区长度为 TSRS 对应的调度台管界范围。

(3)侧线临时限速以上、下行侧线分别(不含正线)按区设置,限速区长度(L_TSR)为进路长度加 80m。临时限速值设 45km/h、80km/h 两档。

(4)临时限速命令的线路号宜按下行正线、上行正线、下行侧线、上行侧线的顺序编号,如图 7-7 所示。

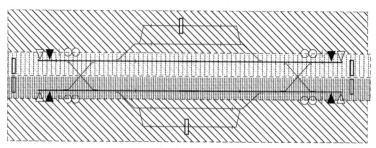

图 7-7　站内限速区划分和线路编号示意图

(5)列控限速取消命令须与要取消的临时限速设置命令的限速区位置参数完全一致,不得对某一限速区进行分段取消或覆盖取消。

(6)侧线限速不影响正线线路。无论具体侧线限速地点位置如何,均按所属侧线分区设置侧线限速,相应侧线分区内的所有接发车进路均为全进路限速。

(7)列控限速取消命令为立即下达方式。

(8)临时限速命令的起点与终点位置,须按线路正向运行方向顺序排列。

任务三　临时限速服务器(TSRS)设备维护

为保证铁路运输安全,铁路信号工作人员必须熟悉高速铁路信号设备的使用,加强高速铁路信号设备的维护管理工作,提高高速铁路信号设备的维护质量。

1. TSRS 设备启动与关闭

设备电源接通后,TSRS 设备启动按照以下步骤进行:

(1)逐个开启 TSRS 机柜中的所有服务器。

(2)使用"Ctrl"键在各服务器的人机界面间切换,确认各设备均已正常启动。

(3)登录 TSRS 维护终端,检查设备运行状态是否正常。

(4)如果由于外部供电中断导致设备关闭,供电恢复之后 TSRS 设备将自动重启,程序也将自动运行,无须人工开启,此时只需要检查系统运行状态即可。

(5)持续按下一台服务器电源按钮 10s 后,即可关闭该服务器。

2. 临时限速命令操作界面

1)正线限速在站场图形中的表示方式

正线限速区表示为在原线宽度的基础上加载实线框,即在与原线区段偏离 2 个像素上、下各 2 个像素的单色平行实线,外加左、右 2 个像素的单色垂直实线。当鼠标移至该区域时,应弹出提示框,标出具体限速区起点、终点和限速值。参见图 7-8 ~ 图 7-12 所示。

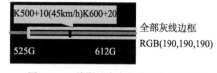

图 7-8　正线限速命令待设置激活的表示

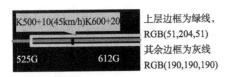 

图 7-9　正线限速命令设置验证通过的表示　　图 7-10　正线限速命令设置尚未全部执行的表示

图 7-11　正线限速命令设置执行通过的表示　　图 7-12　正线限速命令取消验证通过的表示

2）侧线限速在站场图形中的表示

各侧线限速分区分别对应设置一个圆形限速表示灯。参见图 7-13～图 7-16 所示。

图 7-13　侧线限速命令待设置激　　图 7-14　侧线限速命令设置验证
　　　　活的表示　　　　　　　　　　　　通过的表示

图 7-15　侧线限速命令设置执行　　图 7-16　侧线限速命令取消验证
　　　　通过的表示　　　　　　　　　　　　通过的表示

3）临时限速命令参数拟定界面

"限速命令号"自动产生，也可手工修改。临时限速命令参数拟定界面见图 7-17。

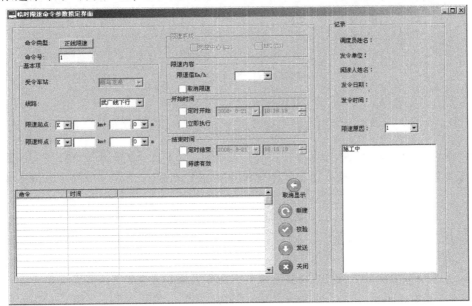

图 7-17　临时限速命令参数拟定界面示意

正线限速时需选择"线路",并输入具体的"限速值""限速起点"里程标和"限速终点"里程标。若存在不同里程标系(如 XK、DK 等)时,则需输入相应里程标系标识符;若不输入标识符,系统则默认为 K。

侧线限速时需选择"受令车站名""线路""限速值"。

"开始时间""结束时间"栏用来设置本条临时限速命令的计划执行开始时间和结束时间。

"记录"栏中"调度员姓名""发令单位""阅读人姓名",由一开始登录界面中的输入信息自动生成。

"发令日期""发令时间""命令内容",根据当前拟定的临时限速命令自动生成。

"限速原因"栏中可以选择限速原因代码,如"01 施工""02 风雨雪"等。

4)临时限速命令集中管理界面

临时限速命令集中管理界面分为"待执行限速命令""提示执行限速命令""正执行限速命令""事件记录"4 栏,如图 7-18 所示。

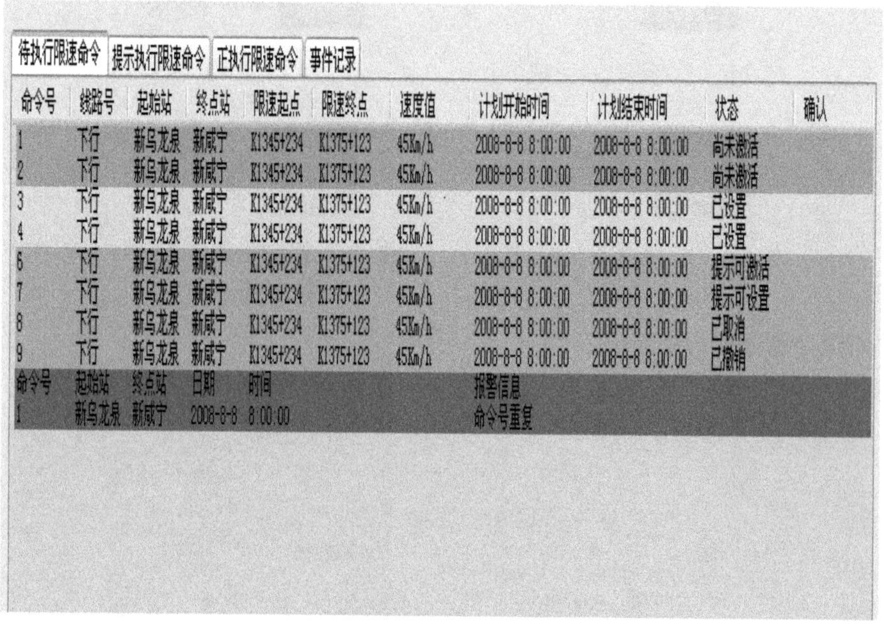

图 7-18 临时限速命令集中管理示意图

每条限速命令应对应显示命令号、线路号、起始站、终点站、限速起点、限速终点、限速值、计划开始时间、计划结束时间及命令状态与确认提示。其中,灰色背景表示待执行的限速命令;黄色背景表示正在执行的限速命令;绿色背景表示提示执行的限速命令;红色背景表示报警信息。

5)站场图形界面显示示意

根据临时限速服务器返回的临时限速执行状态,在 CTC 和 TSRT 的站场图形界面上均可显示相应临时限速执行情况,如图 7-19 所示。

3. TSRS 日常维护

(1)TSRS 等服务器硬件状态检查:

项目七 临时限速服务器(TSRS)

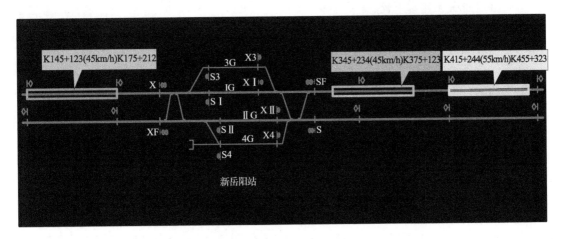

图 7-19 临时限速命令在相应站场图形界面的显示示意

①检查服务器是否安装牢固。
②观察 CPU 风扇、机壳风扇是否运转正常。
③检查有无异常声音、有无过热现象,有无异味。
④ PDU 安装是否牢固、固定铁架是否有下沉现象。
(2)TSR-M、KVM 等设备状态检查:
①显示器、键盘、触摸板作用良好。
②双击"Ctrl""↑""↓"键试验切换功能正常,各个服务器状态查看功能良好。
③检查 TSRS-TSRM 的状态栏和限速情况栏:查看 TSRS 与 TCC 的连接与初始化情况是否正常;TSRS 与相邻 TSRS 连接、TSRS 与 CTC 连接、TSRS 与 RBC 连接是否正常;限速执行情况是否正常;站场图是否正常显示限速黄框;查看报警栏:确认报警信息是否异常。
(3)通信网络部分的检查:
①检查各通信接头端子、通信连接线是否连接牢固。
②检查路由器、光交换机、网络交换机各种指示灯是否正常。
③检查网络柜内设备连接、防雷模块是否正常。
④检查网络交换机上的网线插接是否牢固,网线固定是否良好。
⑤检查各通信设备有无过热、有无异味、设备间散热是否良好。
⑥检查各种标签是否齐全。
(4)电源部分的检查:
①电源屏电源工作指示灯、模块指示灯显示是否正常。
②电源屏间有无异常声音和异味。
③电源屏状态显示是否正常,报警有无异常。
④UPS 良好,电源工作指示灯、负载指示灯、电池指示灯等是否正常。
⑤测试 UPS 输出电压,是否稳压,电压是否超标。
(5)终端部分及空调的检查:
①终端机柜各部件连接是否正常。

159

②终端自身有无异常声音、有无异味。
③终端显示设备显示是否正常，备用视频线、鼠标线检查是否正常。
④各个终端运行程序运行是否正常。
⑤通信设备连接是否正常、有无不良报警。
⑥空调运行是否正常，有无异常报警。
（6）外部清扫情况的检查：
①机房环境是否清洁。
②机柜外露部分、服务器风扇口、网线口、传输通道口、UPS 网罩是否达到无尘。

4. LKX-T 型临时限速服务器故障处理

若临时限速服务器发生故障时，各 TCC、RBC 仍可维持原限速信息内容，原现场施工项目仍可正常进行。电务人员应迅速赶往 TSRS 所在地，进行故障性质确认。若有新的限速需求且须下达的，可采用人工调度指挥限速方式。若 TSRS 设备系统发生故障导致重启，或者人工重启时，以 crashinfo.tar.gz.x(1~5)的名称保存在 VPC_C 机器下的/opt/TSR/crashinfo 目录下，通过查看该信息创建时间，确认下载相应文件到磁盘中，以备技术人员分析。因每次最多显示 5 条记录，超出时将采用滚动覆盖的方式，因此每次发生系统故障之后应及时下载文件并保存。若 TSRS 主机双系均有发生重新上电复位时，则需电务人员在完成 TSRS 设备复位后，还应通过车务值班员来告知中心调度员下达限速状态初始确认的操作，TSRS 系统设备方能正式投入运行。若 TSRS 与 CTC 通道故障，电务人员还应定期协助车站值班员向中心调度员报告当前限速命令状态信息。现将 TSRS 典型故障整理如下表 7-2。

LKX-T 型临时限速服务器典型故障处理　　　表 7-2

序号	故障现象	故障原因	处理措施
1	（1）服务器电源指示灯熄灭； （2）TSRM 显示对应的 TSRS 模块状态为灰色(离线)	TSRS 掉电	如果多个服务器同时掉电，则首先检查柜内电源开关是否正常，然后检查电源屏输出是否正常； 若单个服务器显示掉电，首先打开显示界面检查服务器是否确实停止工作，如设备正常工作，那么现象原因为指示灯显示有误，此时不宜立即采取操作，应另申请时间进行检查； 检查其对应的电源接口是否松动，若不能判断，则应使用万用表测量服务器一端；若判断对服务器供电正常则转入 2
2	（1）服务器不能启动； （2）服务器工作不正常、死机	TSRS 服务器发生不可立即修复的硬件故障	①记录服务器信息面板的报警信息； ②采用备用设备对故障设备进行替换
3	无法通过鼠标键盘对指定的设备进行操作	无法对服务器进行操作	检查指定服务器和 KVM 之间的连线接口是否正常，然后通过 KVM 开关按钮人工关闭 KVM，等待 5s 左右再行开启

续上表

序号	故障现象	故障原因	处理措施
4	交换机所有灯灭,网络中断	交换机故障掉电	①如果机柜内有多台设备掉电,检查电源; ②若只有1台交换机掉电,则检查其对应的电源接口是否松动,重插该电源线; ③使用万用表测量交换机端的电源线上是否有电,若无电,则应检查PDU端;若有电,交换机硬件则出现故障
5	网络中断	交换机硬件故障	①检查是否掉电; ②检查交换机指示灯状态; ③检查交换机端口灯是否闪烁
6	显示器没有显示	KVM故障	①检查是否掉电; ②重启KVM电源开关

复习思考题

1. 简述临时限速服务器的硬件组成情况。
2. 简述临时限速服务器与其他系统的接口等情况。
3. 说明LKX-T型临时限速服务器设备的启动步骤。
4. 简述临时限速服务器日常维护的内容。
5. 如无法对TSRS临时限速服务器进行操作,该如何处理?

项目八　列控系统的车载设备

教学目标

掌握列控车载设备的组成及功能；掌握列车超速防护系统 ATP 的功能、控车模式；了解 CTCS 级间转换、车载设备的工作模式；熟悉人机界面的界面显示、按键功能、语音提示定义及故障安全处理。

项目描述

车载设备是列控系统的重要组成部分，它根据地面提供的动态控制信息、线路静态参数、临时限速信息及有关列车数据，经过逻辑运行生成速度控制和目标距离模式曲线，直接控制列车运行并通过人机界面显示；当列车运行速度超过一定范围时，采取超速防护措施。车载设备是对列车进行操纵和控制的主体，具有多种工作模式，并能够适应轨道电路、点式应答器传输和无线传输方式。人机界面能够为机车乘务员提供必要的显示、数据输入及操作手段；能够以字符、数字及图形等方式显示列车运行速度、允许速度、目标速度和目标距离；能够实时给出列车超速、制动、允许缓解等显示，以及设备故障状态的报警。

任务一　车载设备的组成及功能

一、CTCS-2 级列控车载设备

列控车载设备由车载主机、人机界面(DMI)、速度传感器、应答器信息接收天线、轨道电路信息接收天线等组成。

1. 车载主机

车载主机是列控车载设备的核心部件，包括车载安全计算机(VC)、轨道信息接收模块(STM)、应答器信息接收模块(BTM)、列车接口单元(TIU)、运行记录单元(DRU)等。它们组成一体放在机柜内，便于设备的安装、维护及管理，如图8-1 所示。

(1) 车载安全计算机(VC)

车载安全计算机是车载设备的控制核心。它从车载设备的各个模块获取信息，生成列车制动曲线，并比较列车运行速度与模式曲线，必要时向列车输出制动信息，控制列车安全运行。

(2) 轨道信息接收模块(STM)

轨道信息接收模块用于接收 ZPW-2000 系列轨道电路低频信息，通过 STM 天线(感应线

圈)感应出轨道电路信息,由软件解调出信号的载频和低频信息,并将这些信息传递给车载计算机,为生成制动模式曲线提供依据,同时将没有处理的原始信息提供给LKJ。

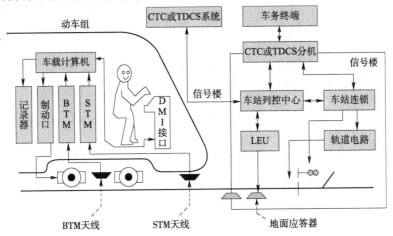

图 8-1 CTCS-2 级车载系统的结构

STM 最多可以接收 16 种载频,包括 UM71 以及 ZPW-2000 系列轨道电路。

(3) 应答器信息接收模块(BTM)

应答器信息接收模块通过 BTM 天线,不断向地面发送信号。当列车经过地面应答器时,地面应答器被激活并将存储在其内的报文信息发送给 BTM 主机。BTM 主机接收到报文后进行框架确定、错误核对、解码,并将解码后的数据传输给 VC,为生成制动模式曲线提供依据。

(4) 列车接口单元(TIU)

TIU 也称为继电器逻辑单元,主要由继电器组成,实现输入与输出接口功能。它接收来自主备车载计算机的输出指令,比较这两套指令,进行"或"操作后,作为系统的最终输出。

(5) 运行记录单元(DRU)

DRU 通过通信接口和 STM、LKJ、VC 相连,获取列控车载设备的动作、状态和司机的操作等各种输入输出信息;通过缓冲板采集各接点状态,可将行车及列控车载设备自身运行状况和接点状态等关键数据记录到 PCMCIA 卡,并可通过读卡器将数据下载至地面分析管理微机。维护人员根据下载读取记录卡的信息获取列车的运行信息,进行设备运行状况分析。

2. 人机界面(DMI)

列控车载设备的操作和显示界面,通过声音、图像等方式将车载装置的状态通知司机。司机可以通过 DMI 上的按键来切换 ATP 装置的运行模式或是输入必要的信息。

3. 速度传感器

速度传感器安装在车辆两端车头第 2、3 轴上,通过车轮的转动产生脉冲信号,并输入至安全计算机,用于测量列车运行速度。速度传感器,如图 8-2 所示。

4. STM 天线

STM 天线感应钢轨中的轨道电路信号,传输至 STM 模块进行解码处理。STM 轨道电路感应器是由感应线圈、固定支架和线缆组成,如图 8-3 所示。它是 STM 的前端信号感应部件,安装于机车前部。

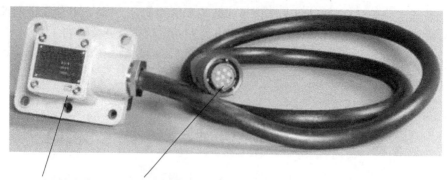

图 8-2　AG43 型速度传感器

注：上图是 AG43 的外观。AG43E 速度传感器主体颜色不一样。

5. BTM 天线

BTM 天线接收来自地面应答器(见图 8-4)的信号,传输至 BTM 模块进行信息解调处理。它安装在距离车头一定范围内的车体底部的横向中心线上。

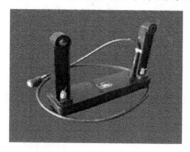
图 8-3　STM 天线

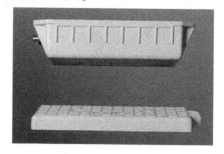
图 8-4　地面应答器及其天线

6. 车载设备相关系统

(1) 运行监控记录装置(LKJ)

CTCS-2 车载设备必须装备 LKJ,作为 CTCS-2 车载设备的备用系统。在 CTCS-0/1 级或 ATP 某些故障的情况下,由 LKJ 控车。当 LKJ 控车时,ATP 负责向 LKJ 提供轨道电路信息(机车信号)。此外,ATP 与 LKJ 之间还存在一些列车控制、状态信息的交互,用于运行管理。

(2) 动车组接口(EMU)

动车组接口(EMU)是 ATP 车载装置的控制对象。它向 ATP 提供包括前进、后退、零位、制动、牵引在内的司机操作状态,同时接收 ATP 发出的制动、切除牵引等信息。

CTCS-2 车载设备的结构是基于 2×2 取 2 的结构。每个安全模块(例如 VC 模块、BTM 模块)均按照 2×2 取 2 的结构设计和实施。各安全模块均由主模块和备模块组成,并组成一个故障安全区。

二、CTCS-3 级列控车载设备

CTCS-3 列控车载设备包含 ALA 机柜(ATP 逻辑单元)及相关子系统,如图 8-5 所示。

(1) ALA 机柜包含 EVC、TMM、RIM 和 CTCS-2 单元模块;ALA 机柜包含 2 套独立的安全模块。

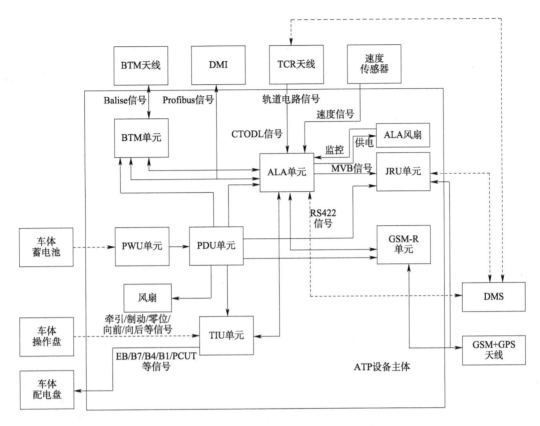

图 8-5 CTCS-3 级列控系统车载设备的总体结构

EVC:安全计算机,执行 CTCS-3 的逻辑功能。
TMM:列车管理模块,实现列车的接口及测速测距功能。
RIM:无线通信模块,通过移动终端与无线网络连接。
C2 单元:实现 CTCS-2 逻辑功能,同时与 DMI、CTCS-2 传感器接口相连并处理轨道电路信息。

(2) BTM:应答器传输模块,包含主和备 BTM,每一个带一个天线。

(3) TCR:轨道电路信息接收单元,每一个带一个天线。

(4) SDU:测速测距单元。

(5) DMI:人机界面,包含主设备 DMI,均安装在驾驶台上。

(6) JRU:司法记录仪,用于记录系统运行的信息。

(7) TIU:列车接口单元,用于对车体的采集和输出接口。

(8) RTU:GSM-R 无线通信单元,该单元负责进行与无线闭塞系统(RBC)信息的交互。

(9) PDU:包含断路器、开关和接插件的电源分配盘。

(10) PWU:电源转换单元,将 110V 转换为 24V。

其中 EVC、BTM、DMI、SDU、TCR 等关键设备均采用冗余设置。车载安全计算机中的 CTCS-3 控制单元和 CTCS-2 控制单元独立设置。CTCS-3 控制单元负责在 CTCS-3 线路正常运行时的核心控制功能;CTCS-2 控制单元负责后备系统的核心控制功能。两者共有 DMI、TIU、

BTM、SDU、CTCS-3 控制单元连接 GSM-R 单元,获取行车许可并负责系统总线管理及对外输出;CTCS-2 控制单元连接 TCR,从 TCR 获得行车许可信息。CTCS-3 级车载设备冗余配置,如图 8-6 所示。

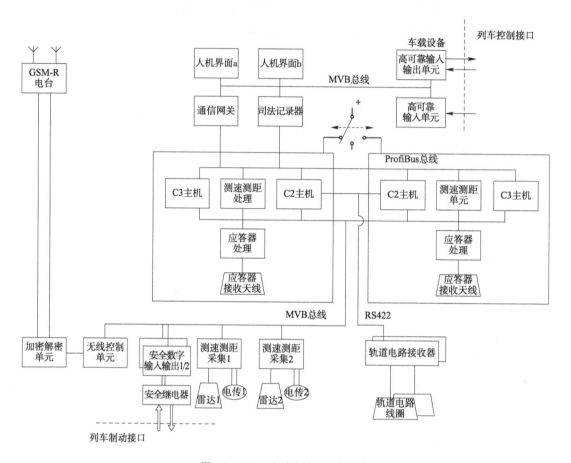

图 8-6　CTCS-3 级车载设备冗余配置

图 8-7　CTCS-300S 型车载设备

CTCS-300S 型列车是我国客运专线的车型之一,其车载设备如图 8-7 所示。

三、列控车载设备的功能

1. 自检功能

车载设备启动时首先要进行系统自检以确认设备是否有效。自检包括:测试常用制动、紧急制动命令能否正确输出,测试轨道电路读取器 TCR(STM)是否完好,测试人机界面 DMI 显示是否正常等。车载设备的自检完成后能够在 DMI 上显示自检结果。

2. 数据的输入和存储

车载设备能够记录外部输入的列车参数以及发生变化

的时间。记录存储的列车参数包括：

(1) 由司机手动输入并存储的列车参数

①车次号。

②司机 ID 号。

③列车长度。

(2) 由司机手动输入并存储，未选择时采用默认值的列车参数

①应答器天线 1 距离车头的距离。

②应答器天线 2 距离车头的距离。

(3) 由司机通过菜单选择并存储，未选择时采用默认值的列车参数

①列车类型。

②列车最大允许速度(结构速度)。

③列车装载限界。

④列车轴重。

⑤列车供电类型。

3. 界面显示

列控车载设备提供显示和操作界面 DMI(见图 8-8)，安装在司机便于操作和观察的位置，为司机提供驾驶过程的参考信息。

DMI 显示格式采用原铁道部统一的技术标准，满足 CTCS-3 级系统显示、兼容 CTCS-2 级系统显示的要求。

显示内容包括：

(1) **警示信息显示**：预警时间、目标距离、目标速度等信息。

(2) **速度信息显示**：列车当前速度、控制模式、实际运行状态、缓解速度等信息。

(3) **设备装备信息显示**：设备运行状态、列控车载设备制动、工作模式等信息。

(4) **距离信息显示**：距离坐标；开始实施制动的地理位置；命令和通告；坡度曲线；与速度曲线有关的信息；最不利限制速度曲线；起模点；列车位置及地理位置等信息。

(5) **报警信息显示**：车次号和司机号、日期和时间、文本信息、列车制动标识、司机活动监督、GSM-R 状态监视等信息。

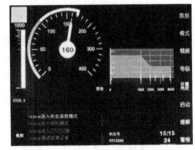

图 8-8 人机界面 DMI

4. 信息接收及发送

(1) 在 CTCS-3 级模式下

车载设备通过 GSM-R 无线通信系统向 RBC 发送司机选择输入和确认的数据(如车次号、列车长度)，列车固有性质数据(列车类型、列车最大允许速度、牵引类型等)，车载设备在 RBC 的注册、注销信息，车载设备通过应答器获取列车的位置信息，定期向 RBC 报告列车位置、列车速度、列车状态(正常时)和车载设备故障类型(非正常时)信息，列车限制性信息以及文本信息等。

同时，车载设备接收 RBC 发送的行车许可（包括车载设备识别号、目标距离、目标速度以及可能包括的延时解锁相关信息、防护区相关信息、危险点相关信息），紧急停车（无条件紧急停车和有条件紧急停车），临时限速，外部报警信息以及文本信息等。

（2）在 CTCS-2 级模式下

BTM 接收无源应答器的列车定位信息和一定范围内的线路参数，以及有源应答器的进路线路参数信息和临时限速信息。

车载设备的轨道电路信息读取模块 TCR（也称 STM）具有接收多个载频的功能，并从中解调出低频信息。

5. 静态曲线比较

车载设备根据列车数据和线路数据生成静态列车速度曲线。静态曲线考虑线路速度等级、线路允许速度、列车的限制速度等计算得到线路所有位置的列车允许速度。

6. 动态曲线计算

车载设备考虑列车运行的各种限制生成动态列车制动模式曲线。动态曲线包括常用全制动曲线和紧急制动曲线。计算动态列车制动模式曲线的公式和参数经过评估，在保证安全的前提下尽量优化制动曲线，减少制动距离。

7. 列车定位

车载设备具有确定列车位置的功能，该功能是依据地面应答器收到的信息并以此为基准点通过测速单元等设备测量列车运行距离来获得列车位置。计算列车位置时要考虑测速设备的误差。车载设备定时向 RBC 报告列车位置。

8. 速度的测量及显示

车载设备通过安装在车轮上的速度传感器和安装在车体的雷达能够实时测试列车的运行速度；测速单元把速度传感器和雷达的输入进行测量和逻辑运算，得到列车的实际速度，并把列车运行速度送给主机模块，同时通过 DMI 向司机显示。

9. 行车许可和限速命令显示

车载设备根据得到的行车许可和限速命令通过 DMI 向司机显示目标距离、允许速度；还可以运用声音提示等方式向司机进行警报，提供司机足够的显示信息，方便司机驾驶。

10. 超速防护

列控车载设备监控列车允许的速度，包括：动车组构造速度、线路允许速度、进路允许速度、临时限速和紧急限速。

车载设备允许司机以最大安全速度行驶，保证列车在静态和动态速度模式曲线监督下安全运行。当列车速度超过报警速度值时向司机报警，报警持续到实际速度低于允许速度为止；列车速度超过常用制动速度值时，车载设备实施常用制动直到实际速度低于缓解速度，此后可以由设备或司机选择缓解常用制动；如果常用制动全制动失效列车速度超过紧急制动速度值，车载设备实施紧急制动，列车停稳后司机才能缓解紧急制动。

11. 司机操作的监督

车载设备某些情况下要求司机在一定间隔（时间或距离）内应答。若在规定的间隔未接收到司机的应答信息，则以声音形式向司机报警；如果司机在报警后的一定时间内未做出响应，车载设备就会实施紧急制动，直到列车停稳后方可缓解紧急制动。当列车在完全监控方式时,该监督功能可以取消。

12. 溜逸防护

为防护列车溜逸,车载设备监视列车的运行方向和当前运行状态。当列车发生溜逸时,车载设备实施紧急制动,该制动只能在列车停车后才能由司机缓解。

13. 信息记录

车载设备将输入的数据、接收的数据和计算的数据进行信息记录,所有记录的数据与统一时钟和位置参考点对应;记录数据可以通过标准输出接口转储到其他介质上以便分析。

14. 自动过分相

车载设备能根据地面设备提供的数据提供前方过分相信息。

15. 站名和公里标显示

车载设备能根据地面提供信息提供当前车站站名显示和固定点公里标信息。

16. 在非 CTCS-2 级、CTCS-3 级区段运行功能

在没有装备 CTCS-2 级和 CTCS-3 级地面设备而具有 ZPW-2000 轨道电路的区段,列控车载设备支持以机车信号模式(CS)行车。

17. 特殊行车功能

车载设备支持重联等特殊行车功能。

车载设备支持使用有重联控制装置的多机牵引。使用多机牵引时,不必隔离正在工作的牵引单元上的车载设备,但该牵引单元的列车冒进防护功能被禁止,车载所接收的信息不影响正在工作的牵引单元操作;用于全体乘务人员、维护人员的信息,可在本机车司机室外的其他司机室 DMI 上显示。

18. 其他防护功能

紧急停车:遇到紧急情况时,司机将紧急消息通过无线发送给 RBC;RBC 自动将该消息发送给正接近报警地点的列车。列车司机在 5s 内确认收到的紧急报警信息并决定安全停车的地点,否则设备将实施紧急制动。

施工防护:列车收到地面施工信息后可执行施工防护。施工信息包括施工地段的位置、长度、速度限制等基础数据。列车通过施工地段的速度受到监督,直到列车全部通过施工地段前,列车速度不能超过限制速度。

进路适应性防护:车载设备能将列车实际与为列车建立的进路的基础数据比较,以确定列车能否在该进路运行。只有符合进路要求的列车才能在该进路上运行,列车在禁止运行的进路外方停车。

19. 集成功能

CTCS-3 列控车载设备既包含 CTCS-3 控制单元,也包含 CTCS-2 控制单元,二者同时运行。

CTCS-3 控制单元负责 CTCS-3 级模式下的核心控制逻辑计算功能;CTCS-2 控制单元负责 CTCS-2 级核心控制逻辑计算功能。两者共用 DMI 人机界面模块、列车接口单元模块、测速测距模块、BTM 模块、速度传感器及雷达速度传感器。CTCS-3 控制单元连接 GSM-R 单元,并负责系统总线管理及统一对外输出;CTCS-2 级车载控制单元连接轨道电路读取器单元(TCR),从 TCR 获得行车许可信息。

当 CTCS-2 控制单元设备控车的时候,CTCS-2 控制单元根据接收到轨道电路信息和应答

器信息计算限速曲线,对列车的速度进行监督控制,并把相关信息通过 DMI 进行显示。CTCS-2 控制单元监督控制功能的实现,需要 CTCS-3 控制单元的辅助和监管。这时,CTCS-3 控制单元的作用如下:

(1)监视整个系统包括 CTCS-2 级设备的状态是否安全。

(2)控制系统的启动包括自检(CTCS-2 控制单元设备自检,当 CTCS-3 控制单元授权之后 CTCS-2 控制单元也可以检查列车接口)。

(3)提供访问列车接口通道。

(4)提供制动的控制。

(5)提供对速度传感器数据的访问通道。

在 CTCS-3 级设备控车时,CTCS-2 设备仍正常接收轨道电路信息和应答器信息,并根据接收到的地面信息计算限速曲线,根据列车实际运行速度和限速曲线进行比较;但计算和比较结果不作为控制列车的依据和不传送 DMI 显示,仅作为 CTCS-3 控制单元的备用,在 CTCS-3 转换到 CTCS-2 时能马上投入控车和送 DMI 显示。

CTCS-3 和 CTCS-2 之间的转换分为正常转换和故障转换。正常转换通过转换点地面设置的应答器实现不停车转换;在 GSM-R 通信中断时,当列车运行速度降至后备系统可控的允许速度后车载设备自动转为 CTCS-2 级设备空车(需司机确认)。

CTCS-2 控制单元和 TCR(轨道电路读取器)故障不影响 CTCS-3 级的正常运营;CTCS-3 级专用模块(如 GSM-R 模块)故障不影响 CTCS-2 级的正常运营。

20.安全技术平台

CTCS-3 级列控车载设备采用分布式模块结构,各模块之间通信采用了高安全高可靠的车辆总线 Profibus 和 MVB 双总线方式,对列车紧急制动输出采用专用的安全输出。

安全平台由两套硬件软件完全一致的车载安全计算机组成,两套车载计算机互为备用。

任务二 列车超速防护(ATP)

列车超速防护 ATP 是列控车载设备的主要功能,根据列车运行速度及线路状态由车载设备生成速度挟制曲线,并经常与实际速度相比较;如果实际速度超过了速度控制曲线,车载设备自动实施制动。

地面信息和 ATP 车载设备的控制状态由置于驾驶台控制桌上的 DMI 来显示。司机在注视前方的同时监视 DMI,通过 DMI 或者前方线路状况来操作牵引手柄和制动手柄,控制列车的加速、减速;同时,司机还根据需要通过按压 DMI 画面上的开关进行确认操作和警戒操作等。

ATP 车载设备用于 CTCS-2 和 CTCS-3 区间,实施制动。不过,在 CTCS-0 区间由 LKJ 设备代替 ATP 车载设备实施制动;由哪个制动来控制,是当列车通过区间转换位置的时候,ATP 车载设备自动进行转换。但发生异常的时候,也可以通过司机操作 DMI 的按键,进行手动转换。

下面以 CTCS-2 为例介绍 ATP 系统。

一、ATP 的主要技术条件

(1) CTCS 级别:满足 CTCS-2 级,预留 CTCS-3 级。
(2) 速度目标值:满足 250km/h,预留 300km/h 及以上扩展条件。
(3) 控制模式:目标-距离模式。
(4) 驾驶模式:司机制动优先和设备制动优先两种模式。
(5) 信息传输媒介:控车信息由轨道电路及应答器设备提供。
(6) 兼容性:针对不同速度等级线路,满足动车组跨线运行要求。
(7) 与 LKJ 装置接口:记录信息,切换控车。
(8) 机车信号功能:主体机车信号功能,通用式机车信号功能。

二、ATP 的功能

按照有关的规范和技术条件,对 ATP 的基本功能要求如下:
(1) 在不干扰机车乘务员正常驾驶的前提下有效地保证列车运行安全。
(2) 在任何情况下防止列车无行车许可运行。
(3) 防止列车超速运行,包括:防止列车超过进路允许速度;防止列车超过线路结构规定的速度;防止列车超过机车车辆构造速度;防止列车超过铁路有关运行设备的限速;防止机车超过规定速度进行调车作业;防止列车超过临时限速;防止列车超过规定速度引导进站。

车组的构造速度通过车载设备的配置文件获得;线路允许速度、临时限速和紧急限速通过无线电台从 RBC 获得。车载设备根据这些限速信息,生成相应的速度限制曲线。

(4) 防止列车溜逸。
(5) 应具有车尾限速保持功能。
(6) 规定范围内的车轮打滑和空转不得影响车载设备正常工作。
(7) 人机界面的基本功能是为机车乘务员提供的必需的显示、数据输入及操作,并能够以字符、数字及图形等方式显示列车运行速度、允许速度、目标速度和目标距离;能够实时给出列车超速、制动、允许缓解等表示以及设备故障状态的报警。
(8) 检测和记录功能,包括:具有开机自检和动态检查功能;具有关键数据和关键动作的记录功能及监测接口。

三、ATP 的控车模式

ATP 车载设备具备设备制动优先(机控优先)与司机制动优先(人控优先)两种模式。司机通过 ATP 车载设备内部设置选择其中一种模式,运行中不能变更。

机控优先的系统当要求列车减速时,根据实际情况,输出不同级别的制动,低于允许速度后自动缓解。当列车速度超过紧急制动曲线时,则实施紧急制动,使列车停车。制动完全由列车运行控制系统自动完成,不必司机人工介入,其最大优点是能够减少司机的劳动强度,提高列车运行服务质量;同时也可适当缩短列车运行间隔时间,但为满足旅客乘坐舒适性,制动系统的自动化程度及制动性能要求非常高。设备制动优先模式,如图 8-9 所示。

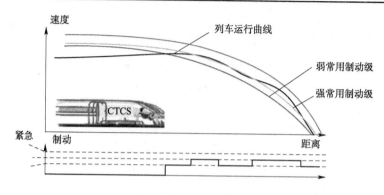

图 8-9　设备制动优先模式

人控优先的系统列车运行速度一般由司机控制,只有列车超过允许速度,设备才自动介入实施制动。司机制动优先的系统优点是便于发挥司机的责任感,充分发挥人的技术能力,减少设备对司机操纵的干扰。司机制动优先模式,见图 8-10、图 8-11 所示。

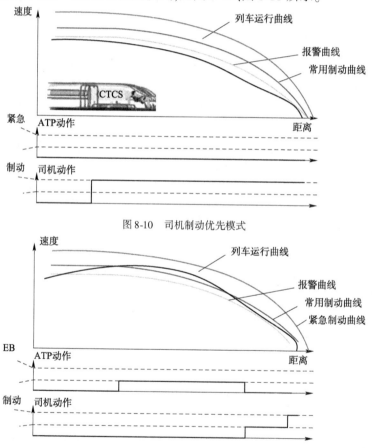

图 8-10　司机制动优先模式

图 8-11　司机制动优先模式下的 ATP 动作原理

另外,在机控优先模式下,根据控制状态有时会暂时地且自动变换为人控优先控制的情况。

关于"人控""机控"优先的控车模式:

(1)两者主要区别:设备制动优先由 ATP 车载设备控制列车自动减速和缓解(常用制动),但停车仍需司机对位。

(2)当列控系统车载设备采用设备制动优先工作模式时,在确保列车运行安全、满足旅客舒适度的前提下,对列车制动与缓解的控制均由设备自动完成。根据需要司机可追加或实施更加强烈的制动控制。

(3)当列控系统车载设备采用司机制动优先工作模式时,设备应在不干扰司机正常驾驶的前提下,实时监控列车安全运行。

(4)无论是哪种制动优先,紧急制动后只有停车后,才可缓解。

四、CTCS 级间转换

CTCS 级间转换原则上在区间自动转换,并给司机提供相应的声光警示,由司机按压确认按钮,解除警示。自动转换失效时,司机根据 ATP 车载设备或 LKJ 的相应警示信息,进行手动转换。

CTCS 级间转换分别设置具有预告、执行、检查功能的固定信息应答器。各应答器内同时提供前方一定距离内的线路数据,且各应答器位置信息提供给列车运行监控记录装置。

级间转换的预告点与执行点设置间距约为 240m。动车组越过预告点,ATP 车载设备进行语音及图形提示;越过执行点且自动实现级间转换后,机车乘务员应根据提示信息按压确认按钮。

级间转换应答器可与区间应答器合用。

在级间转换时,应保证控车权可靠平稳交接。控车权的交接以 ATP 车载设备为主。级间转换时若已触发制动,则应保持制动作用完成;停车或发出缓解指令后,由手动或自动转换。

1. 从 CTCS-2 到 CTCS-0

应从切换点开始,在离自己最近的前方敷设无源应答器,以便车载装置能从该应答器接收到转换点的信息包,见图 8-12。

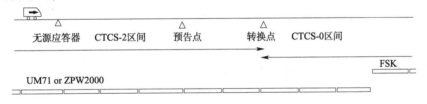

图 8-12 CTCS-2 到 CTCS-0 切换

在预告点,级间转换被触发,语音开始鸣响,车载设备做好级间转换准备;然后在转换点,由 ATP 切换到 LKJ。

在从 CTCS-2 进行 CTCS-0 的切换时,因为两者间的最高限制速度不同,所以在切换点有可能出现核对速度图形的不连续。为了防止这种现象,在 CTCS-2 区间,预先从应答器取得的静态速度限制的信息,并将核对速度图形圆滑下降到切换点。

2. 从 CTCS-0 到 CTCS-2

在从 CTCS-0 进行 CTCS-2 的切换(见图 8-13)时,ATP 在 CTCS-0 区间接收 UM71 或 ZPW-2000 的信息码,并生成切换点以后的核对速度图形,做好准备。

图 8-13 从 CTCS-0 到 CTCS-2 切换

CTCS 级切换后,为了使正常的核对速度图形有效,其前提必须是已经接收了 TSR 信息(CTCS-2 信息包)。

3. 从 CTCS-2 到 CTCS-3

列控车载设备将根据地面应答器的信息包和来自 RBC 的无线消息进行 CTCS-3 级和 CTCS-2 级之间的等级切换管理。需要进行级间切换的可能有:从 CTCS-2 级区域进入 CTCS-3 级区域(见图 8-14);从 CTCS-3 级区域进入 CTCS-2 级区域;在 CTCS-3 等级下发生无线或 RBC 故障;车载设备可以以 CTCS-2 级运行。

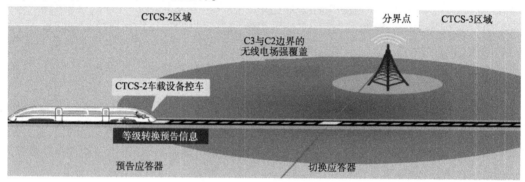

图 8-14 从 CTCS-2 到 CTCS-3 切换

列车经过等级转换预告应答器时,应答器接收到转换信息,需要先与 RBC 建立连接;通过分界处的切换应答器后,车载设备切换到 CTCS-3 级方式控车。

车载设备切换到 CTCS-3 级方式控车后,列车根据从 RBC 或应答器接收的轨旁数据实现 CTCS-3 控车,轨道电路编码将被忽略,应答器中关于 CTCS-2 信息将转送至 CTCS-2 系统以备转换后使用。

4. 从 CTCS-3 到 CTCS-2

车载设备从等级转换预告应答器接收转换信息,做好 CTCS-2 级控车准备;通过分界处的切换应答器后,车载设备切换到 CTCS-2 级方式控车(见图 8-15),并中断与 RBC 的连接。

级间切换过程中,当列车越过级间切换应答器后,ATP 触发并输出语音"级间切换"两遍;当列车越过切换应答器后,ATP 触发并输出声音 S4 提示司机进行确认。

车载设备切换到 CTCS-2 级方式控车后,列车将根据从轨道电路和应答器接收的轨旁数据实现 CTCS-2 控车。如果与 RBC 的通信对话开放,列车不会让 RBC 发出的指令影响速度监控。如果列车在应答器中发现 CTCS-3 的信息,列车将忽略该信息。如果预告转换至 CTCS-3,列车将存储 CTCS-3 的信息以备转换后使用。

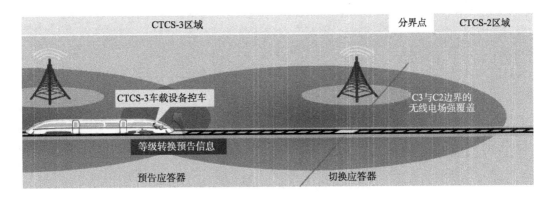

图 8-15 从 CTCS-3 到 CTCS-2 切换

因 BTM 的故障等某种因素无法取得切换信息时,需要司机进行某种操作。但是有时只是在停车中或者 ATP 未输出制动信号时,该操作才有效。

任务三 车载设备的工作模式

CTCS-3 级列控车载设备(含 CTCS-2 级功能)有 9 种主要工作模式。其中通用的模式有 7 种,即完全监控模式(FS)、调车模式(SH)、引导模式(CO)、目视行车模式(OS)、待机模式(SB)、隔离模式(IS)和休眠模式(SL)等;仅适用 CTCS-2 级的模式有 2 种,即部分监控模式(PS)和机车信号模式(CS)。在安萨尔多 ATP 第一阶段由 SR(人工行车)代替引导和目视模式,也没有休眠模式。各模式之间的转换,见表 8-1 和表 8-2。

表 8-1 CTCS-3 级控车时的模式转换表

完全监控模式(FS)	调车模式(SH)	引导模式(CO)	目视行车(OS)	待机模式(SB)	隔离模式(IS)	休眠模式(SL)	完全监控模式(FS)
完全监控模式(FS)	—	停车 & 调车键 &RBC 授权	RBC 授权 & 降低到允许速度 & 司机确认	停车 & 越行键	停车 & 关闭驾驶台	停车 & 隔离开关 → 隔离	—
调车模式(SH)	—	—	—	—	停车 & (退出调车键或关闭驾驶台)	停车 & 隔离开关 → 隔离	—
引导模式(CO)	接收到 FS 的行车许可	停车 & 调车键 &RBC 授权	—	停车 & 越行键	停车 & 关闭驾驶台	停车 & 隔离开关 → 隔离	—

续上表

	完全监控模式(FS)	调车模式(SH)	引导模式(CO)	目视行车(OS)	待机模式(SB)	隔离模式(IS)	休眠模式(SL)
目视行车(OS)	接收到FS的行车许可	停车&调车键&RBC授权	RBC授权&停车&司机确认	—	停车&关闭驾驶台	停车&隔离开关→隔离	—
待机模式(SB)	接收到FS的行车许可	停车&调车键&RBC授权	RBC授权&司机确认	停车&越行键	—	停车&隔离开关→隔离	他端车载设备激活为本务端&关闭驾驶台
隔离模式(IS)	—	—	—	—	停车&隔离开关→正常	—	—
休眠模式(SL)	—	—	—	—	车载设备激活作为本务端或所有驾驶台关闭	停车&隔离开关→隔离	—

一、完全监控模式(FS)

当车载设备具备列控所需的全部基本数据(包括列车数据、行车许可和线路数据等)时,列控车载设备生成目标距离连续速度控制模式曲线;并通过人机界面(DMI)显示列车运行速度、允许速度、目标速度和目标距离等信息,监控列车安全运行。

二、部分监控设备(PS)

部分监控设备模式仅用于CTCS-2级控车。在CTCS-2级,当车载设备接收到轨道电路允许行车信息,而缺少应答器提供的线路数据时,列控车载设备产生一定范围内的固定限制速度,监控列车运行。

三、调车模式(SH)

当进行调车作业时,司机按压调车按钮,列控车载设备按固定限制速度40km/h(顶棚)监控车列前进或折返运行。

当工作在CTCS-3级时,经RBC同意,列控车载设备转入调车模式(SH)后与RBC断开连接,退出调车模式(SH)后再重新与RBC连接。

四、引导模式(CO)

当开放引导信号或出站信号机开放且列车前端距离出站信号机较远(大于250m)发车时,列控车载设备生成目标距离连续速度控制模式曲线;并通过DMI显示列车运行速度、允许速度、目标速度和目标距离等,车载设备按固定限制速度40km/h监控列车运行,司机负责在列车运行时检查轨道占用情况。

表 8-2 CTCS-2级控车时的模式转换表

	完全监控模式(FS)	部分监控模式(PS)	调车模式(SH)	引导模式(CO)	目视行车(OS)	待机模式(SB)	隔离模式(IS)	休眠模式(SL)	机车信号模式(CS)
完全监控模式(FS)	—	缺少线路数据	停车&调车键	引导授权&降低到允许速度&司机确认	停车&越行键	停车&关闭驾驶台	隔离开关→隔离	—	等级转换信息或手动切换
部分监控模式(PS)	线路数据完整	—	停车&调车键	引导授权&降低到允许速度	停车&越行键	停车&关闭驾驶台	隔离开关→隔离	—	等级转换信息或手动切换
调车模式(SH)	—	—	—	—	—	停车&(退出调车键或关闭驾驶台)	隔离开关→隔离	—	—
引导模式(CO)	接收到FS的行车许可	轨道电路允许信息	停车&调车键	—	停车&越行键	停车&关闭驾驶台	隔离开关→隔离	—	等级转换信息或手动切换
目视行车(OS)	接收到FS的行车许可	轨道电路允许信息	停车&调车键	—	—	停车&关闭驾驶台	隔离开关→隔离	—	等级转换信息或手动切换
待机模式(SB)	—	启动键	停车&调车键	引导授权&司机确认	停车&越行键	—	隔离开关→隔离	他端激活&备端车载设备为本端关闭驾驶台	等级转换信息或手动切换
隔离模式(IS)	—	—	—	—	—	隔离开关正常	—	—	—
休眠模式(SL)	—	—	—	—	—	车载设备激活为本端&所有驾驶台关闭	隔离开关→隔离	—	—
机车信号模式(CS)	等级转换信息&完全监控授权	等级转换信息&轨道电路允许信息	—	等级转换信息&引导授权&降低到允许速度&司机确认	等级转换信息&停车&目视键	停车&关闭驾驶台	隔离开关→隔离	—	—

五、目视行车模式(OS)

当地面设备故障、列控车载设备显示禁止信号且列车停车后需继续运行时,根据行车管理办法,经司机操作,列控车载设备按固定限制速度40km/h监控列车运行,列车每运行一定距离(200m)或一定时间(50s)司机需确认一次。

六、待机模式(SB)

当列控车载设备上电时,需在停车情况下,执行自检和外部设备测试正确后自动处于待机模式,车载设备禁止列车移动。

当司机开启驾驶台后,列控车载设备中的DMI投入正常工作。

七、隔离模式(IS)

当列控车载设备停用时,需在停车情况下,经操作隔离列控车载设备的制动功能。在该模式下,车载设备不具备安全监控功能。列控车载设备应能够监测隔离开关状态。

八、休眠模式(SL)

休眠模式用于非本务端列控车载设备。在该模式下,列控车载设备执行列车定位、测速测距、记录等级转换及RBC等级切换信息等功能。

非本务端升为本务端后,车载设备可自动进入正常工作状态。

九、机车信号模式(CS)

机车信号模式仅用于CTCS-2级控车。当列车运行到地面设备装置为装备CTCS-3/CTCS-2级控制系统的区段时,根据行车管理办法(含调度命令),经司机操作后,列控车载设备按固定限制速度80km/h监控列车运行,并显示接车信号。

当列车越过禁止信号时触发紧急制动。

任务四 人机界面DMI

一、界面显示

(一)主界面显示区域

DMI显示屏的显示分辨率设为640×480,在此分辨率下,DMI的主界面分为如图8-16所示的6个区域。

其中各个区域的大小分别为(横坐标像素×纵坐标像素):

A区(警示信息) = 54×300;
B区(速度信息) = 280×300;
C区(设备状态) = 280×54;
D区(距离信息) = 244×300;

E 区(报警信息) = 578×180(除去 C 区部分);
F 区(功能键区) = 62×480。

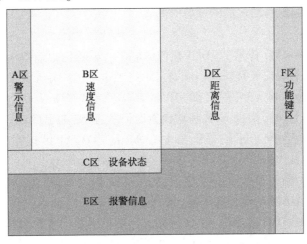

图 8-16 DMI 主界面

(二)主界面功能细分

在每一个主显示区中又细分为不同的内容显示区域,具体划分如图 8-17 所示(其中红色区域为保留区域):

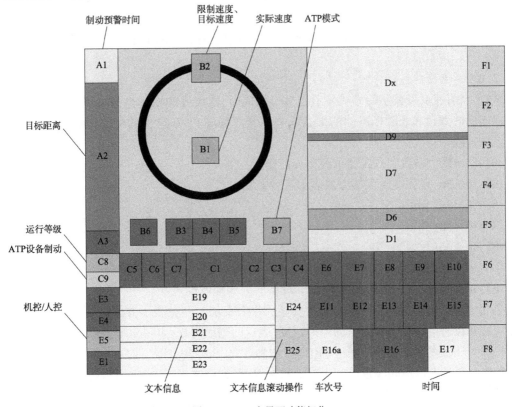

图 8-17 DMI 主界面功能细分

1. A 区(警示信息)

A 区显示的信息内容包括:

A1 区:ATP 设备触发制动之前的预警时间;

A2 区:目标距离;

A1 区的大小为 54×54(像素)。DMI 在该区域中心以灰色矩形图标的方式表示制动预警时间。该图标应根据制动预警时间的不同而显示出大小不同的矩形图标。图标大小共分为 5 个等级,分别是最大图标 54×54(像素)的 10%、25%、50%、75%、100%。

当列车处于 CSM 区时,如果 ATP 制动预警时间大于 8s 时,DMI 在 A1 区不显示任何图标;如果 ATP 制动预警时间小于或等于 8s 时,DMI 应当在 A1 区按相应比例显示制动预警图标。

图 8-18 A2 区显示示意图

当列车处于 TSM 区时,如果 ATP 制动预警时间大于 8s,DMI 在 A1 区显示最小的制动预警图标(最大图标的 10%);如果制动预警时间小于或等于 8s 时,DMI 应当在 A1 区按相应比例显示制动预警图标。

A2 区的大小为 54×222(像素)。该区域使用两种表示方法同时表示目标距离:柱状光带表示法以及数字表示法。柱状光带位于该区域的下部,光带正上方为数字表示区。柱状光带的左侧为坐标系,该坐标系采用对数坐标,最大的显示范围是 1000m。当目标距离大于 1000m 时,柱状光带的高度保持不变,只用数字标出实际目标距离;数字表示法可表示的最远距离为 8000m。A2 区的显示,如图 8-18 所示。

A2 区仅当列车处于 TSM 区时才有相应的显示,在 CSM 区时并不显示。

A3 = 54×24(保留)

2. B 区(速度信息)

列车当前速度以数字的方式显示在 B1 区;同时,速度表的指针也指示了列车的当前速度(并以不同的颜色和表圈以不同的形状来表示紧急程度)。B 区中的细分区域的大小(像素)及显示内容如下:

B1:50×50,以数字方式显示列车当前速度;

B2:36×36,以速度表盘的方式表示各种速度;

B3:36×36(保留);

B4:36×36(保留);

B5:36×36(保留);

B6:36×36(保留);

B7:36×36,以文字图标的方式 ATP 设备所处的控制模式。

如上所述,列车实际运行速度采用双显示备份表示。一种表示方式是采用速度表的表示方法,速度表的指针指向刻度盘的当前速度,表盘的刻度为 0~400km/h;另一种表示方式是数字表示的方法,在速度表的中间区(B1 区)以数字的形式表示出当前速度值。根据不同的情况,在速度表盘上以不同颜色的光带显示目标速度、允许速度、SBI(常用制动模式)速度和 EBI(紧急制动模式)速度。其具体表示方式,如图 8-19 和图 8-20 所示。

(1)在列车未超速情况下,显示器以不同颜色的光带在速度表的表圈上显示目标速度和允许速度。在允许速度处,光带的宽度是正常光带宽度的两倍,形成"钩"状光带。

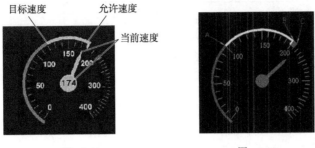

图 8-19　　　　　　　　图 8-20

(2)在 CSM 区,列车未超速情况下,目标速度以深灰色(Dark Grey)显示;允许速度以灰色(Grey)显示。

(3)在 TSM 区,列车未超速情况下,允许速度以黄色(Yellow)显示。

(4)列车速度超过允许速度但未超过 SBI 情况下,开始以光带方式显示 SBI 速度,从允许速度到 SBI 之间光带的宽度为正常光带宽度的两倍,显示颜色为橙色(Orange)。同时速度表指针指向列车当前速度。

(5)列车速度超过 SBI 速度但未超过 EBI 速度的情况下,以光带方式显示 EBI 速度,从允许速度到 EBI 之间光带的宽度为正常光带宽度的两倍,显示颜色为红色(Red)。同时速度表指针指向列车当前速度。

(6)列车速度超过 EBI 速度后,以光带方式显示 EBI 速度,从允许速度到 EBI 之间光带的宽度为正常光带宽度的两倍,显示颜色为红色(Red)。超出 EBI 速度的部分不显示光带,同时速度表指针指向列车当前速度。

各种情况下速度表的显示方式,如表 8-3 所示。

各种情况下速度表的显示方式　　　　表 8-3

序号	运 行 情 况	速度表的显示	说　　明
1	V, CSM TSM, EBI SBI W P, S	速度表显示 190	①CSM 区; ②A:目标速度 Objs; ③B:允许速度 P; ④C:SBI 或 EBI,当前情况下不显示
2	V, CSM TSM, EBI SBI W P, S	速度表显示 190	同上

181

续上表

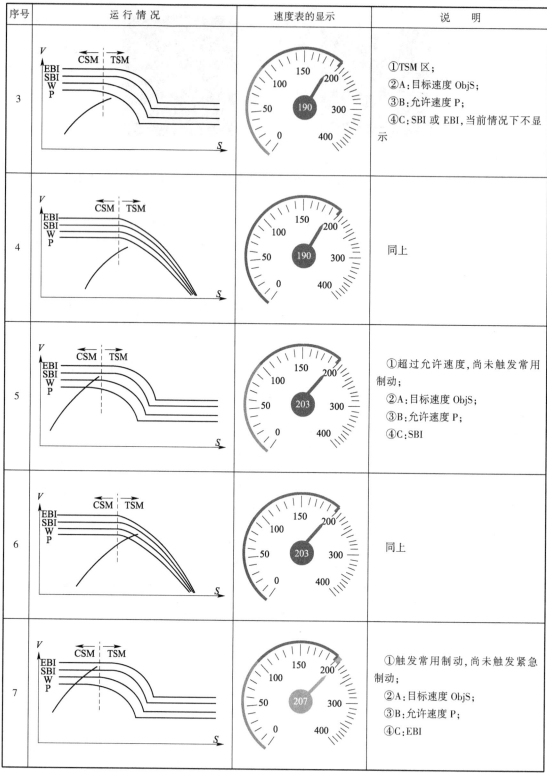

续上表

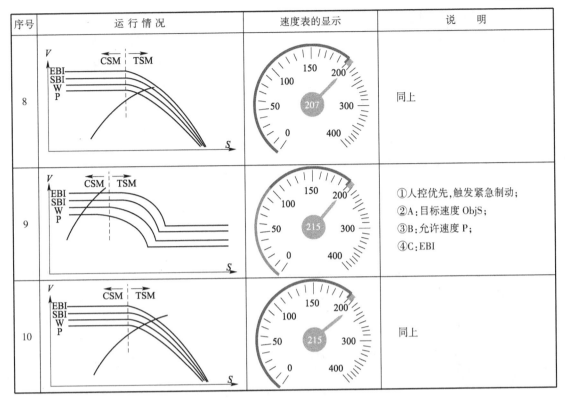

3. C 区(设备状态)

C1～C7 区保留。

C8 区:该区域以文字的方式显示 ATP 设备所处的 CTCS 等级。CTCS 等级与显示文字对应的关系,如表 8-4 所示。

CTCS 等级与显示文字对应关系　　　表 8-4

序号	文本	等级	序号	文本	等级
1	CTCS-0	CTCS-0 级	3	CTCS-2	CTCS-2 级
2	CTCS-1	CTCS-1 级			

C9 区:以图标的方式显示制动状态。DMI 根据 ATP 设备的制动状态显示图标。如果 ATP 处于非制动非允许缓解状态,则该区域不显示任何图标。制动图标与制动等级对应关系,如表 8-5 所示。

制动图标与制动等级对应关系表　　　表 8-5

序号	图标	含义
1	▢	紧急制动
2	▢	常用制动(1、4、7 级)
3	▢	允许缓解

183

4. D 区(距离信息)

在 CTCS-2 级时,D1 区用于显示距离坐标。坐标系的原点位于 D1 区的左下角,它始终以列车当前所在位置为参考原点,即列车始终位于坐标系的原点。该坐标系的横坐标为距离(单位:m),采用对数坐标,最远显示前方 8000m 内的相关信息。坐标系的纵坐标为速度(单位:km/h),它表示线路的最大允许运行速度。

D6 区以白色短实线标识出 MRSP 的变化点,所谓的 MRSP 的变化点是指相邻的两个不同的 MRSP 的位置坐标的交接点。

D7 区显示列车前方 8000m 范围内的 MRSP,为清楚起见,以数字的方式显示速度坐标。

D9 区以黄色实线表示列车前方的第一个起模点(CSM 区与 TSM 区的交接点)。同时,将起模点的指示线向下延长到坐标显示区,以便司机可以清楚地了解到起模点的具体坐标位置。同时,为了给司机做出明显的提示,从起模点到下一个 MRSP 以斜线相连接,表示一个降速过程,便于司机驾驶。

D 区的显示示意,如图 8-21 所示。

当列车运行于 CTCS-0/1 级时,D 区用于显示机车信号。机车信号的显示标准符合 TB/T3060 的相应规定。机车信号显示方式,如图 8-22 所示。

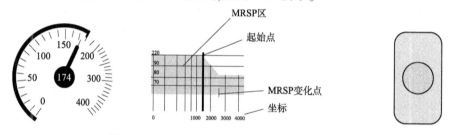

图 8-21　D 区显示示意图　　　　　　图 8-22　机车信号

其中机车信号的圆心的坐标为(456,221);半径为 32 像素。机车信号定义与显示图标的对应关系,如表 8-6 所示。

机车信号与显示对应关系表　　表 8-6

序号	机车信号	规定显示	备注	序号	机车信号	规定显示	备注
1	L5	●		5	L	●	
2	L4	●		6	LU	●	
3	L3	●		7	LU2	●	
4	L2	●		8	U	●	

续上表

序号	机车信号	规定显示	备注	序号	机车信号	规定显示	备注
9	U2	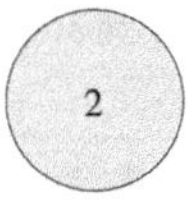 ②		14	HB	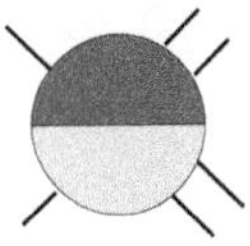	以1Hz的频率闪动
10	U2S	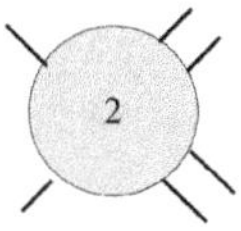 ②	以1Hz的频率闪动	15	HU		
11	U3	○		16	H	●	
12	UU	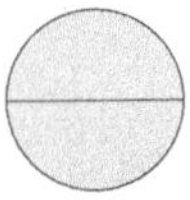		17	25.7Hz	●	
13	UUS	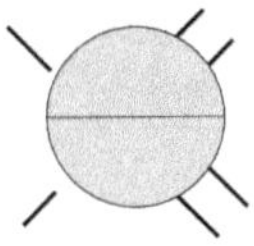	以1Hz的频率闪动	18	27.9Hz	●	

5. E区(报警信息)

E区用来显示机控/人控优先、文本信息、车次号、时间等信息。

车载ATP设备在运行过程中存在机控/人控优先不同控制状态。这两种优先状态可以通过ATP机柜内部的跳线来实现初始化设置,也可以由车载ATP设备在运行过程中根据具体情况进行实时的切换。

E5区以图标方式表示机控优先和人控优先。在机控优先情况下,显示图标"机控";当车载ATP设备提示司机介入时,E5区的图标更换为"人控"。人控/机控优先图标,如图8-23所示。

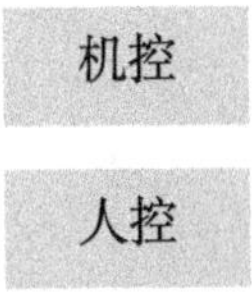

E19、E20、E21、E22、E23区用于显示各种文本信息。文本信息采用滚动方式显示,最后收到的信息总是以高亮的方式显示于E19区,之前的信息依次下移。司机可以通过可扩展功能键中的上、下翻页键查询之前的所有信息。

图8-23 人控/机控表示图标

E16a区显示当前的列车车次号。

E17区显示当前时间。

6. F区(可扩展功能键信息)

可扩展功能键信息用于指示当前状况下功能键F1~F8的具体含义。每个功能键显示区域的大小为:62×60(像素),共8个功能键显示区。

功能键层次定义拓展图,如图8-24所示;功能键的具体定义,在以后章节中描述。

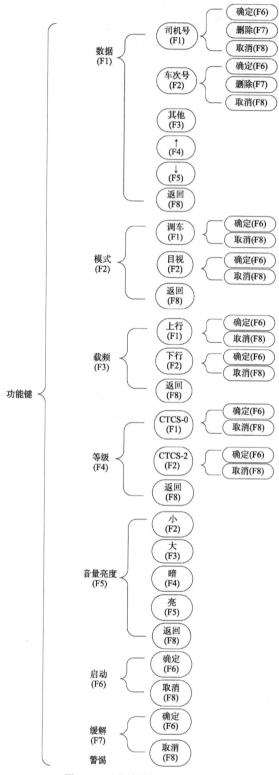

图 8-24 功能键层次定义拓展图

(三)显示界面的布置

显示界面总体上分为3个显示层:基本显示层、数据输入层和信息查询显示层。基本显示层主要用于列车运行过程中向乘务员提供列车、车载设备的状态信息和控制命令,以及来自地面设备的信息;数据输入层向乘务员提供了有关列车数据的输入界面;信息查询显示层根据乘务员的要求,用来向乘务员提供查询信息。

1. 基本显示层

基本显示层总体上分为7个显示区域,分别是制动警示信息显示区、距离信息显示区、速度信息显示区、设备状态显示区、报警信息显示区、距离信息显示区和功能键区。基本显示层,如图8-25所示。

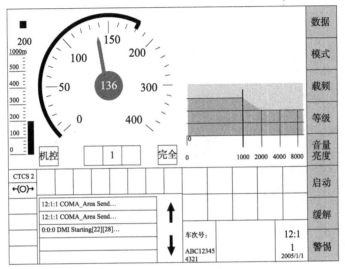

图8-25 基本显示层

2. 数据输入层

当用户输入数据时,D区变为数据输入区,其他区域保持不变。

3. 信息查询显示层

信息查询显示层将根据具体需要提供的查询数据进行定义。

(四)显示内容

车载设备显示界面主要显示速度距离信息、地面状态、车载设备情况和日期时间等内容。

1. 速度距离信息(见表8-7)

速度距离信息　　　　　　　　　　　　　表8-7

数据名称	数据类型	值　域	更新频率	来　源
当前速度	浮点	0~400	100ms	ATP
限制速度	浮点	0~400	100ms	ATP
缓解速度	浮点	0~400	100ms	ATP
目标速度	浮点	0~400	100ms	ATP
目标距离	浮点	0~8000	100ms	ATP

2. 地面状态(见表 8-8)

地面状态 表 8-8

数据名称	数据类型	值域	更新频率	来源
轨道电路制式	枚举	移频、ZPW2000	100ms	ATP
轨道电路信息	枚举	参见《3060》	100ms	ATP
运行等级	枚举	CTCS-2、CTCS-1、CTCS-0	100ms	ATP
固定限速	整数	0～300	随机	ATP(应答器)
临时限速	整数	0～300	随机	ATP(应答器)
特殊限速	整数	0～300	随机	ATP(应答器)

3. 车载设备情况(见表 8-9)

车载设备情况 表 8-9

数据名称	数据类型	值域	更新频率	来源
控车模式	枚举	完全监控、部分监控、调车、目视行车、隔离等	100ms	ATP
机车信号色灯	枚举	绿、黄双黄、红黄、绿黄、黄2、红、白、灭灯	100ms	ATP
运行状态	枚举	EB、SB1、SB2、SB3、RELEASE	100ms	ATP

4. 其他信息(见表 8-10)

其他信息 表 8-10

数据名称	数据类型	值域	更新频率	来源
日期			100ms	ATP
时间			100ms	ATP
车次号	字符		100ms	ATP/DMI
司机号	字符		100ms	ATP/DMI

(五)司机命令

DMI 接收和处理的司机的输入命令包括以下内容(见表 8-11)。

DMI 接收和处理的司机的输入命令 表 8-11

命令名称		备注 1	备注 2
上下行选择		用于载频锁定	以按键方式
运行等级		用于选择 CTCS-0/1/2 级	以按键方式
模式切换		用于模式切换	以按键方式
数据输入		切换到数据输入界面	以按键方式
数据查询			以按键方式
司机响应		用于提示司机保持"警惕"	以按键方式
制动缓解		设备提示允许缓解后,人工缓解制动	以按键方式
启动		启动 ATP 设备转入正常工作状态	以按键方式

(六) 输入数据

DMI 输入的数据,主要包括表 8-12 描述的信息。

DMI 输入的数据　　　　　　　　　　表 8-12

数 据 名 称	数 据 类 型	值　域	备 注 1	备 注 2
司机号	字符串	待定		
车次号	字符串	待定		

车次号编码方式:按原铁道部相关标准编码。

司机号编码方式:16 位 2 进制数据。其中:0 = 未知;1 ~ 65534 为司机号;65535 = 未知。

(七) 查询数据

DMI 设备允许乘务员查询列车的有关状态数据。DMI 可以向司机提供如表 8-13 所示数据。

DMI 可以向司机提供的数据　　　　　　　　　　表 8-13

数 据 名 称	数 据 类 型	值　域	备 注 1	备 注 2
司机号	字符串	待定		
车次号	字符串	待定		

二、按键

(一) 功能及用法

1. 调车键

当 ATP 设备处于非调车模式时,司机按下"调车"键,如果满足转换条件,ATP 设备就进入调车模式,产生限制速度为 45km/h 的速度模式;列车一旦超过该限制速度,ATP 设备就将触发制动。进入调车模式后无论地面上有无信号,设备都按调车模式控车。当 ATP 设备处于调车模式时,司机按下"调车"键,如果满足转换条件,ATP 设备就将退出调车模式而进入待机模式。

2. 目视键

如果 ATP 车载装置接收到了禁止信号(HU 码或无信号)状态,司机在列车停车后,根据运行管理方法,按下"目视"功能键后,ATP 就进入目视行车模式,产生限制速度为 20km/h 的速度模式;列车速度一旦超过该限制速度,ATP 就自动触发制动。ATP 设备接收到 HU 以外的信号码时,自动解除本运行状态。

在车载设备处于目视行车模式下,司机应当每隔一定时间长度(如 60s)按压该键,以表明司机了解当前车载设备处于目视行车模式下。

3. 允许缓解键

在人控优先的状态下,如果列车触发了常用制动,当列车运行速度低于允许缓解速度后,ATP 设备将允许司机缓解制动。当 DMI 上给出允许缓解的提示后,司机按下"允许缓解"键,ATP 设备将结束制动。

在机控或人控优先的状态下,如果列车触发了紧急制动,当列车停车后,ATP 设备将允许司机缓解制动。当 DMI 上给出允许缓解的提示后,司机按下"允许缓解"键,ATP 设备将结束制动。

4. 载频键

载频键用于选择列车上下行。

5. 等级键

等级键允许司机切换列车运行的 CTCS 等级。

6. 数字键

数字按键包括 0~9 共 10 个数字,用于输入数字。

7. 字母键

字母键用于切换数字键输入数字或字母。

8. 删除键

在输入时,删除键用于清除输入内容。

9. 启动键

启动键用于开车时从待机状态转入正常运行状态。

10. 取消键

取消键用于输入过程中退出参数或操作命令输入状态,放弃已输入数据或已选择的操作命令。

11. 确定键

确定键用于对输入及提示进行确认。

12. 返回键

返回键用于返回上级界面。

13. 警惕键

如果车载 ATP 设备处于目视行车模式下,司机须每隔一定时间或距离(如 60s 或者 200m)按压【警惕】键,以表明司机了解当前车载设备处于目视行车模式下,否则车载 ATP 设备就将输出紧急制动使列车停车。另外,车载 ATP 设备在进行级间转换后,会输出报警提示,司机需要按压该键,来停止报警提示的输出。

14. 数据键

按压数据键后,可以使 DMI 进入基础数据输入界面,在此界面下,可以修改司机号、车次号等非安全型数据。

15. 查询键

查询键用于查询各种参数值,比如司机号或车次等。

16. 模式键

模式键允许司机手动选择 ATP 的控制模式;可选择模式包括:目视行车模式、调车模式。

17. 音量亮度键

音量亮度键用于选择调节 DMI 屏幕亮度、语音音量大小。

18. 下、上键

下、上键用于查询 E 区所显示的文本信息。

19. 可扩展功能键

DMI 有 F1～F8 共 8 个可扩展功能键。这些可扩展功能键真正的键名显示在 DMI 上功能键显示区,软件根据设备运行情况临时定义。

(二) 按键布置

本方案需要 19 个按键,2 块键盘。右侧键盘为 8 个可扩展的功能键,每个键的含义由软件根据情况临时定义。

屏幕正下方的键盘为固定功能键,每个键可有两个定义,正常情况下为红色功能键。输入或菜单项选择状态下为黑色功能键。按键的布置,如图 8-26 所示。

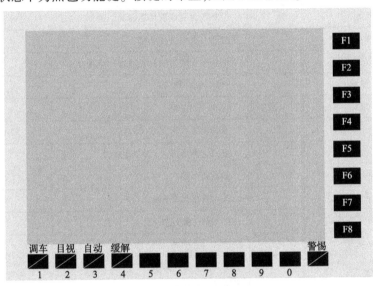

图 8-26　DMI 按键的布置

三、文本信息

在 DMI 中,E19～E23 用于显示文本信息。文本信息内容,如表 8-14 所示。

DMI 文本信息　　　　　　　　　　表 8-14

序号	内　容	触　发　时　机	备　注
1	显示器故障	判断有按键粘连之后	
2	系统自检请等待	起机后等待与 ATP 通信时	
3	安全计算机双系故障	ATP 告知 2 系 VC 故障时	
4	STM 双系故障	ATP 告知 2 系 STM 故障时	
5	BTM 故障	ATP 告知 2 系 BTM 故障时	
6	其他故障	ATP 上报故障未知时	
7	双系通信故障	与 ATP 中 2 系 VC 均通信故障时	

续上表

序号	内　　容	触 发 时 机	备　　注
8	与安全计算机1系通信故障	与ATP中VC1系通信故障	
9	与安全计算机2系通信故障	与ATP中VC2系通信故障	
10	线路数据缺失	收到ATP告知应答器数据不足时	
11	允许缓解	允许缓解制动时	
12	常用制动输出反馈不良	当ATP检测到常用制动指令输出的反馈不正确时	
13	安全计算机1系故障	ATP告知VC1系故障	
14	安全计算机2系故障	ATP告知VC2系故障	
15	禁止调车	接收到应答器中"调车危险"信息时	
16	测速系统异常	ATP检测到速度传感器断线时	
17	测试结果正常	ATP上电时自测结果正常	
18	应答器数据异常	ATP接收到的应答器信息出现异常	
19	STM1系故障	STM1系故障时	
20	STM2系故障	STM2系故障时	
21	进入CTCS-0级	级间切换后进入CTCS-0级时	
22	进入CTCS-2级	级间切换后进入CTCS-2级时	
23	进入调车模式	进入调车模式	
24	进入目视行车模式	进入目视行车模式	
25	进入部分监控模式	进入部分监控模式	
26	进入引导模式	进入引导模式	
27	进入完全监控模式	进入完全监控模式	
28	进入待机模式	进入待机模式	
29	进入机车信号模式	当进入LKJ模式时	
30	CTCS-0级间转换预告	收到CTCS-0级间转换预告	
31	CTCS-2级间转换预告	收到CTCS-2级间转换预告	

四、语音及声音定义

（一）语音

DMI所输出的语音的种类，如表8-15所示。

DMI语音输出种类　　　　　表8-15

序号	语音内容	备　注	序号	语音内容	备　注
1	允许缓解	A0	4	减速	A3
2	级间切换	A1	5	目视行车	A4
3	前方限速	A2			

每种语音的输出逻辑,如图 8-27 所示。

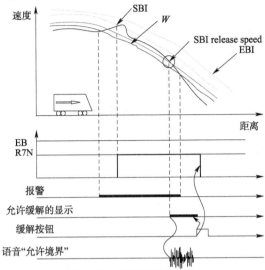

图 8-27　允许缓解输出逻辑

1. 允许缓解 A0

当列车运行速度超过最大常用制动限速曲线 SBI 时,ATP 设备将触发最大常用制动。当列车运行速度降低到允许缓解速度以下时,ATP 设备将输出一遍语音"允许缓解"。

如果列车运行速度超过紧急制动限速曲线 EBI 时,ATP 设备将触发紧急制动;当列车停车后,ATP 设备将输出一遍语音"允许缓解"。

2. 级间切换 A1

当列车越过级间切换预告应答器后,ATP 触发并输出语音"级间切换"两遍;当列车越过切换应答器后,ATP 触发并输出声音 S4 提示司机进行确认。级间切换语音输出逻辑,如图 8-28 所示。

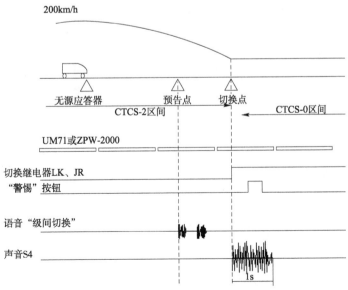

图 8-28　级间切换语音输出逻辑

3. 前方限速 A2

列车运行在 CSM 区时,当距离 TSM 区 500m 时,ATP 设备将发输出一遍语音"前方限速"。其具体输出逻辑,如图 8-29 所示。

4. 减速 A3

当列车位于 TSM 区时,如果列车运行速度超过了报警速度 W,ATP 设备将触发输出两遍语音"减速"。减速输出逻辑,如图 8-30 所示。

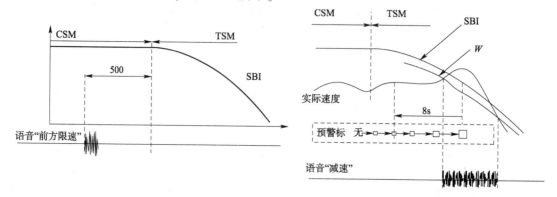

图 8-29　前方限速输出逻辑(尺寸单位:m)　　　　图 8-30　减速输出逻辑

5. 目视行车 A4

司机按下目视行车键后,当列车运行 150m 或 50s 时,ATP 设备输出语音"目视行车",该语音将持续到司机按下警惕键或列车触发制动(200m 或 60s)。当司机再次按下警惕键后,重复上述过程。目视行车输出逻辑,如图 8-31 所示。

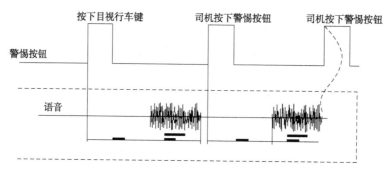

图 8-31　目视行车输出逻辑

(二)声音

DMI 可通过不同音调的声音来给司机提供信息。具体的声音信息,如表 8-16 所示。

声 音 信 息　　　　　　　　　　　表 8-16

序 号	声音名称	使用场合	备 注
1	S0	目标速度点变化 S5	
		故障发生提示音 S6	
		新的文字信息提示 S7	

续上表

序 号	声音名称	使用场合	备 注
2	S2	制动预警时的声音	
3	S3	设备制动结束	
4	S4	需要司机应答	当需要司机进行应答时
5	S8	按键音	当显示器的按键准备按下时
6	S9	司机介入提示音	当提示司机应当介入时

1. S2

当列车运行速度超过报警速度 W 后，ATP 设备将输出声音 S2，并一直持续输出至列车运行速度低于报警速度 2s 后。声音 S2 输出逻辑，如图 8-32 所示。

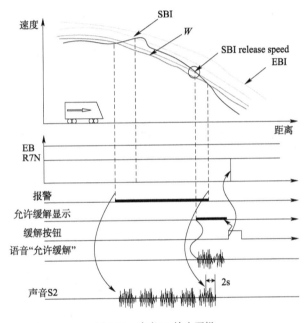

图 8-32 声音 S2 输出逻辑

2. S3

当来自 ATP 的制动指令取消时，启动一次该声音的输出。

3. S4

当 ATP 处于引导模式时，司机应当在 200m 或 60s 内按下警惕按钮，否则，ATP 设备将触发制动。为此，需要在 200m 或 60s 之内提示司机按压警惕按钮。

在这种情况下，当列车运行 150m 或 50s 时，ATP 设备输出声音 S4 提示司机进行相应操作。其具体逻辑，如图 8-33 所示。

在进行级间切换时，也有必要在转换完成后，触发 S4 提示司机操作警惕按钮来进行回应。其具体逻辑，如前面章节所述。

4. S5

当列车运行前方最近处的目标速度点发生变化时，触发输出一遍该声音。

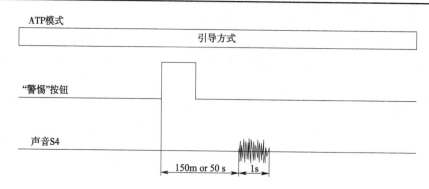

图 8-33 引导模式声音提示逻辑图

5. S6

当有新的文本信息(文本信息的详细内容定义参见本节)到来时,触发一遍该声音。

6. S7

当 DMI 检测到故障或者来自 ATP 主机的故障信息到来时,触发一遍该声音。

7. S8

当 DMI 面板上的按键被按下时,触发一遍该声音。

8. S9

在机控优先情况下,当列车进入侧线停车,ATP 允许司机介入时,启动该声音,该声音将一直持续到列车停车。其具体逻辑,如图 8-34 所示。

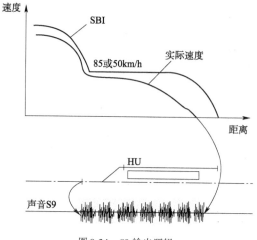

图 8-34 S9 输出逻辑

(三)语音声音输出优先级

由于 DMI 只有一个语音通道,为避免同时输出两种或两种以上的声音或语音,特建议以下的优先级定义:

语音的优先级大于声音的优先级,两者不同时出现。

五、故障安全处理

车载 ATP 装置发生故障时,由 ATP 向 DMI 发送故障信息,对 DMI 发送文本信息。对 DMI

发送故障文本信息,如表8-17所示。

DMI 发送故障文本信息 表8-17

文本信息编号	内　　容	输　出　时　机	备　注
TEXT12	VC1 故障,或者 VC2 故障	VC1 故障,或者 VC2 故障的时候	
TEXT14	STM1 故障,或者 STM2 故障	STM1 故障,或者 STM2 故障的时候	
TEXT16	BTM 故障	BTM 发生故障时	

有关故障信息详情参照 DMI 功能规格书中的文本显示信息。

DMI 作为 ATP 设备与司机交互的界面,很多控制信息都是通过 DMI 告知司机。由于 DMI 只有一套显示设备,对于来自 ATP 两系的信息,尤其是故障信息的处理方式是不同的,具体的故障处理方式如下:

(一) 按键失效的处理

当 DMI 通过检验判断出按键粘连或失效后,为了尽量减少对设备正常工作带来干扰,只显示故障提示文本"显示器故障"。

(二) 通信故障的处理

1. 一路通信中断

当 DMI 判断出与 ATP 主机 VC 的某一系通信故障后,如果发生故障的是主系,则应当在文本显示区显示"与安全计算机#系通信故障"(#代表系别,由 DMI 根据通信地址判断)并切换至备用系,保持正常显示。

如果发生故障的是备用系,则只在文本显示区显示相应的故障提示。

2. 两路通信故障

如果 DMI 在通信过程中判断出与 ATP 的两路通信完全中断,为防止对司机产生误导,则应当黑屏并在屏幕中央显示"双系通信故障"。

如果在后续的过程中与 ATP 恢复通信则切换到正常的显示界面。

(三) ATP 上报故障时的处理

1. VC 故障

如果在通信的过程中,DMI 接收到"VC 故障"的信息后,根据通信地址判断出是某一系 VC 故障后,应当在文本显示区显示相应的提示文本:"安全计算机#系故障"(#代表系别,由 DMI 根据通信地址判断)。

如果上报故障的是主系,则 DMI 除了显示相应的文本信息外,还应当切换到备用系。

如果上报故障的只是备用系,则 DMI 只在文本区给出相应的提示。

如果两路 VC 均上报故障,则 DMI 应当黑屏,并在屏幕中央显示文本"安全计算机双系故障"。

2. STM 故障

如果在通信的过程中,DMI 接收到"STM 故障"的信息后,根据通信地址判断出是某一系 STM 故障后,应当在文本显示区显示相应的提示文本:"STM#系故障"(#代表系别,由 DMI 根据通信地址判断)。

如果上报故障的是主系,则 DMI 除了显示相应的文本外,还应当切换到备用系。

如果上报故障的只是备用系,则 DMI 只在文本提示区给出相应的提示。

如果两路 VC 均上报 STM 故障,则 DMI 应当黑屏,并在屏幕中央显示文本"STM 双系故障"。

3. BTM 故障

如果在通信的过程中,DMI 接收到"BTM 故障"的信息后,如果上报故障的是主系,则应当切换到备用系。

如果两路 VC 均上报 BTM 故障,则 DMI 应当黑屏,并在屏幕中央显示文本"BTM 故障"。

4. 其他故障

由于对于 ATP 上报的其他故障 DMI 并不能判断是否影响 ATP 的正常操作,只能够给司机相应的提示,因此在获得故障代码后只在文本显示区显示相应的故障提示。

5. 交叉故障时的处理

所谓的交叉故障是指 ATP 两系的故障源不一致。在此情况下的处理原则如下:

(1)如果两系故障均不会导致切系,则进行相应的故障提示。

(2)如果一系的故障导致切系,另一系的故障不会导致切系,则 DMI 将切换到不会导致切系的一系,并进行相应的提示。

(3)如果两系故障均导致切系,则 DMI 将黑屏,并在屏幕中央显示文本"ATP 设备故障"。

复习思考题

1. CTCS-2 列控车载设备由哪些部分组成?
2. CTCS-3 列控车载设备由哪些部分组成?哪些采用冗余配置?
3. 车载设备能够记录存储的列车参数有哪些?
4. 在 CTCS-3 级设备控车时,CTCS-2 设备处于什么状态?两者如何转换?
5. 什么是列车超速防护 ATP?
6. ATP 的功能有哪些?
7. ATP 的控车模式有哪几种?有何特点?
8. CTCS-3 和 CTCS-2 之间有哪几种切换情况?如何切换?
9. 列控车载设备主要工作模式有哪几种?
10. 什么是完全监控模式?什么是部分监控模式?
11. DMI 显示屏划分为哪几个区域?各有什么作用?
12. DMI 界面中调车键有什么作用?允许缓解键有什么作用?
13. DMI 语音声音输出有何特点?

附录一 ZPW-2000A 轨道电路室内设备调整表

1. 发送器调整表

(1) 载频调整

载频	型号	底座连接端子	载频	型号	底座连接端子
1700	1	+24-2,1700,-1	2300	1	+24-2,2300,-1
1700	2	+24-2,1700,-2	2300	2	+24-2,2300,-2
2000	1	+24-2,2000,-1	2600	1	+24-2,2600,-1
2000	2	+24-2,2000,-2	2600	2	+24-2,2600,-2

(2) 电平级调整

电平级	连接端子	电压(S1、S2)V	电平级	连接端子	电压(S1、S2)V
1	1-11 9-12	161~170	6	1-11 4-12	60~67
2	2-11 9-12	146~154	7	3-11 5-12	54~60
3	3-11 9-12	126~137	8	2-11 4-12	44~48
4	4-11 9-12	103~112	9	1-11 3-12	37~41
5	5-11 9-12	73~80	10	4-11 5-12	

2. 接收器电平级接线调整表

(1) 载频调整

主备机	载频	型号	小轨道1、2型	底座连接端子
主	1700	1	1	(+24),1700(Z),1(Z),X1(Z)
主	1700	2	1	(+24),1700(Z),2(Z),X1(Z)
主	1700	1	2	(+24),1700(Z),1(Z),X2(Z)
主	1700	2	2	(+24),1700(Z),2(Z),X2(Z)
主	2000	1	1	(+24),2000(Z),1(Z),X1(Z)
主	2000	2	1	(+24),2000(Z),2(Z),X1(Z)
主	2000	1	2	(+24),2000(Z),1(Z),X2(Z)
主	2000	2	2	(+24),2000(Z),2(Z),X2(Z)
主	2300	1	1	(+24),2300(Z),1(Z),X1(Z)
主	2300	2	1	(+24),2300(Z),2(Z),X1(Z)
主	2300	1	2	(+24),2300(Z),1(Z),X2(Z)
主	2300	2	2	(+24),2300(Z),2(Z),X2(Z)
主	2600	1	1	(+24),2600(Z),1(Z),X1(Z)
主	2600	2	1	(+24),2600(Z),2(Z),X1(Z)
主	2600	1	2	(+24),2600(Z),1(Z),X2(Z)
主	2600	2	2	(+24),2600(Z),2(Z),X2(Z)

续上表

主备机	载频	型号	小轨道1、2型	底座连接端子
并	1700	1	1	(+24),1700(B),1(B),X1(B)
并	1700	2	1	(+24),1700(B),2(B),X1(B)
并	1700	1	2	(+24),1700(B),1(B),X2(B)
并	1700	2	2	(+24),1700(B),2(B),X2(B)
并	2000	1	1	(+24),2000(B),1(B),X1(B)
并	2000	2	1	(+24),2000(B),2(B),X1(B)
并	2000	1	2	(+24),2000(B),1(B),X2(B)
并	2000	2	2	(+24),2000(B),2(B),X2(B)
并	2300	1	1	(+24),2300(B),1(B),X1(B)
并	2300	2	1	(+24),2300(B),2(B),X1(B)
并	2300	1	2	(+24),2300(B),1(B),X2(B)
并	2300	2	2	(+24),2300(B),2(B),X2(B)
并	2600	1	1	(+24),2600(B),1(B),X1(B)
并	2600	2	1	(+24),2600(B),2(B),X1(B)
并	2600	1	2	(+24),2600(B),1(B),X2(B)
并	2600	2	2	(+24),2600(B),2(B),X2(B)

(2)电平级调整

①单频衰耗冗余控制器(ZPW.RS-K)接收电平级调整表

接收电平	J2-16至	J2-17至	连接端子	接收电平	J2-16至	J2-17至	连接端子
1	J2-6	J2-7		16	J2-9	J2-11	J2-8 ~ J2-12
2	J2-8	J2-9		17	J2-7	J2-11	J2-6 ~ J2-9,J2-8 ~ J2-12
3	J2-8	J2-7	J2-6 ~ J2-9	18	J2-10	J2-11	J2-9 ~ J2-12
4	J2-9	J2-10		19	J2-7	J2-11	J2-6 ~ J2-10,J2-9 ~ J2-12
5	J2-7	J2-9	J2-6 ~ J2-10	20	J2-10	J2-11	J2-8 ~ J2-12
6	J2-8	J2-10		21	J2-7	J2-11	J2-6 ~ J2-10,J2-8 ~ J2-12
7	J2-7	J2-8	J2-6 ~ J2-10	22	J2-11	J2-13	J2-10 ~ J2-14,J2-8 ~ J2-12
8	J2-8	J2-11	J2-10 ~ J2-12	23	J2-11	J2-13	J2-6 ~ J2-10,J2-9 ~ J2-12,J2-7 ~ J2-14
9	J2-9	J2-11	J2-7 ~ J2-12,J2-6 ~ J2-10	24	J2-11	J2-13	J2-9 ~ J2-12,J2-10 ~ J2-14
10	J2-9	J2-11	J2-10 ~ J2-12	25	J2-11	J2-13	J2-6 ~ J2-9,J2-8 ~ J2-12,J2-7 ~ J2-14
11	J2-8	J2-11	J2-6 ~ J2-9,J2-7 ~ J2-12	26	J2-11	J2-13	J2-8 ~ J2-12,J2-9 ~ J2-14
12	J2-8	J2-11	J2-9 ~ J2-12	27	J2-11	J2-13	J2-6 ~ J2-12,J2-7 ~ J2-14
13	J2-6	J2-11	J2-7 ~ J2-12	28	J2-11	J2-13	J2-12 ~ J2-14
14	J2-11	J2-12		29	J2-7	J2-13	J2-6 ~ J2-11,J2-12 ~ J2-14
15	J2-7	J2-11	J2-6 ~ J2-12	30	J2-9	J2-13	J2-8 ~ J2-11,J2-12 ~ J2-14

续上表

接收电平	J2-16 至	J2-17 至	连接端子	接收电平	J2-16 至	J2-17 至	连接端子
31	J2-7	J2-13	J2-6 ~ J2-9,J2-8 ~ J2-11,J2-12 ~ J2-14	62	J2-10	J2-13	J2-8 ~ J2-12,J2-11 ~ J2-14
32	J2-10	J2-13	J2-9 ~ J2-11,J2-12 ~ J2-14	63	J2-7	J2-13	J2-6 ~ J2-10,J2-8 ~ J2-12,J2-11 ~ J2-14
33	J2-7	J2-13	J2-6 ~ J2-10,J2-9 ~ J2-11,J2-12 ~ J2-14	64	J2-11	J2-14	J2-10 ~ J2-15,J2-8 ~ J2-12
34	J2-10	J2-13	J2-8 ~ J2-11,J2-12 ~ J2-14	65	J2-11	J2-14	J2-6 ~ J2-10,J2-9 ~ J2-12,J2-7 ~ J2-15
35	J2-8	J2-13	J2-6 ~ J2-10,J2-7 ~ J2-14	66	J2-11	J2-14	J2-9 ~ J2-12,J2-10 ~ J2-15
36	J2-8	J2-13	J2-10 ~ J2-14	67	J2-11	J2-14	J2-6 ~ J2-9,J2-8 ~ J2-12,J2-7 ~ J2-15
37	J2-9	J2-13	J2-6 ~ J2-10,J2-7 ~ J2-14	68	J2-11	J2-14	J2-8 ~ J2-12,J2-9 ~ J2-15
38	J2-9	J2-13	J2-10 ~ J2-14	69	J2-11	J2-14	J2-6 ~ J2-12,J2-7 ~ J2-15
39	J2-8	J2-13	J2-6 ~ J2-9,J2-7 ~ J2-14	70	J2-11	J2-14	J2-12 ~ J2-15
40	J2-8	J2-13	J2-9 ~ J2-14	71	J2-7	J2-14	J2-6 ~ J2-11,J2-12 ~ J2-15
41	J2-6	J2-13	J2-7 ~ J2-14	72	J2-9	J2-14	J2-8 ~ J2-11,J2-12 ~ J2-15
42	J2-13	J2-14		73	J2-7	J2-14	J2-6 ~ J2-9,J2-8 ~ J2-11,J2-12 ~ J2-15
43	J2-7	J2-13	J2-6 ~ J2-14	74	J2-10	J2-14	J2-9 ~ J2-11,J2-12 ~ J2-15
44	J2-9	J2-13	J2-8 ~ J2-14	75	J2-7	J2-14	J2-6 ~ J2-10,J2-9 ~ J2-11,J2-12 ~ J2-15
45	J2-7	J2-13	J2-8 ~ J2-14,J2-6 ~ J2-9	76	J2-10	J2-14	J2-8 ~ J2-11,J2-12 ~ J2-15
46	J2-10	J2-13	J2-9 ~ J2-14	77	J2-8	J2-14	J2-6 ~ J2-10,J2-7 ~ J2-15
47	J2-7	J2-13	J2-9 ~ J2-14,J2-6 ~ J2-10	78	J2-8	J2-14	J2-10 ~ J2-15
48	J2-10	J2-13	J2-8 ~ J2-14	79	J2-9	J2-14	J2-6 ~ J2-10,J2-7 ~ J2-15
49	J2-7	J2-13	J2-6 ~ J2-10,J2-8 ~ J2-14	80	J2-9	J2-14	J2-10 ~ J2-15
50	J2-8	J2-13	J2-10 ~ J2-12,J2-11 ~ J2-14	81	J2-8	J2-14	J2-6 ~ J2-9,J2-7 ~ J2-15
51	J2-9	J2-13	J2-6 ~ J2-10,J2-7 ~ J2-12,J2-11 ~ J2-14	82	J2-8	J2-14	J2-9 ~ J2-15
52	J2-9	J2-13	J2-10 ~ J2-12,J2-11 ~ J2-14	83	J2-6	J2-14	J2-7 ~ J2-15
53	J2-8	J2-13	J2-6 ~ J2-9,J2-7 ~ J2-12,J2-11 ~ J2-14	84	J2-15	J2-14	
54	J2-8	J2-13	J2-9 ~ J2-12,J2-11 ~ J2-14	85	J2-7	J2-14	J2-6 ~ J2-15
55	J2-6	J2-13	J2-7 ~ J2-12,J2-11 ~ J2-14	86	J2-9	J2-14	J2-8 ~ J2-15
56	J2-12	J2-13	J2-11 ~ J2-14	87	J2-7	J2-14	J2-6 ~ J2-9,J2-8 ~ J2-15
57	J2-7	J2-13	J2-6 ~ J2-12,J2-11 ~ J2-14	88	J2-10	J2-14	J2-9 ~ J2-15
58	J2-9	J2-13	J2-8 ~ J2-12,J2-11 ~ J2-14	89	J2-7	J2-14	J2-6 ~ J2-10,J2-9 ~ J2-15
59	J2-7	J2-13	J2-6 ~ J2-9,J2-8 ~ J2-12,J2-11 ~ J2-14	90	J2-10	J2-14	J2-8 ~ J2-15
60	J2-10	J2-13	J2-9 ~ J2-12,J2-11 ~ J2-14	91	J2-7	J2-14	J2-6 ~ J2-10,J2-8 ~ J2-15
61	J2-7	J2-13	J2-6 ~ J2-10,J2-9 ~ J2-12,J2-11 ~ J2-14	92	J2-8	J2-14	J2-10 ~ J2-12,J2-11 ~ J2-15

续上表

接收电平	J2-16 至	J2-17 至	连接端子	接收电平	J2-16 至	J2-17 至	连接端子
93	J2-9	J2-14	J2-6 ~ J2-10, J2-7 ~ J2-12, J2-11 ~ J2-15	120	J2-8	J2-13	J2-10 ~ J2-15
94	J2-9	J2-15	J2-10 ~ J2-12, J2-11 ~ J2-15	121	J2-9	J2-13	J2-6 ~ J2-10, J2-7 ~ J2-15
95	J2-8	J2-14	J2-6 ~ J2-10, J2-7 ~ J2-12, J2-11 ~ J2-15	122	J2-9	J2-13	J2-10 ~ J2-15
96	J2-8	J2-14	J2-9 ~ J2-12, J2-11 ~ J2-15	123	J2-8	J2-13	J2-6 ~ J2-9, J2-7 ~ J2-15
97	J2-6	J2-14	J2-7 ~ J2-12, J2-11 ~ J2-15	124	J2-8	J2-13	J2-9 ~ J2-15
98	J2-12	J2-14	J2-11 ~ J2-15	125	J2-6	J2-13	J2-7 ~ J2-15
99	J2-7	J2-14	J2-6 ~ J2-12, J2-11 ~ J2-15	126	J2-15	J2-13	
100	J2-9	J2-14	J2-8 ~ J2-12, J2-11 ~ J2-15	127	J2-7	J2-13	J2-6 ~ J2-15
101	J2-7	J2-14	J2-6 ~ J2-9, J2-8 ~ J2-12, J2-11 ~ J2-15	128	J2-9	J2-13	J2-8 ~ J2-15
102	J2-10	J2-14	J2-9 ~ J2-12, J2-11 ~ J2-15	129	J2-7	J2-13	J2-6 ~ J2-9, J2-8 ~ J2-15
103	J2-7	J2-14	J2-6 ~ J2-10, J2-9 ~ J2-12, J2-11 ~ J2-15	130	J2-10	J2-13	J2-9 ~ J2-15
104	J2-10	J2-14	J2-8 ~ J2-12, J2-11 ~ J2-15	131	J2-7	J2-13	J2-6 ~ J2-10, J2-9 ~ J2-15
105	J2-7	J2-14	J2-6 ~ J2-10, J2-8 ~ J2-12, J2-11 ~ J2-15	132	J2-10	J2-13	J2-8 ~ J2-15
106	J2-11	J2-13	J2-8 ~ J2-12, J2-10 ~ J2-15	133	J2-7	J2-13	J2-6 ~ J2-10, J2-8 ~ J2-15
107	J2-11	J2-13	J2-6 ~ J2-10, J2-9 ~ J2-12, J2-7 ~ J2-15	134	J2-8	J2-13	J2-10 ~ J2-12, J2-11 ~ J2-15
108	J2-11	J2-13	J2-9 ~ J2-12, J2-10 ~ J2-15	135	J2-9	J2-13	J2-6 ~ J2-10, J2-7 ~ J2-12, J2-11 ~ J2-15
109	J2-11	J2-13	J2-6 ~ J2-9, J2-8 ~ J2-12, J2-7 ~ J2-15	136	J2-9	J2-13	J2-10 ~ J2-12, J2-11 ~ J2-15
110	J2-11	J2-13	J2-8 ~ J2-12, J2-9 ~ J2-15	137	J2-8	J2-13	J2-6 ~ J2-9, J2-7 ~ J2-12, J2-11 ~ J2-15
111	J2-11	J2-13	J2-6 ~ J2-12, J2-7 ~ J2-15	138	J2-8	J2-13	J2-9 ~ J2-12, J2-11 ~ J2-15
112	J2-11	J2-13	J2-12 ~ J2-15	139	J2-6	J2-13	J2-7 ~ J2-12, J2-11 ~ J2-15
113	J2-7	J2-13	J2-6 ~ J2-11, J2-12 ~ J2-15	140	J2-12	J2-13	J2-11 ~ J2-15
114	J2-9	J2-13	J2-8 ~ J2-11, J2-12 ~ J2-15	141	J2-7	J2-13	J2-6 ~ J2-12, J2-11 ~ J2-15
115	J2-7	J2-13	J2-6 ~ J2-9, J2-8 ~ J2-11, J2-12 ~ J2-15	142	J2-9	J2-13	J2-8 ~ J2-12, J2-11 ~ J2-15
116	J2-10	J2-13	J2-9 ~ J2-11, J2-12 ~ J2-15	143	J2-7	J2-13	J2-6 ~ J2-9, J2-8 ~ J2-12, J2-11 ~ J2-15
117	J2-7	J2-13	J2-6 ~ J2-10, J2-9 ~ J2-11, J2-12 ~ J2-15	144	J2-10	J2-13	J2-9 ~ J2-12, J2-11 ~ J2-15
118	J2-10	J2-13	J2-8 ~ J2-11, J2-12 ~ J2-15	145	J2-7	J2-13	J2-6 ~ J2-10, J2-9 ~ J2-12, J2-11 ~ J2-15
119	J2-7	J2-13	J2-6 ~ J2-10, J2-8 ~ J2-11, J2-12 ~ J2-15	146	J2-10	J2-13	J2-8 ~ J2-12, J2-11 ~ J2-15

②双频衰耗冗余控制器(ZPW.RSS-K)接收电平级调整表

接收电平	J3-11 至	J3-12 至	连接端子	接收电平	J3-11 至	J3-12 至	连接端子
1	J3-1	J3-2		33	J3-2	J3-8	J3-1 ~ J3-5, J3-4 ~ J3-6, J3-7 ~ J3-9
2	J3-3	J3-4		34	J3-5	J3-8	J3-3 ~ J3-6, J3-7 ~ J3-9
3	J3-3	J3-2	J3-1 ~ J3-4	35	J3-3	J3-8	J3-1 ~ J3-5, J3-2 ~ J3-9
4	J3-4	J3-5		36	J3-3	J3-8	J3-5 ~ J3-9
5	J3-2	J3-4	J3-1 ~ J3-5	37	J3-4	J3-8	J3-1 ~ J3-5, J3-2 ~ J3-9
6	J3-3	J3-5		38	J3-4	J3-8	J3-5 ~ J3-9
7	J3-2	J3-3	J3-1 ~ J3-5	39	J3-3	J3-8	J3-1 ~ J3-4, J3-2 ~ J3-9
8	J3-3	J3-6	J3-5 ~ J3-7	40	J3-3	J3-8	J3-4 ~ J3-9
9	J3-4	J3-6	J3-2 ~ J3-7, J3-1 ~ J3-5	41	J3-1	J3-8	J3-2 ~ J3-9
10	J3-4	J3-6	J3-5 ~ J3-7	42	J3-8	J3-9	
11	J3-3	J3-6	J3-1 ~ J3-4, J3-2 ~ J3-7	43	J3-2	J3-8	J3-1 ~ J3-9
12	J3-3	J3-6	J3-4 ~ J3-7	44	J3-4	J3-8	J3-3 ~ J3-9
13	J3-1	J3-6	J3-2 ~ J3-7	45	J3-2	J3-8	J3-3 ~ J3-9, J3-1 ~ J3-4
14	J3-6	J3-7		46	J3-5	J3-8	J3-4 ~ J3-9
15	J3-2	J3-6	J3-1 ~ J3-7	47	J3-2	J3-8	J3-4 ~ J3-9, J3-1 ~ J3-5
16	J3-4	J3-6	J3-3 ~ J3-7	48	J3-5	J3-8	J3-3 ~ J3-9
17	J3-2	J3-6	J3-1 ~ J3-4, J3-3 ~ J3-7	49	J3-2	J3-8	J3-1 ~ J3-5, J3-3 ~ J3-9
18	J3-5	J3-6	J3-4 ~ J3-7	50	J3-3	J3-8	J3-5 ~ J3-7, J3-6 ~ J3-9
19	J3-2	J3-6	J3-1 ~ J3-5, J3-4 ~ J3-7	51	J3-4	J3-8	J3-1 ~ J3-5, J3-2 ~ J3-7, J3-6 ~ J3-9
20	J3-5	J3-6	J3-3 ~ J3-7	52	J3-4	J3-8	J3-5 ~ J3-7, J3-6 ~ J3-9
21	J3-2	J3-6	J3-1 ~ J3-5, J3-3 ~ J3-7	53	J3-3	J3-8	J3-1 ~ J3-4, J3-2 ~ J3-7, J3-6 ~ J3-9
22	J3-6	J3-8	J3-5 ~ J3-9, J3-3 ~ J3-7	54	J3-3	J3-8	J3-4 ~ J3-7, J3-6 ~ J3-9
23	J3-6	J3-8	J3-1 ~ J3-5, J3-4 ~ J3-7, J3-2 ~ J3-9	55	J3-1	J3-8	J3-2 ~ J3-7, J3-6 ~ J3-9
24	J3-6	J3-8	J3-4 ~ J3-7, J3-5 ~ J3-9	56	J3-7	J3-8	J3-6 ~ J3-9
25	J3-6	J3-8	J3-1 ~ J3-4, J3-3 ~ J3-7, J3-2 ~ J3-9	57	J3-2	J3-8	J3-1 ~ J3-7, J3-6 ~ J3-9
26	J3-6	J3-8	J3-3 ~ J3-7, J3-4 ~ J3-9	58	J3-4	J3-8	J3-3 ~ J3-7, J3-6 ~ J3-9
27	J3-6	J3-8	J3-1 ~ J3-7, J3-2 ~ J3-9	59	J3-2	J3-8	J3-1 ~ J3-4, J3-3 ~ J3-7, J3-6 ~ J3-9
28	J3-6	J3-8	J3-7 ~ J3-9	60	J3-5	J3-8	J3-4 ~ J3-7, J3-6 ~ J3-9
29	J3-2	J3-8	J3-1 ~ J3-6, J3-7 ~ J3-9	61	J3-2	J3-8	J3-1 ~ J3-5, J3-4 ~ J3-7, J3-6 ~ J3-9
30	J3-4	J3-8	J3-3 ~ J3-6, J3-7 ~ J3-9	62	J3-5	J3-8	J3-3 ~ J3-7, J3-6 ~ J3-9
31	J3-2	J3-8	J3-1 ~ J3-4, J3-3 ~ J3-6, J3-7 ~ J3-9	63	J3-2	J3-8	J3-1 ~ J3-5, J3-3 ~ J3-7, J3-6 ~ J3-9
32	J3-5	J3-8	J3-4 ~ J3-6, J3-7 ~ J3-9	64	J3-6	J3-9	J3-5 ~ J3-10, J3-3 ~ J3-7

续上表

接收电平	J3-11 至	J3-12 至	连接端子	接收电平	J3-11 至	J3-12 至	连接端子
65	J3-6	J3-9	J3-1 ~ J3-5,J3-4 ~ J3-7,J3-2 ~ J3-10	97	J3-1	J3-9	J3-2 ~ J3-7,J3-6 ~ J3-10
66	J3-6	J3-9	J3-4 ~ J3-7,J3-5 ~ J3-10	98	J3-7	J3-9	J3-6 ~ J3-10
67	J3-6	J3-9	J3-1 ~ J3-4,J3-3 ~ J3-7,J3-2 ~ J3-10	99	J3-2	J3-9	J3-1 ~ J3-7,J3-6 ~ J3-10
68	J3-6	J3-9	J3-3 ~ J3-7,J3-4 ~ J3-10	100	J3-4	J3-9	J3-3 ~ J3-7,J3-6 ~ J3-10
69	J3-6	J3-9	J3-1 ~ J3-7,J3-2 ~ J3-10	101	J3-2	J3-9	J3-1 ~ J3-4,J3-3 ~ J3-7,J3-6 ~ J3-10
70	J3-6	J3-9	J3-7 ~ J3-10	102	J3-5	J3-9	J3-4 ~ J3-7,J3-6 ~ J3-10
71	J3-2	J3-9	J3-1 ~ J3-6,J3-7 ~ J3-10	103	J3-2	J3-9	J3-1 ~ J3-5,J3-4 ~ J3-7,J3-6 ~ J3-10
72	J3-4	J3-9	J3-3 ~ J3-6,J3-7 ~ J3-10	104	J3-5	J3-9	J3-3 ~ J3-7,J3-6 ~ J3-10
73	J3-2	J3-9	J3-1 ~ J3-4,J3-3 ~ J3-6,J3-7 ~ J3-10	105	J3-2	J3-9	J3-1 ~ J3-5,J3-3 ~ J3-7,J3-6 ~ J3-10
74	J3-5	J3-9	J3-4 ~ J3-6,J3-7 ~ J3-10	106	J3-6	J3-8	J3-3 ~ J3-7,J3-5 ~ J3-10
75	J3-2	J3-9	J3-1 ~ J3-5,J3-4 ~ J3-6,J3-7 ~ J3-10	107	J3-6	J3-8	J3-1 ~ J3-5,J3-4 ~ J3-7,J3-2 ~ J3-10
76	J3-5	J3-9	J3-3 ~ J3-6,J3-7 ~ J3-10	108	J3-6	J3-8	J3-4 ~ J3-7,J3-5 ~ J3-10
77	J3-3	J3-9	J3-1 ~ J3-5,J3-2 ~ J3-10	109	J3-6	J3-8	J3-1 ~ J3-4,J3-3 ~ J3-7,J3-2 ~ J3-10
78	J3-3	J3-9	J3-5 ~ J3-10	110	J3-6	J3-8	J3-3 ~ J3-7,J3-4 ~ J3-10
79	J3-4	J3-9	J3-1 ~ J3-5,J3-2 ~ J3-10	111	J3-6	J3-8	J3-1 ~ J3-7,J3-2 ~ J3-10
80	J3-4	J3-9	J3-5 ~ J3-10	112	J3-6	J3-8	J3-7 ~ J3-10
81	J3-3	J3-9	J3-1 ~ J3-4,J3-2 ~ J3-10	113	J3-2	J3-8	J3-1 ~ J3-6,J3-7 ~ J3-10
82	J3-3	J3-9	J3-4 ~ J3-10	114	J3-4	J3-8	J3-3 ~ J3-6,J3-7 ~ J3-10
83	J3-1	J3-9	J3-2 ~ J3-10	115	J3-2	J3-8	J3-1 ~ J3-4,J3-3 ~ J3-6,J3-7 ~ J3-10
84	J3-10	J3-9		116	J3-5	J3-8	J3-4 ~ J3-6,J3-7 ~ J3-10
85	J3-2	J3-9	J3-1 ~ J3-10	117	J3-2	J3-8	J3-1 ~ J3-5,J3-4 ~ J3-6,J3-7 ~ J3-10
86	J3-4	J3-9	J3-3 ~ J3-10	118	J3-5	J3-8	J3-3 ~ J3-6,J3-7 ~ J3-10
87	J3-2	J3-9	J3-1 ~ J3-4,J3-3 ~ J3-10	119	J3-2	J3-8	J3-1 ~ J3-5,J3-3 ~ J3-6,J3-7 ~ J3-10
88	J3-5	J3-9	J3-4 ~ J3-10	120	J3-3	J3-8	J3-5 ~ J3-10
89	J3-2	J3-9	J3-1 ~ J3-5,J3-4 ~ J3-10	121	J3-4	J3-8	J3-1 ~ J3-5,J3-2 ~ J3-10
90	J3-5	J3-9	J3-3 ~ J3-10	122	J3-4	J3-8	J3-5 ~ J3-10
91	J3-2	J3-9	J3-1 ~ J3-5,J3-3 ~ J3-10	123	J3-3	J3-8	J3-1 ~ J3-4,J3-2 ~ J3-10
92	J3-3	J3-9	J3-5 ~ J3-7,J3-6 ~ J3-10	124	J3-3	J3-8	J3-4 ~ J3-10
93	J3-4	J3-9	J3-1 ~ J3-5,J3-2 ~ J3-7,J3-6 ~ J3-10	125	J3-1	J3-8	J3-2 ~ J3-10
94	J3-4	J3-10	J3-5 ~ J3-7,J3-6 ~ J3-10	126	J3-10	J3-8	
95	J3-3	J3-9	J3-1 ~ J3-5,J3-2 ~ J3-7,J3-6 ~ J3-10	127	J3-2	J3-8	J3-1 ~ J3-10
96	J3-3	J3-9	J3-4 ~ J3-7,J3-6 ~ J3-10	128	J3-4	J3-8	J3-3 ~ J3-10

续上表

接收电平	J3-11至	J3-12至	连 接 端 子	接收电平	J3-11至	J3-12至	连 接 端 子
129	J3-2	J3-8	J3-1~J3-4,J3-3~J3-10	138	J3-3	J3-8	J3-4~J3-7,J3-6~J3-10
130	J3-5	J3-8	J3-4~J3-10	139	J3-1	J3-8	J3-2~J3-7,J3-6~J3-10
131	J3-2	J3-8	J3-1~J3-5,J3-4~J3-10	140	J3-7	J3-8	J3-6~J3-10
132	J3-5	J3-8	J3-3~J3-10	141	J3-2	J3-8	J3-1~J3-7,J3-6~J3-10
133	J3-2	J3-8	J3-1~J3-5,J3-3~J3-10	142	J3-4	J3-8	J3-3~J3-7,J3-6~J3-10
134	J3-3	J3-8	J3-5~J3-7,J3-6~J3-10	143	J3-2	J3-8	J3-1~J3-4,J3-3~J3-7,J3-6~J3-10
135	J3-4	J3-8	J3-1~J3-5,J3-2~J3-7 J3-6~J3-10	144	J3-5	J3-8	J3-4~J3-7,J3-6~J3-10
136	J3-4	J3-8	J3-5~J3-7,J3-6~J3-10	145	J3-2	J3-8	J3-1~J3-5,J3-4~J3-7,J3-6~J3-10
137	J3-3	J3-8	J3-1~J3-4,J3-2~J3-7 J3-6~J3-10	146	J3-5	J3-8	J3-3~J3-7,J3-6~J3-10

3. ZPW.ML-K 型无绝缘防雷模拟网络盘调整接线表

(1)总长 7.5km

额定电缆长度 7500m		模拟网络长度（m）	端子封线
步长	250		
实际电缆长度(m)			
下限长<L	L≤上限长		
7250	7500	0	3-29,4-30
7000	7250	250	3-5,4-6,7-29,8-30
6750	7000	500	3-9,4-10,11-29,12-30
6500	6750	750	3-5,4-6,7-9,8-10,11-29,12-30
6250	6500	1000	3-13,4-14,15-29,16-30
6000	6250	1250	3-5,4-6,7-13,8-14,15-29,16-30
5750	6000	1500	3-9,4-10,11-13,12-14,15-29,16-30
5500	5750	1750	3-5,4-6,7-9,8-10,11-13,12-14,15-29,16-30
5250	5500	2000	3-17,4-18,19-29,20-30
5000	5250	2250	3-5,4-6,7-17,8-18,19-29,20-30
4750	5000	2500	3-9,4-10,11-17,12-18,19-29,20-30
4500	4750	2750	3-5,4-6,7-9,8-10,11-17,12-18,19-29,20-30
4250	4500	3000	3-13,4-14,15-17,16-18,19-29,20-30
4000	4250	3250	3-5,4-6,7-13,8-14,15-17,16-18,19-29,20-30
3750	4000	3500	3-9,4-10,11-13,12-14,15-17,16-18,19-29,20-30
3500	3750	3750	3-5,4-6,7-9,8-10,11-13,12-14,15-17,16-18,19-29,20-30
3250	3500	4000	3-25,4-26,27-29,28-30
3000	3250	4250	3-5,4-6,7-25,8-26,27-29,28-30

续上表

额定电缆长度 7500m		模拟网络长度（m）	端子封线
步长	250		
实际电缆长度(m)			
下限长<L	L≤上限长		
2750	3000	4500	3-9,4-10,11-25,12-26,27-29,28-30
2500	2750	4750	3-5,4-6,7-9,8-10,11-25,12-26,27-29,28-30
2250	2500	5000	3-13,4-14,15-25,16-26,27-29,28-30
2000	2250	5250	3-5,4-6,7-13,8-14,15-25,16-26,27-29,28-30
1750	2000	5500	3-9,4-10,11-13,12-14,15-25,16-26,27-29,28-30
1500	1750	5750	3-5,4-6,7-9,8-10,11-13,12-14,15-25,16-26,27-29,28-30
1250	1500	6000	3-17,4-18,19-25,20-26,27-29,28-30
1000	1250	6250	3-5,4-6,7-17,8-18,19-25,20-26,27-29,28-30
750	1000	6500	3-9,4-10,11-17,12-18,19-25,20-26,27-29,28-30
500	750	6750	3-5,4-6,7-9,8-10,11-17,12-18,19-25,20-26,27-29,28-30
250	500	7000	3-13,4-14,15-17,16-18,19-25,20-26,27-29,28-30
0	250	7250	3-5,4-6,7-13,8-14,15-17,16-18,19-25,20-26,27-29,28-30
0	0	7500	3-9,4-10,11-13,12-14,15-17,16-18,19-25,20-26,27-29,28-30

（2）总长 10km

额定电缆长度 10000m		模拟网络长度（m）	端子封线
步长	250		
实际电缆长度(m)			
下限长<L	L≤上限长		
9750	10000	0	3-29,4-30
9500	9750	250	3-5,4-6,7-29,8-30
9250	9500	500	3-9,4-10,11-29,12-30
9000	9250	750	3-5,4-6,7-9,8-10,11-29,12-30
8750	9000	1000	3-13,4-14,15-29,16-30
8500	8750	1250	3-5,4-6,7-13,8-14,15-29,16-30
8250	8500	1500	3-9,4-10,11-13,12-14,15-29,16-30
8000	8250	1750	3-5,4-6,7-9,8-10,11-13,12-14,15-29,16-30
7750	8000	2000	3-17,4-18,19-29,20-30
7500	7750	2250	3-5,4-6,7-17,8-18,19-29,20-30
7250	7500	2500	3-9,4-10,11-17,12-18,19-29,20-30
7000	7250	2750	3-5,4-6,7-9,8-10,11-17,12-18,19-29,20-30
6750	7000	3000	3-13,4-14,15-17,16-18,19-29,20-30

续上表

额定电缆长度10000m		模拟网络长度(m)	端子封线
步长	250		
实际电缆长度(m)			
下限长<L	L≤上限长		
6500	6750	3250	3-5,4-6,7-13,8-14,15-17,16-18,19-29,20-30
6250	6500	3500	3-9,4-10,11-13,12-14,15-17,16-18,19-29,20-30
6000	6250	3750	3-5,4-6,7-9,8-10,11-13,12-14,15-17,16-18,19-29,20-30
5750	6000	4000	3-25,4-26,27-29,28-30
5500	5750	4250	3-5,4-6,7-25,8-26,27-29,28-30
5250	5500	4500	3-9,4-10,11-25,12-26,27-29,28-30
5000	5250	4750	3-5,4-6,7-9,8-10,11-25,12-26,27-29,28-30
4750	5000	5000	3-13,4-14,15-25,16-26,27-29,28-30
4500	4750	5250	3-5,4-6,7-13,8-14,15-25,16-26,27-29,28-30
4250	4500	5500	3-9,4-10,11-13,12-14,15-25,16-26,27-29,28-30
4000	4250	5750	3-5,4-6,7-9,8-10,11-13,12-14,15-25,16-26,27-29,28-30
3750	4000	6000	3-17,4-18,19-25,20-26,27-29,28-30
3500	3750	6250	3-5,4-6,7-17,8-18,19-25,20-26,27-29,28-30
3250	3500	6500	3-9,4-10,11-17,12-18,19-25,20-26,27-29,28-30
3000	3250	6750	3-5,4-6,7-9,8-10,11-17,12-18,19-25,20-26,27-29,28-30
2750	3000	7000	3-13,4-14,15-17,16-18,19-25,20-26,27-29, 28-30
2500	2750	7250	3-5,4-6,7-13,8-14,15-17,16-18,19-25,20-26,27-29, 28-30
2250	2500	7500	3-9,4-10,11-13,12-14,15-17,16-18,19-25,20-26,27-29,28-30
2000	2250	7750	3-5,4-6,7-9,8-10,11-13,12-14,15-17,16-18,19-25,20-26,27-29,28-30
1750	2000	8000	3-17,4-18,19-21,20-22,23-25,24-26,27-29,28-30
1500	1750	8250	3-5,4-6,7-17,8-18,19-21,20-22,23-25,24-26,27-29,28-30
1250	1500	8500	3-9,4-10,11-17,12-18,19-21,20-22,23-25,24-26,27-29,28-30
1000	1250	8750	3-5,4-6,7-9,8-10,11-17,12-18,19-21,20-22,23-25,24-26,27-29,28-30
750	1000	9000	3-13,4-14,15-17,16-18,19-21,20-22,23-25,24-26,27-29,28-30
500	750	9250	3-5,4-6,7-13,8-14,15-17,16-18,19-21,20-22,23-25,24-26,27-29,28-30
250	500	9500	3-9,4-10,11-13,12-14,15-17,16-18,19-21,20-22,23-25,24-26,27-29, 28-30
0	250	9750	3-5,4-6,7-9,8-10,11-13,12-14,15-17,16-18,19-21,20-22,23-25,24-26,27-29,28-30

4. 小轨道调整表

序号	$U_入$	$R^*(\Omega)$	正向端子连接	反向端子连接
1	59mV	0	J3-1 ~ J3-11	J3-12 ~ J3-22
2	60mV	20	J3-1 ~ J3-2　J3-3 ~ J3-11	J3-12 ~ J3-13　J3-14 ~ J3-22
3	61mV	39	J3-1 ~ J3-3　J3-4 ~ J3-11	J3-12 ~ J3-14　J3-15 ~ J3-22
4	62mV	49	J3-2 ~ J3-3　J3-4 ~ J3-11	J3-13 ~ J3-14　J3-15 ~ J3-22
5	63mV	69	J3-4 ~ J3-11	J3-15 ~ J3-22
6	64mV	85	J3-2 ~ J3-4　J3-5 ~ J3-11	J3-13 ~ J3-15　J3-16 ~ J3-22
7	65mV	105	J3-3 ~ J3-4　J3-5 ~ J3-11	J3-14 ~ J3-15　J3-16 ~ J3-22
8	66mV	114	J3-1 ~ J3-3　J3-5 ~ J3-11	J3-12 ~ J3-14　J3-16 ~ J3-22
9	67mV	134	J3-1 ~ J3-2　J3-5 ~ J3-11	J3-12 ~ J3-13　J3-16 ~ J3-22
10	68mV	150	J3-1 ~ J3-5　J3-6 ~ J3-11	J3-12 ~ J3-16　J3-17 ~ J3-22
11	69mV	160	J3-2 ~ J3-5　J3-6 ~ J3-11	J3-13 ~ J3-16　J3-17 ~ J3-22
12	70mV	180	J3-3 ~ J3-5　J3-6 ~ J3-11	J3-14 ~ J3-16　J3-17 ~ J3-22
13	71mV	199	J3-2 ~ J3-3　J3-4 ~ J3-5　J3-6 ~ J3-11	J3-13 ~ J3-14　J3-15 ~ J3-16　J3-17 ~ J3-22
14	72mV	209	J3-1 ~ J3-2　J3-4 ~ J3-5　J3-6 ~ J3-11	J3-12 ~ J3-13　J3-15 ~ J3-16　J3-17 ~ J3-22
15	73mV	225	J3-1 ~ J3-4　J3-6 ~ J3-11	J3-12 ~ J3-15　J3-17 ~ J3-22
16	74mV	245	J3-1 ~ J3-2　J3-3 ~ J3-4　J3-6 ~ J3-11	J3-12 ~ J3-13　J3-14 ~ J3-15　J3-17 ~ J3-22
17	75mV	255	J3-3 ~ J3-4　J3-6 ~ J3-11	J3-14 ~ J3-15　J3-17 ~ J3-22
18	76mV	274	J3-2 ~ J3-3　J3-6 ~ J3-11	J3-13 ~ J3-14　J3-17 ~ J3-22
19	77mV	294	J3-6 ~ J3-11	J3-17 ~ J3-22
20	78mV	310	J3-2 ~ J3-6　J3-7 ~ J3-11	J3-13 ~ J3-17　J3-18 ~ J3-22
21	79mV	320	J3-1 ~ J3-2　J3-3 ~ J3-6　J3-7 ~ J3-11	J3-12 ~ J3-13　J3-14 ~ J3-17　J3-18 ~ J3-22
22	80mV	339	J3-1 ~ J3-3　J3-4 ~ J3-6　J3-7 ~ J3-11	J3-12 ~ J3-14　J3-15 ~ J3-17　J3-18 ~ J3-22
23	81mV	359	J3-1 ~ J3-2　J3-4 ~ J3-6　J3-7 ~ J3-11	J3-12 ~ J3-13　J3-15 ~ J3-17　J3-18 ~ J3-22
24	82mV	369	J3-4 ~ J3-6　J3-7 ~ J3-11	J3-15 ~ J3-17　J3-18 ~ J3-22
25	83mV	385	J3-2 ~ J3-4　J3-5 ~ J3-6　J3-7 ~ J3-11	J3-13 ~ J3-15　J3-16 ~ J3-17　J3-18 ~ J3-22
26	84mV	405	J3-3 ~ J3-4　J3-5 ~ J3-6　J3-7 ~ J3-11	J3-14 ~ J3-15　J3-16 ~ J3-17　J3-18 ~ J3-22
27	85mV	414	J3-1 ~ J3-3　J3-5 ~ J3-6　J3-7 ~ J3-11	J3-12 ~ J3-14　J3-16 ~ J3-17　J3-18 ~ J3-22
28	86mV	434	J3-1 ~ J3-2　J3-5 ~ J3-6　J3-7 ~ J3-11	J3-12 ~ J3-13　J3-16 ~ J3-17　J3-18 ~ J3-22
29	87mV	450	J3-1 ~ J3-5　J3-7 ~ J3-11	J3-12 ~ J3-16　J3-18 ~ J3-22
30	88mV	470	J3-1 ~ J3-2　J3-3 ~ J3-5　J3-7 ~ J3-11	J3-12 ~ J3-13　J3-14 ~ J3-16　J3-18 ~ J3-22
31	89mV	480	J3-3 ~ J3-5　J3-7 ~ J3-11	J3-14 ~ J3-16　J3-18 ~ J3-22
32	90mV	499	J3-2 ~ J3-3　J3-4 ~ J3-5　J3-7 ~ J3-11	J3-13 ~ J3-14　J3-15 ~ J3-16　J3-18 ~ J3-22
33	91mV	519	J3-4 ~ J3-5　J3-7 ~ J3-11	J3-15 ~ J3-16　J3-18 ~ J3-22
34	92mV	535	J3-2 ~ J3-4　J3-7 ~ J3-11	J3-13 ~ J3-15　J3-18 ~ J3-22

续上表

序号	$U_入$	$R^*(\Omega)$	正向端子连接	反向端子连接
35	93mV	545	J3-1~J3-2　J3-3~J3-4　J3-7~J3-11	J3-12~J3-13　J3-14~J3-15　J3-18~J3-22
36	94mV	560	J3-1~J3-7　J3-8~J3-11	J3-12~J3-18　J3-19~J3-22
37	95mV	580	J3-1~J3-2　J3-3~J3-7　J3-8~J3-11	J3-12~J3-13　J3-14~J3-18　J3-19~J3-22
38	96mV	594	J3-7~J3-11	J3-18~J3-22
39	97mV	609	J3-2~J3-3　J3-4~J3-7　J3-8~J3-11	J3-13~J3-14　J3-15~J3-18　J3-19~J3-22
40	98mV	629	J3-4~J3-7　J3-8~J3-11	J3-15~J3-18　J3-19~J3-22
41	99mV	645	J3-2~J3-4　J3-5~J3-7　J3-8~J3-11	J3-13~J3-15　J3-16~J3-18　J3-19~J3-22
42	100mV	655	J3-1~J3-2　J3-3~J3-4　J3-5~J3-7　J3-8~J3-11	J3-12~J3-13　J3-14~J3-15　J3-16~J3-18　J3-19~J3-22
43	101mV	674	J3-1~J3-3　J3-5~J3-7　J3-8~J3-11	J3-12~J3-14　J3-16~J3-18　J3-19~J3-22
44	102mV	694	J3-1~J3-2　J3-5~J3-7　J3-8~J3-11	J3-12~J3-13　J3-16~J3-18　J3-19~J3-22
45	103mV	704	J3-5~J3-7　J3-8~J3-11	J3-16~J3-18　J3-19~J3-22
46	104mV	720	J3-2~J3-5　J3-6~J3-7　J3-8~J3-11	J3-13~J3-16　J3-17~J3-18　J3-19~J3-22
47	105mV	740	J3-3~J3-5　J3-6~J3-7　J3-8~J3-11	J3-14~J3-16　J3-17~J3-18　J3-19~J3-22
48	106mV	749	J3-1~J3-3　J3-4~J3-5　J3-6~J3-7　J3-8~J3-11	J3-12~J3-14　J3-15~J3-16　J3-17~J3-18　J3-19~J3-22
49	107mV	769	J3-1~J3-2　J3-4~J3-5　J3-6~J3-7　J3-8~J3-11	J3-12~J3-13　J3-15~J3-16　J3-17~J3-18　J3-19~J3-22
50	108mV	785	J3-1~J3-4　J3-6~J3-7　J3-8~J3-11	J3-12~J3-15　J3-17~J3-18　J3-19~J3-22
51	109mV	805	J3-1~J3-2　J3-3~J3-4　J3-6~J3-7　J3-8~J3-11	J3-12~J3-13　J3-14~J3-15　J3-17~J3-18　J3-19~J3-22
52	110mV	815	J3-3~J3-4　J3-6~J3-7　J3-8~J3-11	J3-14~J3-15　J3-17~J3-18　J3-19~J3-22
53	111mV	834	J3-2~J3-3　J3-6~J3-7　J3-8~J3-11	J3-13~J3-14　J3-17~J3-18　J3-19~J3-22
54	112mV	844	J3-1~J3-2　J3-6~J3-7　J3-8~J3-11	J3-12~J3-13　J3-17~J3-18　J3-19~J3-22
55	113mV	860	J3-1~J3-6　J3-8~J3-11	J3-12~J3-17　J3-19~J3-22
56	114mV	880	J3-1~J3-2　J3-3~J3-6　J3-8~J3-11	J3-12~J3-13　J3-14~J3-17　J3-19~J3-22
57	115mV	899	J3-1~J3-3　J3-4~J3-6　J3-8~J3-11	J3-12~J3-14　J3-15~J3-17　J3-19~J3-22
58	116mV	909	J3-2~J3-3　J3-4~J3-6　J3-8~J3-11	J3-13~J3-14　J3-15~J3-17　J3-19~J3-22
59	117mV	929	J3-4~J3-6　J3-8~J3-11	J3-15~J3-17　J3-19~J3-22
60	118mV	945	J3-2~J3-4　J3-5~J3-6　J3-8~J3-11	J3-13~J3-15　J3-16~J3-17　J3-19~J3-22
61	119mV	965	J3-3~J3-4　J3-5~J3-6　J3-8~J3-11	J3-14~J3-15　J3-16~J3-17　J3-19~J3-22
62	120mV	974	J3-1~J3-3　J3-5~J3-6　J3-8~J3-11	J3-12~J3-14　J3-16~J3-17　J3-19~J3-22
63	121mV	994	J3-1~J3-2　J3-5~J3-6　J3-8~J3-11	J3-12~J3-13　J3-16~J3-17　J3-19~J3-22
64	122mV	1010	J3-1~J3-5　J3-8~J3-11	J3-12~J3-16　J3-19~J3-22
65	123mV	1020	J3-2~J3-5　J3-8~J3-11	J3-13~J3-16　J3-19~J3-22

续上表

序号	$U_入$	$R^*(\Omega)$	正向端子连接	反向端子连接
66	124mV	1040	J3-3 ~ J3-5 J3-8 ~ J3-11	J3-14 ~ J3-16 J3-19 ~ J3-22
67	125mV	1059	J3-2 ~ J3-3 J3-4 ~ J3-5 J3-8 ~ J3-11	J3-13 ~ J3-14 J3-15 ~ J3-16 J3-19 ~ J3-22
68	126mV	1069	J3-1 ~ J3-2 J3-4 ~ J3-5 J3-8 ~ J3-11	J3-12 ~ J3-13 J3-15 ~ J3-16 J3-19 ~ J3-22
69	127mV	1085	J3-1 ~ J3-4 J3-8 ~ J3-11	J3-12 ~ J3-15 J3-19 ~ J3-22
70	128mV	1105	J3-1 ~ J3-2 J3-3 ~ J3-4 J3-8 ~ J3-11	J3-12 ~ J3-13 J3-14 ~ J3-15 J3-19 ~ J3-22
71	129mV	1120	J3-1 ~ J3-2 J3-3 ~ J3-8 J3-9 ~ J3-11	J3-12 ~ J3-13 J3-14 ~ J3-19 J3-20 ~ J3-22
72	130mV	1134	J3-2 ~ J3-3 J3-8 ~ J3-11	J3-13 ~ J3-14 J3-19 ~ J3-22
73	131mV	1149	J3-2 ~ J3-3 J3-4 ~ J3-8 J3-9 ~ J3-11	J3-13 ~ J3-14 J3-15 ~ J3-19 J3-20 ~ J3-22
74	132mV	1169	J3-4 ~ J3-8 J3-9 ~ J3-11	J3-15 ~ J3-19 J3-20 ~ J3-22
75	133mV	1185	J3-2 ~ J3-4 J3-5 ~ J3-8 J3-9 ~ J3-11	J3-13 ~ J3-15 J3-16 ~ J3-19 J3-20 ~ J3-22
76	134mV	1195	J3-1 ~ J3-2 J3-3 ~ J3-4 J3-5 ~ J3-8 J3-9 ~ J3-11	J3-12 ~ J3-13 J3-14 ~ J3-15 J3-16 ~ J3-19 J3-20 ~ J3-22
77	135mV	1214	J3-1 ~ J3-3 J3-5 ~ J3-8 J3-9 ~ J3-11	J3-12 ~ J3-14 J3-16 ~ J3-19 J3-20 ~ J3-22
78	136mV	1234	J3-1 ~ J3-2 J3-5 ~ J3-8 J3-9 ~ J3-11	J3-12 ~ J3-13 J3-16 ~ J3-19 J3-20 ~ J3-22
79	137mV	1244	J3-5 ~ J3-8 J3-9 ~ J3-11	J3-16 ~ J3-19 J3-20 ~ J3-22
80	138mV	1260	J3-2 ~ J3-5 J3-6 ~ J3-8 J3-9 ~ J3-11	J3-13 ~ J3-16 J3-17 ~ J3-19 J3-20 ~ J3-22
81	139mV	1280	J3-3 ~ J3-5 J3-6 ~ J3-8 J3-9 ~ J3-11	J3-14 ~ J3-16 J3-17 ~ J3-19 J3-20 ~ J3-22
82	140mV	1299	J3-2 ~ J3-3 J3-4 ~ J3-5 J3-6 ~ J3-8 J3-9 ~ J3-11	J3-13 ~ J3-14 J3-15 ~ J3-16 J3-17 ~ J3-19 J3-20 ~ J3-22
83	141mV	1309	J3-1 ~ J3-2 J3-4 ~ J3-5 J3-6 ~ J3-8 J3-9 ~ J3-11	J3-12 ~ J3-13 J3-15 ~ J3-16 J3-17 ~ J3-19 J3-20 ~ J3-22
84	142mV	1325	J3-1 ~ J3-4 J3-6 ~ J3-8 J3-9 ~ J3-11	J3-12 ~ J3-15 J3-17 ~ J3-19 J3-20 ~ J3-22
85	143mV	1345	J3-1 ~ J3-2 J3-3 ~ J3-4 J3-6 ~ J3-8 J3-9 ~ J3-11	J3-12 ~ J3-13 J3-14 ~ J3-15 J3-17 ~ J3-19 J3-20 ~ J3-22
86	144mV	1355	J3-3 ~ J3-4 J3-6 ~ J3-8 J3-9 ~ J3-11	J3-14 ~ J3-15 J3-17 ~ J3-19 J3-20 ~ J3-22
87	145mV	1374	J3-2 ~ J3-3 J3-6 ~ J3-8 J3-9 ~ J3-11	J3-13 ~ J3-14 J3-17 ~ J3-19 J3-20 ~ J3-22
88	146mV	1394	J3-6 ~ J3-8 J3-9 ~ J3-11	J3-17 ~ J3-19 J3-20 ~ J3-22
89	147mV	1410	J3-2 ~ J3-6 J3-7 ~ J3-8 J3-9 ~ J3-11	J3-13 ~ J3-17 J3-18 ~ J3-19 J3-20 ~ J3-22
90	148mV	1420	J3-1 ~ J3-2 J3-3 ~ J3-6 J3-7 ~ J3-8 J3-9 ~ J3-11	J3-12 ~ J3-13 J3-14 ~ J3-17 J3-18 ~ J3-19 J3-20 ~ J3-22
91	149mV	1439	J3-1 ~ J3-3 J3-4 ~ J3-6 J3-7 ~ J3-8 J3-9 ~ J3-11	J3-12 ~ J3-14 J3-15 ~ J3-17 J3-18 ~ J3-19 J3-20 ~ J3-22
92	150mV	1449	J3-2 ~ J3-3 J3-4 ~ J3-6 J3-7 ~ J3-8 J3-9 ~ J3-11	J3-13 ~ J3-14 J3-15 ~ J3-17 J3-18 ~ J3-19 J3-20 ~ J3-22
93	151mV	1469	J3-4 ~ J3-6 J3-7 ~ J3-8 J3-9 ~ J3-11	J3-15 ~ J3-17 J3-18 ~ J3-19 J3-20 ~ J3-22

续上表

序号	$U_入$	$R^*(\Omega)$	正向端子连接	反向端子连接
94	152mV	1485	J3-2~J3-4 J3-5~J3-6 J3-7~J3-8 J3-9~J3-11	J3-13~J3-15 J3-16~J3-17 J3-18~J3-19 J3-20~J3-22
95	153mV	1505	J3-3~J3-4 J3-5~J3-6 J3-7~J3-8 J3-9~J3-11	J3-14~J3-15 J3-16~J3-17 J3-18~J3-19 J3-20~J3-22
96	154mV	1514	J3-1~J3-3 J3-5~J3-6 J3-7~J3-8 J3-9~J3-11	J3-12~J3-14 J3-16~J3-17 J3-18~J3-19 J3-20~J3-22
97	155mV	1534	J3-1~J3-2 J3-5~J3-6 J3-7~J3-8 J3-9~J3-11	J3-12~J3-13 J3-16~J3-17 J3-18~J3-19 J3-20~J3-22
98	156mV	1550	J3-1~J3-5 J3-7~J3-8 J3-9~J3-11	J3-12~J3-16 J3-18~J3-19 J3-20~J3-22
99	157mV	1570	J3-1~J3-2 J3-3~J3-5 J3-7~J3-8 J3-9~J3-11	J3-12~J3-13 J3-14~J3-16 J3-18~J3-19 J3-20~J3-22
100	158mV	1580	J3-3~J3-5 J3-7~J3-8 J3-9~J3-11	J3-14~J3-16 J3-18~J3-19 J3-20~J3-22
101	159mV	1599	J3-2~J3-3 J3-4~J3-5 J3-7~J3-8 J3-9~J3-11	J3-13~J3-14 J3-15~J3-16 J3-18~J3-19 J3-20~J3-22
102	160mV	1609	J3-1~J3-2 J3-4~J3-5 J3-7~J3-8 J3-9~J3-11	J3-12~J3-13 J3-15~J3-16 J3-18~J3-19 J3-20~J3-22
103	161mV	1625	J3-1~J3-4 J3-7~J3-8 J3-9~J3-11	J3-12~J3-15 J3-18~J3-19 J3-20~J3-22
104	162mV	1645	J3-1~J3-2 J3-3~J3-4 J3-7~J3-8 J3-9~J3-11	J3-12~J3-13 J3-14~J3-15 J3-18~J3-19 J3-20~J3-22
105	163mV	1660	J3-1~J3-7 J3-9~J3-11	J3-12~J3-18 J3-20~J3-22
106	164mV	1674	J3-2~J3-3 J3-7~J3-8 J3-9~J3-11	J3-13~J3-14 J3-18~J3-19 J3-20~J3-22
107	165mV	1694	J3-7~J3-8 J3-9~J3-11	J3-18~J3-19 J3-20~J3-22
108	166mV	1709	J3-2~J3-3 J3-4~J3-7 J3-9~J3-11	J3-13~J3-14 J3-15~J3-18 J3-20~J3-22
109	167mV	1729	J3-4~J3-7 J3-9~J3-11	J3-15~J3-18 J3-20~J3-22
110	168mV	1745	J3-2~J3-4 J3-5~J3-7 J3-9~J3-11	J3-13~J3-15 J3-16~J3-18 J3-20~J3-22
111	169mV	1755	J3-1~J3-2 J3-3~J3-4 J3-5~J3-7 J3-9~J3-11	J3-12~J3-13 J3-14~J3-15 J3-16~J3-18 J3-20~J3-22
112	170mV	1774	J3-1~J3-3 J3-5~J3-7 J3-9~J3-11	J3-12~J3-14 J3-16~J3-18 J3-20~J3-22
113	171mV	1784	J3-2~J3-3 J3-5~J3-7 J3-9~J3-11	J3-13~J3-14 J3-16~J3-18 J3-20~J3-22
114	172mV	1804	J3-5~J3-7 J3-9~J3-11	J3-16~J3-18 J3-20~J3-22
115	173mV	1820	J3-2~J3-5 J3-6~J3-7 J3-9~J3-11	J3-13~J3-16 J3-17~J3-18 J3-20~J3-22
116	174mV	1840	J3-3~J3-5 J3-6~J3-7 J3-9~J3-11	J3-14~J3-16 J3-17~J3-18 J3-20~J3-22
117	175mV	1849	J3-1~J3-3 J3-4~J3-5 J3-6~J3-7 J3-9~J3-11	J3-12~J3-14 J3-15~J3-16 J3-17~J3-18 J3-20~J3-22
118	176mV	1869	J3-1~J3-2 J3-4~J3-5 J3-6~J3-7 J3-9~J3-11	J3-12~J3-13 J3-15~J3-16 J3-17~J3-18 J3-20~J3-22
119	177mV	1885	J3-1~J3-4 J3-6~J3-7 J3-9~J3-11	J3-12~J3-15 J3-17~J3-18 J3-20~J3-22

续上表

序号	$U_入$	$R^*(\Omega)$	正向端子连接	反向端子连接
120	178mV	1895	J3-2 ~ J3-4 J3-6 ~ J3-7 J3-9 ~ J3-11	J3-13 ~ J3-15 J3-17 ~ J3-18 J3-20 ~ J3-22
121	179mV	1915	J3-3 ~ J3-4 J3-6 ~ J3-7 J3-9 ~ J3-11	J3-14 ~ J3-15 J3-17 ~ J3-18 J3-20 ~ J3-22
122	180mV	1934	J3-2 ~ J3-3 J3-6 ~ J3-7 J3-9 ~ J3-11	J3-13 ~ J3-14 J3-17 ~ J3-18 J3-20 ~ J3-22
123	181mV	1944	J3-1 ~ J3-2 J3-6 ~ J3-7 J3-9 ~ J3-11	J3-12 ~ J3-13 J3-17 ~ J3-18 J3-20 ~ J3-22
124	182mV	1960	J3-1 ~ J3-6 J3-9 ~ J3-11	J3-12 ~ J3-17 J3-20 ~ J3-22
125	183mV	1980	J3-1 ~ J3-2 J3-3 ~ J3-6 J3-9 ~ J3-11	J3-12 ~ J3-13 J3-14 ~ J3-17 J3-20 ~ J3-22
126	184mV	1999	J3-1 ~ J3-3 J3-4 ~ J3-6 J3-9 ~ J3-11	J3-12 ~ J3-14 J3-15 ~ J3-17 J3-20 ~ J3-22
127	185mV	2009	J3-2 ~ J3-3 J3-4 ~ J3-6 J3-9 ~ J3-11	J3-13 ~ J3-14 J3-15 ~ J3-17 J3-20 ~ J3-22
128	186mV	2029	J3-4 ~ J3-6 J3-9 ~ J3-11	J3-15 ~ J3-17 J3-20 ~ J3-22
129	187mV	2045	J3-2 ~ J3-4 J3-5 ~ J3-6 J3-9 ~ J3-11	J3-13 ~ J3-15 J3-16 ~ J3-17 J3-20 ~ J3-22
130	188mV	2055	J3-1 ~ J3-2 J3-3 ~ J3-4 J3-5 ~ J3-6 J3-9 ~ J3-11	J3-12 ~ J3-13 J3-14 ~ J3-15 J3-16 ~ J3-17 J3-20 ~ J3-22
131	189mV	2074	J3-1 ~ J3-3 J3-5 ~ J3-6 J3-9 ~ J3-11	J3-12 ~ J3-14 J3-16 ~ J3-17 J3-20 ~ J3-22
132	190mV	2094	J3-1 ~ J3-2 J3-5 ~ J3-6 J3-9 ~ J3-11	J3-12 ~ J3-13 J3-16 ~ J3-17 J3-20 ~ J3-22
133	191mV	2104	J3-5 ~ J3-6 J3-9 ~ J3-11	J3-16 ~ J3-17 J3-20 ~ J3-22
134	192mV	2120	J3-2 ~ J3-5 J3-9 ~ J3-11	J3-13 ~ J3-16 J3-20 ~ J3-22
135	193mV	2140	J3-3 ~ J3-5 J3-9 ~ J3-11	J3-14 ~ J3-16 J3-20 ~ J3-22
136	194mV	2159	J3-2 ~ J3-3 J3-4 ~ J3-5 J3-9 ~ J3-11	J3-13 ~ J3-14 J3-15 ~ J3-16 J3-20 ~ J3-22
137	195mV	2169	J3-1 ~ J3-2 J3-4 ~ J3-5 J3-9 ~ J3-11	J3-12 ~ J3-13 J3-15 ~ J3-16 J3-20 ~ J3-22
138	196mV	2185	J3-1 ~ J3-4 J3-9 ~ J3-11	J3-12 ~ J3-15 J3-20 ~ J3-22
139	197mV	2200	J3-1 ~ J3-9 J3-10 ~ J3-11	J3-12 ~ J3-20 J3-21 ~ J3-22
140	198mV	2220	J3-1 ~ J3-2 J3-3 ~ J3-9 J3-10 ~ J3-11	J3-12 ~ J3-13 J3-14 ~ J3-20 J3-21 ~ J3-22
141	199mV	2234	J3-2 ~ J3-3 J3-9 ~ J3-11	J3-13 ~ J3-14 J3-20 ~ J3-22
142	200mV	2249	J3-2 ~ J3-3 J3-4 ~ J3-9 J3-10 ~ J3-11	J3-13 ~ J3-14 J3-15 ~ J3-20 J3-21 ~ J3-22
143	201mV	2269	J3-4 ~ J3-9 J3-10 ~ J3-11	J3-15 ~ J3-20 J3-21 ~ J3-22
144	202mV	2285	J3-2 ~ J3-4 J3-5 ~ J3-9 J3-10 ~ J3-11	J3-13 ~ J3-15 J3-16 ~ J3-20 J3-21 ~ J3-22
145	203mV	2295	J3-1 ~ J3-2 J3-3 ~ J3-4 J3-5 ~ J3-9 J3-10 ~ J3-11	J3-12 ~ J3-13 J3-14 ~ J3-15 J3-16 ~ J3-20 J3-21 ~ J3-22
146	204mV	2314	J3-1 ~ J3-3 J3-5 ~ J3-9 J3-10 ~ J3-11	J3-12 ~ J3-14 J3-16 ~ J3-20 J3-21 ~ J3-22
147	205mV	2334	J3-1 ~ J3-2 J3-5 ~ J3-9 J3-10 ~ J3-11	J3-12 ~ J3-13 J3-16 ~ J3-20 J3-21 ~ J3-22
148	206mV	2344	J3-5 ~ J3-9 J3-10 ~ J3-11	J3-16 ~ J3-20 J3-21 ~ J3-22
149	207mV	2360	J3-2 ~ J3-5 J3-6 ~ J3-9 J3-10 ~ J3-11	J3-13 ~ J3-16 J3-17 ~ J3-20 J3-21 ~ J3-22
150	208mV	2380	J3-3 ~ J3-5 J3-6 ~ J3-9 J3-10 ~ J3-11	J3-14 ~ J3-16 J3-17 ~ J3-20 J3-21 ~ J3-22
151	209mV	2389	J3-1 ~ J3-3 J3-4 ~ J3-5 J3-6 ~ J3-9 J3-10 ~ J3-11	J3-12 ~ J3-14 J3-15 ~ J3-16 J3-17 ~ J3-20 J3-21 ~ J3-22

续上表

序号	$U_入$	$R^*(\Omega)$	正向端子连接	反向端子连接
152	210mV	2409	J3-1～J3-2　J3-4～J3-5　J3-6～J3-9　J3-10～J3-11	J3-12～J3-13　J3-15～J3-16　J3-17～J3-20　J3-21～J3-22
153	211mV	2425	J3-1～J3-4　J3-6～J3-9　J3-10～J3-11	J3-12～J3-15　J3-17～J3-20　J3-21～J3-22
154	212mV	2445	J3-1～J3-2　J3-3～J3-4　J3-6～J3-9　J3-10～J3-11	J3-12～J3-13　J3-14～J3-15　J3-17～J3-20　J3-21～J3-22
155	213mV	2455	J3-3～J3-4　J3-6～J3-9　J3-10～J3-11	J3-14～J3-15　J3-17～J3-20　J3-21～J3-22
156	214mV	2474	J3-2～J3-3　J3-6～J3-9　J3-10～J3-11	J3-13～J3-14　J3-17～J3-20　J3-21～J3-22
157	215mV	2484	J3-1～J3-2　J3-6～J3-9　J3-10～J3-11	J3-12～J3-13　J3-17～J3-20　J3-21～J3-22
158	216mV	2500	J3-1～J3-6　J3-7～J3-9　J3-10～J3-11	J3-12～J3-17　J3-18～J3-20　J3-21～J3-22
159	217mV	2520	J3-1～J3-2　J3-3～J3-6　J3-7～J3-9　J3-10～J3-11	J3-12～J3-13　J3-14～J3-17　J3-18～J3-20　J3-21～J3-22
160	218mV	2539	J3-1～J3-3　J3-4～J3-6　J3-7～J3-9　J3-10～J3-11	J3-12～J3-14　J3-15～J3-17　J3-18～J3-20　J3-21～J3-22
161	219mV	2549	J3-2～J3-3　J3-4～J3-6　J3-7～J3-9　J3-10～J3-11	J3-13～J3-14　J3-15～J3-17　J3-18～J3-20　J3-21～J3-22
162	220mV	2569	J3-4～J3-6　J3-7～J3-9　J3-10～J3-11	J3-15～J3-17　J3-18～J3-20　J3-21～J3-22
163	221mV	2585	J3-2～J3-4　J3-5～J3-6　J3-7～J3-9　J3-10～J3-11	J3-13～J3-15　J3-16～J3-17　J3-18～J3-20　J3-21～J3-22
164	222mV	2605	J3-3～J3-4　J3-5～J3-6　J3-7～J3-9　J3-10～J3-11	J3-14～J3-15　J3-16～J3-17　J3-18～J3-20　J3-21～J3-22
165	223mV	2614	J3-1～J3-3　J3-5～J3-6　J3-7～J3-9　J3-10～J3-11	J3-12～J3-14　J3-16～J3-17　J3-18～J3-20　J3-21～J3-22
166	224mV	2634	J3-1～J3-2　J3-5～J3-6　J3-7～J3-9　J3-10～J3-11	J3-12～J3-13　J3-16～J3-17　J3-18～J3-20　J3-21～J3-22
167	225mV	2650	J3-1～J3-5　J3-7～J3-9　J3-10～J3-11	J3-12～J3-16　J3-18～J3-20　J3-21～J3-22
168	226mV	2660	J3-2～J3-5　J3-7～J3-9　J3-10～J3-11	J3-13～J3-16　J3-18～J3-20　J3-21～J3-22
169	227mV	2680	J3-3～J3-5　J3-7～J3-9　J3-10～J3-11	J3-14～J3-16　J3-18～J3-20　J3-21～J3-22
170	228mV	2699	J3-2～J3-3　J3-4～J3-5　J3-7～J3-9　J3-10～J3-11	J3-13～J3-14　J3-15～J3-16　J3-18～J3-20　J3-21～J3-22
171	229mV	2709	J3-1～J3-2　J3-4～J3-5　J3-7～J3-9　J3-10～J3-11	J3-12～J3-13　J3-15～J3-16　J3-18～J3-20　J3-21～J3-22
172	230mV	2725	J3-1～J3-4　J3-7～J3-9　J3-10～J3-11	J3-12～J3-15　J3-18～J3-20　J3-21～J3-22
173	231mV	2745	J3-1～J3-2　J3-3～J3-4　J3-7～J3-9　J3-10～J3-11	J3-12～J3-13　J3-14～J3-15　J3-18～J3-20　J3-21～J3-22
174	232mV	2760	J3-1～J3-7　J3-8～J3-9　J3-10～J3-11	J3-12～J3-18　J3-19～J3-20　J3-21～J3-22

续上表

序号	$U_入$	$R^*(\Omega)$	正向端子连接	反向端子连接
175	233mV	2774	J3-2 ~ J3-3　J3-7 ~ J3-9　J3-10 ~ J3-11	J3-13 ~ J3-14　J3-18 ~ J3-20　J3-21 ~ J3-22
176	234mV	2790	J3-3 ~ J3-7　J3-8 ~ J3-9　J3-10 ~ J3-11	J3-14 ~ J3-18　J3-19 ~ J3-20　J3-21 ~ J3-22
177	235mV	2809	J3-2 ~ J3-3　J3-4 ~ J3-7　J3-8 ~ J3-9　J3-10 ~ J3-11	J3-13 ~ J3-14　J3-15 ~ J3-18　J3-19 ~ J3-20　J3-21 ~ J3-22
178	236mV	2819	J3-1 ~ J3-2　J3-4 ~ J3-7　J3-8 ~ J3-9　J3-10 ~ J3-11	J3-12 ~ J3-13　J3-15 ~ J3-18　J3-19 ~ J3-20　J3-21 ~ J3-22
179	237mV	2835	J3-1 ~ J3-4　J3-5 ~ J3-7　J3-8 ~ J3-9　J3-10 ~ J3-11	J3-12 ~ J3-15　J3-16 ~ J3-18　J3-19 ~ J3-20　J3-21 ~ J3-22
180	238mV	2855	J3-1 ~ J3-2　J3-3 ~ J3-4　J3-5 ~ J3-7　J3-8 ~ J3-9　J3-10 ~ J3-11	J3-12 ~ J3-13　J3-14 ~ J3-15　J3-16 ~ J3-18　J3-19 ~ J3-20　J3-21 ~ J3-22
181	239mV	2874	J3-1 ~ J3-3　J3-5 ~ J3-7　J3-8 ~ J3-9　J3-10 ~ J3-11	J3-12 ~ J3-14　J3-16 ~ J3-18　J3-19 ~ J3-20　J3-21 ~ J3-22
182	240mV	2884	J3-2 ~ J3-3　J3-5 ~ J3-7　J3-8 ~ J3-9　J3-10 ~ J3-11	J3-13 ~ J3-14　J3-16 ~ J3-18　J3-19 ~ J3-20　J3-21 ~ J3-22
183	241mV	2904	J3-5 ~ J3-7　J3-8 ~ J3-9　J3-10 ~ J3-11	J3-16 ~ J3-18　J3-19 ~ J3-20　J3-21 ~ J3-22
184	242mV	2920	J3-2 ~ J3-5　J3-6 ~ J3-7　J3-8 ~ J3-9　J3-10 ~ J3-11	J3-13 ~ J3-16　J3-17 ~ J3-18　J3-19 ~ J3-20　J3-21 ~ J3-22
185	243mV	2930	J3-1 ~ J3-2　J3-3 ~ J3-5　J3-6 ~ J3-7　J3-8 ~ J3-9　J3-10 ~ J3-11	J3-12 ~ J3-13　J3-14 ~ J3-16　J3-17 ~ J3-18　J3-19 ~ J3-20　J3-21 ~ J3-22
186	244mV	2949	J3-1 ~ J3-3　J3-4 ~ J3-5　J3-6 ~ J3-7　J3-8 ~ J3-9　J3-10 ~ J3-11	J3-12 ~ J3-14　J3-15 ~ J3-16　J3-17 ~ J3-18　J3-19 ~ J3-20　J3-21 ~ J3-22
187	245mV	2969	J3-1 ~ J3-2　J3-4 ~ J3-5　J3-6 ~ J3-7　J3-8 ~ J3-9　J3-10 ~ J3-11	J3-12 ~ J3-13　J3-15 ~ J3-16　J3-17 ~ J3-18　J3-19 ~ J3-20　J3-21 ~ J3-22
188	246mV	2985	J3-1 ~ J3-4　J3-6 ~ J3-7　J3-8 ~ J3-9　J3-10 ~ J3-11	J3-12 ~ J3-15　J3-17 ~ J3-18　J3-19 ~ J3-20　J3-21 ~ J3-22
189	247mV	2995	J3-2 ~ J3-4　J3-6 ~ J3-7　J3-8 ~ J3-9　J3-10 ~ J3-11	J3-13 ~ J3-15　J3-17 ~ J3-18　J3-19 ~ J3-20　J3-21 ~ J3-22
190	248mV	3015	J3-3 ~ J3-4　J3-6 ~ J3-7　J3-8 ~ J3-9　J3-10 ~ J3-11	J3-14 ~ J3-15　J3-17 ~ J3-18　J3-19 ~ J3-20　J3-21 ~ J3-22
191	249mV	3034	J3-2 ~ J3-3　J3-6 ~ J3-7　J3-8 ~ J3-9　J3-10 ~ J3-11	J3-13 ~ J3-14　J3-17 ~ J3-18　J3-19 ~ J3-20　J3-21 ~ J3-22
192	250mV	3044	J3-1 ~ J3-2　J3-6 ~ J3-7　J3-8 ~ J3-9　J3-10 ~ J3-11	J3-12 ~ J3-13　J3-17 ~ J3-18　J3-19 ~ J3-20　J3-21 ~ J3-22
193	251mV	3060	J3-1 ~ J3-6　J3-8 ~ J3-9　J3-10 ~ J3-11	J3-12 ~ J3-17　J3-19 ~ J3-20　J3-21 ~ J3-22
194	252mV	3080	J3-1 ~ J3-2　J3-3 ~ J3-6　J3-8 ~ J3-9　J3-10 ~ J3-11	J3-12 ~ J3-13　J3-14 ~ J3-17　J3-19 ~ J3-20　J3-21 ~ J3-22
195	253mV	3090	J3-3 ~ J3-6　J3-8 ~ J3-9　J3-10 ~ J3-11	J3-14 ~ J3-17　J3-19 ~ J3-20　J3-21 ~ J3-22

续上表

序号	$U_入$	$R^*(\Omega)$	正向端子连接	反向端子连接
196	254mV	3109	J3-2～J3-3　J3-4～J3-6　J3-8～J3-9　J3-10～J3-11	J3-13～J3-14　J3-15～J3-17　J3-19～J3-20　J3-21～J3-22
197	255mV	3129	J3-4～J3-6　J3-8～J3-9　J3-10～J3-11	J3-15～J3-17　J3-19～J3-20　J3-21～J3-22
198	256mV	3145	J3-2～J3-4　J3-5～J3-6　J3-8～J3-9　J3-10～J3-11	J3-13～J3-15　J3-16～J3-17　J3-19～J3-20　J3-21～J3-22
199	257mV	3155	J3-1～J3-2　J3-3～J3-4　J3-5～J3-6　J3-8～J3-9　J3-10～J3-11	J3-12～J3-13　J3-14～J3-15　J3-16～J3-17　J3-19～J3-20　J3-21～J3-22
200	258mV	3174	J3-1～J3-3　J3-5～J3-6　J3-8～J3-9　J3-10～J3-11	J3-12～J3-14　J3-16～J3-17　J3-19～J3-20　J3-21～J3-22
201	259mV	3194	J3-1～J3-2　J3-5～J3-6　J3-8～J3-9　J3-10～J3-11	J3-12～J3-13　J3-16～J3-17　J3-19～J3-20　J3-21～J3-22
202	260mV	3204	J3-5～J3-6　J3-8～J3-9　J3-10～J3-11	J3-16～J3-17　J3-19～J3-20　J3-21～J3-22
203	261mV	3220	J3-2～J3-5　J3-8～J3-9　J3-10～J3-11	J3-13～J3-16　J3-19～J3-20　J3-21～J3-22
204	262mV	3240	J3-3～J3-5　J3-8～J3-9　J3-10～J3-11	J3-14～J3-16　J3-19～J3-20　J3-21～J3-22
205	263mV	3249	J3-1～J3-3　J3-4～J3-5　J3-8～J3-9　J3-10～J3-11	J3-12～J3-14　J3-15～J3-16　J3-19～J3-20　J3-21～J3-22
206	264mV	3269	J3-1～J3-2　J3-4～J3-5　J3-8～J3-9　J3-10～J3-11	J3-12～J3-13　J3-15～J3-16　J3-19～J3-20　J3-21～J3-22
207	265mV	3285	J3-1～J3-4　J3-8～J3-9　J3-10～J3-11	J3-12～J3-15　J3-19～J3-20　J3-21～J3-22
208	266mV	3300	J3-1～J3-10	J3-12～J3-21
209	267mV	3315	J3-3～J3-4　J3-8～J3-9　J3-10～J3-11	J3-14～J3-15　J3-19～J3-20　J3-21～J3-22
210	268mV	3334	J3-2～J3-3　J3-8～J3-9　J3-10～J3-11	J3-13～J3-14　J3-19～J3-20　J3-21～J3-22
211	269mV	3349	J3-2～J3-3　J3-4～J3-10	J3-13～J3-14　J3-15～J3-21
212	270mV	3369	J3-4～J3-10	J3-15～J3-21
213	271mV	3385	J3-2～J3-4　J3-5～J3-10	J3-13～J3-15　J3-16～J3-21
214	272mV	3395	J3-1～J3-2　J3-3～J3-4　J3-5～J3-10	J3-12～J3-13　J3-14～J3-15　J3-16～J3-21
215	273mV	3414	J3-1～J3-3　J3-5～J3-10	J3-12～J3-14　J3-16～J3-21
216	274mV	3424	J3-2～J3-3　J3-5～J3-10	J3-13～J3-14　J3-16～J3-21
217	275mV	3444	J3-5～J3-10	J3-16～J3-21
218	276mV	3460	J3-2～J3-5　J3-6～J3-10	J3-13～J3-16　J3-17～J3-21
219	277mV	3480	J3-3～J3-5　J3-6～J3-10	J3-14～J3-16　J3-17～J3-21
220	278mV	3489	J3-1～J3-3　J3-4～J3-5　J3-6～J3-10	J3-12～J3-14　J3-15～J3-16　J3-17～J3-21
221	279mV	3509	J3-1～J3-2　J3-4～J3-5　J3-6～J3-10	J3-12～J3-13　J3-15～J3-16　J3-17～J3-21
222	280mV	3525	J3-1～J3-4　J3-6～J3-10	J3-12～J3-15　J3-17～J3-21
223	281mV	3535	J3-2～J3-4　J3-6～J3-10	J3-13～J3-15　J3-17～J3-21
224	282mV	3555	J3-3～J3-4　J3-6～J3-10	J3-14～J3-15　J3-17～J3-21

续上表

序号	$U_入$	$R^*(\Omega)$	正向端子连接	反向端子连接
225	283mV	3574	J3-2 ~ J3-3　　J3-6 ~ J3-10	J3-13 ~ J3-14　　J3-17 ~ J3-21
226	284mV	3584	J3-1 ~ J3-2　　J3-6 ~ J3-10	J3-12 ~ J3-13　　J3-17 ~ J3-21
227	285mV	3600	J3-1 ~ J3-6　　J3-7 ~ J3-10	J3-12 ~ J3-17　　J3-18 ~ J3-21
228	286mV	3620	J3-1 ~ J3-2　　J3-3 ~ J3-6　　J3-7 ~ J3-10	J3-12 ~ J3-13　　J3-14 ~ J3-17　　J3-18 ~ J3-21
229	287mV	3639	J3-1 ~ J3-3　　J3-4 ~ J3-6　　J3-7 ~ J3-10	J3-12 ~ J3-14　　J3-15 ~ J3-17　　J3-18 ~ J3-21
230	288mV	3649	J3-2 ~ J3-3　　J3-4 ~ J3-6　　J3-7 ~ J3-10	J3-13 ~ J3-14　　J3-15 ~ J3-17　　J3-18 ~ J3-21
231	289mV	3669	J3-4 ~ J3-6　　J3-7 ~ J3-10	J3-15 ~ J3-17　　J3-18 ~ J3-21
232	290mV	3685	J3-2 ~ J3-4　　J3-5 ~ J3-6　　J3-7 ~ J3-10	J3-13 ~ J3-15　　J3-16 ~ J3-17　　J3-18 ~ J3-21
233	291mV	3695	J3-1 ~ J3-2　　J3-3 ~ J3-4　　J3-5 ~ J3-6　　J3-7 ~ J3-10	J3-12 ~ J3-13　　J3-14 ~ J3-15　　J3-16 ~ J3-17　　J3-18 ~ J3-21
234	292mV	3714	J3-1 ~ J3-3　　J3-5 ~ J3-6　　J3-7 ~ J3-10	J3-12 ~ J3-14　　J3-16 ~ J3-17　　J3-18 ~ J3-21
235	293mV	3734	J3-1 ~ J3-2　　J3-5 ~ J3-6　　J3-7 ~ J3-10	J3-12 ~ J3-13　　J3-16 ~ J3-17　　J3-18 ~ J3-21
236	294mV	3744	J3-5 ~ J3-6　　J3-7 ~ J3-10	J3-16 ~ J3-17　　J3-18 ~ J3-21
237	295mV	3760	J3-2 ~ J3-5　　J3-7 ~ J3-10	J3-13 ~ J3-16　　J3-18 ~ J3-21
238	296mV	3780	J3-3 ~ J3-5　　J3-7 ~ J3-10	J3-14 ~ J3-16　　J3-18 ~ J3-21
239	297mV	3799	J3-2 ~ J3-3　　J3-4 ~ J3-5　　J3-7 ~ J3-10	J3-13 ~ J3-14　　J3-15 ~ J3-16　　J3-18 ~ J3-21
240	298mV	3809	J3-1 ~ J3-2　　J3-4 ~ J3-5　　J3-7 ~ J3-10	J3-12 ~ J3-13　　J3-15 ~ J3-16　　J3-18 ~ J3-21
241	299mV	3825	J3-1 ~ J3-4　　J3-7 ~ J3-10	J3-12 ~ J3-15　　J3-18 ~ J3-21
242	300mV	3845	J3-1 ~ J3-2　　J3-3 ~ J3-4　　J3-7 ~ J3-10	J3-12 ~ J3-13　　J3-14 ~ J3-15　　J3-18 ~ J3-21
243	301mV	3860	J3-1 ~ J3-7　　J3-8 ~ J3-10	J3-12 ~ J3-18　　J3-19 ~ J3-21
244	302mV	3874	J3-2 ~ J3-3　　J3-7 ~ J3-10	J3-13 ~ J3-14　　J3-18 ~ J3-21
245	303mV	3890	J3-3 ~ J3-7　　J3-8 ~ J3-10	J3-14 ~ J3-18　　J3-19 ~ J3-21
246	304mV	3909	J3-2 ~ J3-3　　J3-4 ~ J3-7　　J3-8 ~ J3-10	J3-13 ~ J3-14　　J3-15 ~ J3-18　　J3-19 ~ J3-21
247	305mV	3919	J3-1 ~ J3-2　　J3-4 ~ J3-7　　J3-8 ~ J3-10	J3-12 ~ J3-13　　J3-15 ~ J3-18　　J3-19 ~ J3-21
248	306mV	3935	J3-1 ~ J3-4　　J3-5 ~ J3-7　　J3-8 ~ J3-10	J3-12 ~ J3-15　　J3-16 ~ J3-18　　J3-19 ~ J3-21
249	307mV	3955	J3-1 ~ J3-2　　J3-3 ~ J3-4　　J3-5 ~ J3-7　　J3-8 ~ J3-10	J3-12 ~ J3-13　　J3-14 ~ J3-15　　J3-16 ~ J3-18　　J3-19 ~ J3-21
250	308mV	3974	J3-1 ~ J3-3　　J3-5 ~ J3-7　　J3-8 ~ J3-10	J3-12 ~ J3-14　　J3-16 ~ J3-18　　J3-19 ~ J3-21
251	309mV	3984	J3-2 ~ J3-3　　J3-5 ~ J3-7　　J3-8 ~ J3-10	J3-13 ~ J3-14　　J3-16 ~ J3-18　　J3-19 ~ J3-21
252	310mV	4004	J3-5 ~ J3-7　　J3-8 ~ J3-10	J3-16 ~ J3-18　　J3-19 ~ J3-21
253	311mV	4020	J3-2 ~ J3-5　　J3-6 ~ J3-7　　J3-8 ~ J3-10	J3-13 ~ J3-16　　J3-17 ~ J3-18　　J3-19 ~ J3-21
254	312mV	4030	J3-1 ~ J3-2　　J3-3 ~ J3-5　　J3-6 ~ J3-7　　J3-8 ~ J3-10	J3-12 ~ J3-13　　J3-14 ~ J3-16　　J3-17 ~ J3-18　　J3-19 ~ J3-21
255	313mV	4049	J3-1 ~ J3-3　　J3-4 ~ J3-5　　J3-6 ~ J3-7　　J3-8 ~ J3-10	J3-12 ~ J3-14　　J3-15 ~ J3-16　　J3-17 ~ J3-18　　J3-19 ~ J3-21

续上表

序号	$U_入$	$R^*(\Omega)$	正向端子连接	反向端子连接
256	314mV	4069	J3-1~J3-2 J3-4~J3-5 J3-6~J3-7 J3-8~J3-10	J3-12~J3-13 J3-15~J3-16 J3-17~J3-18 J3-19~J3-21
257	315mV	4079	J3-4~J3-5 J3-6~J3-7 J3-8~J3-10	J3-15~J3-16 J3-17~J3-18 J3-19~J3-21
258	316mV	4095	J3-2~J3-4 J3-6~J3-7 J3-8~J3-10	J3-13~J3-15 J3-17~J3-18 J3-19~J3-21
259	317mV	4115	J3-3~J3-4 J3-6~J3-7 J3-8~J3-10	J3-14~J3-15 J3-17~J3-18 J3-19~J3-21
260	318mV	4134	J3-2~J3-3 J3-6~J3-7 J3-8~J3-10	J3-13~J3-14 J3-17~J3-18 J3-19~J3-21
261	319mV	4144	J3-1~J3-2 J3-6~J3-7 J3-8~J3-10	J3-12~J3-13 J3-17~J3-18 J3-19~J3-21
262	320mV	4160	J3-1~J3-6 J3-8~J3-10	J3-12~J3-17 J3-19~J3-21
263	321mV	4180	J3-1~J3-2 J3-3~J3-6 J3-8~J3-10	J3-12~J3-13 J3-14~J3-17 J3-19~J3-21
264	322mV	4190	J3-3~J3-6 J3-8~J3-10	J3-14~J3-17 J3-19~J3-21
265	323mV	4209	J3-2~J3-3 J3-4~J3-6 J3-8~J3-10	J3-13~J3-14 J3-15~J3-17 J3-19~J3-21
266	324mV	4229	J3-4~J3-6 J3-8~J3-10	J3-15~J3-17 J3-19~J3-21
267	325mV	4245	J3-2~J3-4 J3-5~J3-6 J3-8~J3-10	J3-13~J3-15 J3-16~J3-17 J3-19~J3-21
268	326mV	4255	J3-1~J3-2 J3-3~J3-4 J3-5~J3-6 J3-8~J3-10	J3-12~J3-13 J3-14~J3-15 J3-16~J3-17 J3-19~J3-21
269	327mV	4274	J3-1~J3-3 J3-5~J3-6 J3-8~J3-10	J3-12~J3-14 J3-16~J3-17 J3-19~J3-21
270	328mV	4284	J3-2~J3-3 J3-5~J3-6 J3-8~J3-10	J3-13~J3-14 J3-16~J3-17 J3-19~J3-21
271	329mV	4304	J3-5~J3-6 J3-8~J3-10	J3-16~J3-17 J3-19~J3-21
272	330mV	4320	J3-2~J3-5 J3-8~J3-10	J3-13~J3-16 J3-19~J3-21
273	331mV	4340	J3-3~J3-5 J3-8~J3-10	J3-14~J3-16 J3-19~J3-21
274	332mV	4349	J3-1~J3-3 J3-4~J3-5 J3-8~J3-10	J3-12~J3-14 J3-15~J3-16 J3-19~J3-21
275	333mV	4369	J3-1~J3-2 J3-4~J3-5 J3-8~J3-10	J3-12~J3-13 J3-15~J3-16 J3-19~J3-21
276	334mV	4385	J3-1~J3-4 J3-8~J3-10	J3-12~J3-15 J3-19~J3-21
277	335mV	4400	J3-1~J3-8 J3-9~J3-10	J3-12~J3-19 J3-20~J3-21
278	336mV	4415	J3-3~J3-4 J3-8~J3-10	J3-14~J3-15 J3-19~J3-21
279	337mV	4430	J3-3~J3-8 J3-9~J3-10	J3-14~J3-19 J3-20~J3-21
280	338mV	4449	J3-2~J3-3 J3-4~J3-8 J3-9~J3-10	J3-13~J3-14 J3-15~J3-19 J3-20~J3-21
281	339mV	4459	J3-1~J3-2 J3-4~J3-8 J3-9~J3-10	J3-12~J3-13 J3-15~J3-19 J3-20~J3-21
282	340mV	4475	J3-1~J3-4 J3-5~J3-8 J3-9~J3-10	J3-12~J3-15 J3-16~J3-19 J3-20~J3-21
283	341mV	4495	J3-1~J3-2 J3-3~J3-4 J3-5~J3-8 J3-9~J3-10	J3-12~J3-13 J3-14~J3-15 J3-16~J3-19 J3-20~J3-21
284	342mV	4514	J3-1~J3-3 J3-5~J3-8 J3-9~J3-10	J3-12~J3-14 J3-16~J3-19 J3-20~J3-21
285	343mV	4524	J3-2~J3-3 J3-5~J3-8 J3-9~J3-10	J3-13~J3-14 J3-16~J3-19 J3-20~J3-21
286	344mV	4544	J3-5~J3-8 J3-9~J3-10	J3-16~J3-19 J3-20~J3-21
287	345mV	4560	J3-2~J3-5 J3-6~J3-8 J3-9~J3-10	J3-13~J3-16 J3-17~J3-19 J3-20~J3-21

续上表

序号	$U_入$	$R^*(\Omega)$	正向端子连接	反向端子连接
288	346mV	4580	J3-3 ~ J3-5 J3-6 ~ J3-8 J3-9 ~ J3-10	J3-14 ~ J3-16 J3-17 ~ J3-19 J3-20 ~ J3-21
289	347mV	4589	J3-1 ~ J3-3 J3-4 ~ J3-5 J3-6 ~ J3-8 J3-9 ~ J3-10	J3-12 ~ J3-14 J3-15 ~ J3-16 J3-17 ~ J3-19 J3-20 ~ J3-21
290	348mV	4609	J3-1 ~ J3-2 J3-4 ~ J3-5 J3-6 ~ J3-8 J3-9 ~ J3-10	J3-12 ~ J3-13 J3-15 ~ J3-16 J3-17 ~ J3-19 J3-20 ~ J3-21
291	349mV	4625	J3-1 ~ J3-4 J3-6 ~ J3-8 J3-9 ~ J3-10	J3-12 ~ J3-15 J3-17 ~ J3-19 J3-20 ~ J3-21
292	350mV	4635	J3-2 ~ J3-4 J3-6 ~ J3-8 J3-9 ~ J3-10	J3-13 ~ J3-15 J3-17 ~ J3-19 J3-20 ~ J3-21
293	351mV	4655	J3-3 ~ J3-4 J3-6 ~ J3-8 J3-9 ~ J3-10	J3-14 ~ J3-15 J3-17 ~ J3-19 J3-20 ~ J3-21
294	352mV	4674	J3-2 ~ J3-3 J3-6 ~ J3-8 J3-9 ~ J3-10	J3-13 ~ J3-14 J3-17 ~ J3-19 J3-20 ~ J3-21
295	353mV	4684	J3-1 ~ J3-2 J3-6 ~ J3-8 J3-9 ~ J3-10	J3-12 ~ J3-13 J3-17 ~ J3-19 J3-20 ~ J3-21
296	354mV	4700	J3-1 ~ J3-6 J3-7 ~ J3-8 J3-9 ~ J3-10	J3-12 ~ J3-17 J3-18 ~ J3-19 J3-20 ~ J3-21
297	355mV	4720	J3-1 ~ J3-2 J3-3 ~ J3-6 J3-7 ~ J3-8 J3-9 ~ J3-10	J3-12 ~ J3-13 J3-14 ~ J3-17 J3-18 ~ J3-19 J3-20 ~ J3-21
298	356mV	4730	J3-3 ~ J3-6 J3-7 ~ J3-8 J3-9 ~ J3-10	J3-14 ~ J3-17 J3-18 ~ J3-19 J3-20 ~ J3-21
299	357mV	4749	J3-2 ~ J3-3 J3-4 ~ J3-6 J3-7 ~ J3-8 J3-9 ~ J3-10	J3-13 ~ J3-14 J3-15 ~ J3-17 J3-18 ~ J3-19 J3-20 ~ J3-21
300	358mV	4769	J3-4 ~ J3-6 J3-7 ~ J3-8 J3-9 ~ J3-10	J3-15 ~ J3-17 J3-18 ~ J3-19 J3-20 ~ J3-21
301	359mV	4785	J3-2 ~ J3-4 J3-5 ~ J3-6 J3-7 ~ J3-8 J3-9 ~ J3-10	J3-13 ~ J3-15 J3-16 ~ J3-17 J3-18 ~ J3-19 J3-20 ~ J3-21
302	360mV	4795	J3-1 ~ J3-2 J3-3 ~ J3-4 J3-5 ~ J3-6 J3-7 ~ J3-8 J3-9 ~ J3-10	J3-12 ~ J3-13 J3-14 ~ J3-15 J3-16 ~ J3-17 J3-18 ~ J3-19 J3-20 ~ J3-21
303	361mV	4814	J3-1 ~ J3-3 J3-5 ~ J3-6 J3-7 ~ J3-8 J3-9 ~ J3-10	J3-12 ~ J3-14 J3-16 ~ J3-17 J3-18 ~ J3-19 J3-20 ~ J3-21
304	362mV	4834	J3-1 ~ J3-2 J3-5 ~ J3-6 J3-7 ~ J3-8 J3-9 ~ J3-10	J3-12 ~ J3-13 J3-16 ~ J3-17 J3-18 ~ J3-19 J3-20 ~ J3-21
305	363mV	4844	J3-5 ~ J3-6 J3-7 ~ J3-8 J3-9 ~ J3-10	J3-16 ~ J3-17 J3-18 ~ J3-19 J3-20 ~ J3-21
306	364mV	4860	J3-2 ~ J3-5 J3-7 ~ J3-8 J3-9 ~ J3-10	J3-13 ~ J3-16 J3-18 ~ J3-19 J3-20 ~ J3-21
307	365mV	4880	J3-3 ~ J3-5 J3-7 ~ J3-8 J3-9 ~ J3-10	J3-14 ~ J3-16 J3-18 ~ J3-19 J3-20 ~ J3-21
308	366mV	4889	J3-1 ~ J3-3 J3-4 ~ J3-5 J3-7 ~ J3-8 J3-9 ~ J3-10	J3-12 ~ J3-14 J3-15 ~ J3-16 J3-18 ~ J3-19 J3-20 ~ J3-21
309	367mV	4909	J3-1 ~ J3-2 J3-4 ~ J3-5 J3-7 ~ J3-8 J3-9 ~ J3-10	J3-12 ~ J3-13 J3-15 ~ J3-16 J3-18 ~ J3-19 J3-20 ~ J3-21
310	368mV	4925	J3-1 ~ J3-4 J3-7 ~ J3-8 J3-9 ~ J3-10	J3-12 ~ J3-15 J3-18 ~ J3-19 J3-20 ~ J3-21
311	369mV	4945	J3-1 ~ J3-2 J3-3 ~ J3-4 J3-7 ~ J3-8 J3-9 ~ J3-10	J3-12 ~ J3-13 J3-14 ~ J3-15 J3-18 ~ J3-19 J3-20 ~ J3-21
312	370mV	4955	J3-3 ~ J3-4 J3-7 ~ J3-8 J3-9 ~ J3-10	J3-14 ~ J3-15 J3-18 ~ J3-19 J3-20 ~ J3-21
313	371mV	4974	J3-2 ~ J3-3 J3-7 ~ J3-8 J3-9 ~ J3-10	J3-13 ~ J3-14 J3-18 ~ J3-19 J3-20 ~ J3-21

续上表

序号	$U_入$	$R^*(\Omega)$	正向端子连接	反向端子连接
314	372mV	4990	J3-3 ~ J3-7　　J3-9 ~ J3-10	J3-14 ~ J3-18　　J3-20 ~ J3-21
315	373mV	5009	J3-2 ~ J3-3　　J3-4 ~ J3-7　　J3-9 ~ J3-10	J3-13 ~ J3-14　　J3-15 ~ J3-18　　J3-20 ~ J3-21
316	374mV	5019	J3-1 ~ J3-2　　J3-4 ~ J3-7　　J3-9 ~ J3-10	J3-12 ~ J3-13　　J3-15 ~ J3-18　　J3-20 ~ J3-21
317	375mV	5035	J3-1 ~ J3-4　　J3-5 ~ J3-7　　J3-9 ~ J3-10	J3-12 ~ J3-15　　J3-16 ~ J3-18　　J3-20 ~ J3-21
318	376mV	5055	J3-1 ~ J3-2　　J3-3 ~ J3-4　　J3-5 ~ J3-7　　J3-9 ~ J3-10	J3-12 ~ J3-13　　J3-14 ~ J3-15　　J3-16 ~ J3-18　　J3-20 ~ J3-21
319	377mV	5065	J3-3 ~ J3-4　　J3-5 ~ J3-7　　J3-9 ~ J3-10	J3-14 ~ J3-15　　J3-16 ~ J3-18　　J3-20 ~ J3-21
320	378mV	5084	J3-2 ~ J3-3　　J3-5 ~ J3-7　　J3-9 ~ J3-10	J3-13 ~ J3-14　　J3-16 ~ J3-18　　J3-20 ~ J3-21
321	379mV	5104	J3-5 ~ J3-7　　J3-9 ~ J3-10	J3-16 ~ J3-18　　J3-20 ~ J3-21
322	380mV	5120	J3-2 ~ J3-5　　J3-6 ~ J3-7　　J3-9 ~ J3-10	J3-13 ~ J3-16　　J3-17 ~ J3-18　　J3-20 ~ J3-21
323	381mV	5130	J3-1 ~ J3-2　　J3-3 ~ J3-5　　J3-6 ~ J3-7　　J3-9 ~ J3-10	J3-12 ~ J3-13　　J3-14 ~ J3-16　　J3-17 ~ J3-18　　J3-20 ~ J3-21
324	382mV	5149	J3-1 ~ J3-3　　J3-4 ~ J3-5　　J3-6 ~ J3-7　　J3-9 ~ J3-10	J3-12 ~ J3-14　　J3-15 ~ J3-16　　J3-17 ~ J3-18　　J3-20 ~ J3-21
325	383mV	5169	J3-1 ~ J3-2　　J3-4 ~ J3-5　　J3-6 ~ J3-7　　J3-9 ~ J3-10	J3-12 ~ J3-13　　J3-15 ~ J3-16　　J3-17 ~ J3-18　　J3-20 ~ J3-21
326	384mV	5179	J3-4 ~ J3-5　　J3-6 ~ J3-7　　J3-9 ~ J3-10	J3-15 ~ J3-16　　J3-17 ~ J3-18　　J3-20 ~ J3-21
327	385mV	5195	J3-2 ~ J3-4　　J3-6 ~ J3-7　　J3-9 ~ J3-10	J3-13 ~ J3-15　　J3-17 ~ J3-18　　J3-20 ~ J3-21
328	386mV	5215	J3-3 ~ J3-4　　J3-6 ~ J3-7　　J3-9 ~ J3-10	J3-14 ~ J3-15　　J3-17 ~ J3-18　　J3-20 ~ J3-21
329	387mV	5224	J3-1 ~ J3-3　　J3-6 ~ J3-7　　J3-9 ~ J3-10	J3-12 ~ J3-14　　J3-17 ~ J3-18　　J3-20 ~ J3-21
330	388mV	5244	J3-1 ~ J3-2　　J3-6 ~ J3-7　　J3-9 ~ J3-10	J3-12 ~ J3-13　　J3-17 ~ J3-18　　J3-20 ~ J3-21
331	389mV	5260	J3-1 ~ J3-6　　J3-9 ~ J3-10	J3-12 ~ J3-17　　J3-20 ~ J3-21
332	390mV	5280	J3-1 ~ J3-2　　J3-3 ~ J3-6　　J3-9 ~ J3-10	J3-12 ~ J3-13　　J3-14 ~ J3-17　　J3-20 ~ J3-21
333	391mV	5290	J3-3 ~ J3-6　　J3-9 ~ J3-10	J3-14 ~ J3-17　　J3-20 ~ J3-21
334	392mV	5309	J3-2 ~ J3-3　　J3-4 ~ J3-6　　J3-9 ~ J3-10	J3-13 ~ J3-14　　J3-15 ~ J3-17　　J3-20 ~ J3-21
335	393mV	5319	J3-1 ~ J3-2　　J3-4 ~ J3-6　　J3-9 ~ J3-10	J3-12 ~ J3-13　　J3-15 ~ J3-17　　J3-20 ~ J3-21
336	394mV	5335	J3-1 ~ J3-4　　J3-5 ~ J3-6　　J3-9 ~ J3-10	J3-12 ~ J3-15　　J3-16 ~ J3-17　　J3-20 ~ J3-21
337	395mV	5355	J3-1 ~ J3-2　　J3-3 ~ J3-4　　J3-5 ~ J3-6　　J3-9 ~ J3-10	J3-12 ~ J3-13　　J3-14 ~ J3-15　　J3-16 ~ J3-17　　J3-20 ~ J3-21
338	396mV	5374	J3-1 ~ J3-3　　J3-5 ~ J3-6　　J3-9 ~ J3-10	J3-12 ~ J3-14　　J3-16 ~ J3-17　　J3-20 ~ J3-21
339	397mV	5384	J3-2 ~ J3-3　　J3-5 ~ J3-6　　J3-9 ~ J3-10	J3-13 ~ J3-14　　J3-16 ~ J3-17　　J3-20 ~ J3-21
340	398mV	5404	J3-5 ~ J3-6　　J3-9 ~ J3-10	J3-16 ~ J3-17　　J3-20 ~ J3-21
341	399mV	5420	J3-2 ~ J3-5　　J3-9 ~ J3-10	J3-13 ~ J3-16　　J3-20 ~ J3-21
342	400mV	5440	J3-3 ~ J3-5　　J3-9 ~ J3-10	J3-14 ~ J3-16　　J3-20 ~ J3-21
343	401mV	5449	J3-1 ~ J3-3　　J3-4 ~ J3-5　　J3-9 ~ J3-10	J3-12 ~ J3-14　　J3-15 ~ J3-16　　J3-20 ~ J3-21
344	402mV	5469	J3-1 ~ J3-2　　J3-4 ~ J3-5　　J3-9 ~ J3-10	J3-12 ~ J3-13　　J3-15 ~ J3-16　　J3-20 ~ J3-21

续上表

序号	$U_入$	$R^*(\Omega)$	正向端子连接	反向端子连接
345	403mV	5485	J3-1 ~ J3-4　　J3-9 ~ J3-10	J3-12 ~ J3-15　　J3-20 ~ J3-21
346	404mV	5500	J3-1 ~ J3-9	J3-12 ~ J3-20
347	405mV	5515	J3-3 ~ J3-4　　J3-9 ~ J3-10	J3-14 ~ J3-15　　J3-20 ~ J3-21
348	406mV	5530	J3-3 ~ J3-9	J3-14 ~ J3-20
349	407mV	5549	J3-2 ~ J3-3　　J3-4 ~ J3-9	J3-13 ~ J3-14　　J3-15 ~ J3-20
350	408mV	5559	J3-1 ~ J3-2　　J3-4 ~ J3-9	J3-12 ~ J3-13　　J3-15 ~ J3-20
351	409mV	5575	J3-1 ~ J3-4　　J3-5 ~ J3-9	J3-12 ~ J3-15　　J3-16 ~ J3-20
352	410mV	5595	J3-1 ~ J3-2　　J3-3 ~ J3-4　　J3-5 ~ J3-9	J3-12 ~ J3-13　　J3-14 ~ J3-15　　J3-16 ~ J3-20
353	411mV	5614	J3-1 ~ J3-3　　J3-5 ~ J3-9	J3-12 ~ J3-14　　J3-16 ~ J3-20
354	412mV	5624	J3-2 ~ J3-3　　J3-5 ~ J3-9	J3-13 ~ J3-14　　J3-16 ~ J3-20
355	413mV	5644	J3-5 ~ J3-9	J3-16 ~ J3-20
356	414mV	5660	J3-2 ~ J3-5　　J3-6 ~ J3-9	J3-13 ~ J3-16　　J3-17 ~ J3-20
357	415mV	5670	J3-1 ~ J3-2　　J3-3 ~ J3-5　　J3-6 ~ J3-9	J3-12 ~ J3-13　　J3-14 ~ J3-16　　J3-17 ~ J3-20
358	416mV	5689	J3-1 ~ J3-3　　J3-4 ~ J3-5　　J3-6 ~ J3-9	J3-12 ~ J3-14　　J3-15 ~ J3-16　　J3-17 ~ J3-20
359	417mV	5709	J3-1 ~ J3-2　　J3-4 ~ J3-5　　J3-6 ~ J3-9	J3-12 ~ J3-13　　J3-15 ~ J3-16　　J3-17 ~ J3-20
360	418mV	5719	J3-4 ~ J3-5　　J3-6 ~ J3-9	J3-15 ~ J3-16　　J3-17 ~ J3-20
361	419mV	5735	J3-2 ~ J3-4　　J3-6 ~ J3-9	J3-13 ~ J3-15　　J3-17 ~ J3-20
362	420mV	5755	J3-3 ~ J3-4　　J3-6 ~ J3-9	J3-14 ~ J3-15　　J3-17 ~ J3-20
363	421mV	5774	J3-2 ~ J3-3　　J3-6 ~ J3-9	J3-13 ~ J3-14　　J3-17 ~ J3-20
364	422mV	5784	J3-1 ~ J3-2　　J3-6 ~ J3-9	J3-12 ~ J3-13　　J3-17 ~ J3-20
365	423mV	5800	J3-1 ~ J3-6　　J3-7 ~ J3-9	J3-12 ~ J3-17　　J3-18 ~ J3-20
366	424mV	5820	J3-1 ~ J3-2　　J3-3 ~ J3-6　　J3-7 ~ J3-9	J3-12 ~ J3-13　　J3-14 ~ J3-17　　J3-18 ~ J3-20
367	425mV	5830	J3-3 ~ J3-6　　J3-7 ~ J3-9	J3-14 ~ J3-17　　J3-18 ~ J3-20
368	426mV	5849	J3-2 ~ J3-3　　J3-4 ~ J3-6　　J3-7 ~ J3-9	J3-13 ~ J3-14　　J3-15 ~ J3-17　　J3-18 ~ J3-20
369	427mV	5869	J3-4 ~ J3-6　　J3-7 ~ J3-9	J3-15 ~ J3-17　　J3-18 ~ J3-20
370	428mV	5885	J3-2 ~ J3-4　　J3-5 ~ J3-6　　J3-7 ~ J3-9	J3-13 ~ J3-15　　J3-16 ~ J3-17　　J3-18 ~ J3-20
371	429mV	5895	J3-1 ~ J3-2　　J3-3 ~ J3-4　　J3-5 ~ J3-6　　J3-7 ~ J3-9	J3-12 ~ J3-13　　J3-14 ~ J3-15　　J3-16 ~ J3-17　　J3-18 ~ J3-20
372	430mV	5914	J3-1 ~ J3-3　　J3-5 ~ J3-6　　J3-7 ~ J3-9	J3-12 ~ J3-14　　J3-16 ~ J3-17　　J3-18 ~ J3-20
373	431mV	5924	J3-2 ~ J3-3　　J3-5 ~ J3-6　　J3-7 ~ J3-9	J3-13 ~ J3-14　　J3-16 ~ J3-17　　J3-18 ~ J3-20
374	432mV	5944	J3-5 ~ J3-6　　J3-7 ~ J3-9	J3-16 ~ J3-17　　J3-18 ~ J3-20
375	433mV	5960	J3-2 ~ J3-5　　J3-7 ~ J3-9	J3-13 ~ J3-16　　J3-18 ~ J3-20
376	434mV	5980	J3-3 ~ J3-5　　J3-7 ~ J3-9	J3-14 ~ J3-16　　J3-18 ~ J3-20
377	435mV	5989	J3-1 ~ J3-3　　J3-4 ~ J3-5　　J3-7 ~ J3-9	J3-12 ~ J3-14　　J3-15 ~ J3-16　　J3-18 ~ J3-20
378	436mV	6009	J3-1 ~ J3-2　　J3-4 ~ J3-5　　J3-7 ~ J3-9	J3-12 ~ J3-13　　J3-15 ~ J3-16　　J3-18 ~ J3-20

续上表

序号	$U_入$	$R^*(\Omega)$	正向端子连接	反向端子连接
379	437mV	6025	J3-1～J3-4　J3-7～J3-9	J3-12～J3-15　J3-18～J3-20
380	438mV	6045	J3-1～J3-2　J3-3～J3-4　J3-7～J3-9	J3-12～J3-13　J3-14～J3-15　J3-18～J3-20
381	439mV	6055	J3-3～J3-4　J3-7～J3-9	J3-14～J3-15　J3-18～J3-20
382	440mV	6074	J3-2～J3-3　J3-7～J3-9	J3-13～J3-14　J3-18～J3-20
383	441mV	6090	J3-3～J3-7　J3-8～J3-9	J3-14～J3-18　J3-19～J3-20
384	442mV	6099	J3-1～J3-3　J3-4～J3-7　J3-8～J3-9	J3-12～J3-14　J3-15～J3-18　J3-19～J3-20
385	443mV	6119	J3-1～J3-2　J3-4～J3-7　J3-8～J3-9	J3-12～J3-13　J3-15～J3-18　J3-19～J3-20
386	444mV	6135	J3-1～J3-4　J3-5～J3-7　J3-8～J3-9	J3-12～J3-15　J3-16～J3-18　J3-19～J3-20
387	445mV	6155	J3-1～J3-2　J3-3～J3-4　J3-5～J3-7　J3-8～J3-9	J3-12～J3-13　J3-14～J3-15　J3-16～J3-18　J3-19～J3-20
388	446mV	6165	J3-3～J3-4　J3-5～J3-7　J3-8～J3-9	J3-14～J3-15　J3-16～J3-18　J3-19～J3-20
389	447mV	6184	J3-2～J3-3　J3-5～J3-7　J3-8～J3-9	J3-13～J3-14　J3-16～J3-18　J3-19～J3-20
390	448mV	6204	J3-5～J3-7　J3-8～J3-9	J3-16～J3-18　J3-19～J3-20
391	449mV	6220	J3-2～J3-5　J3-6～J3-7　J3-8～J3-9	J3-13～J3-16　J3-17～J3-18　J3-19～J3-20
392	450mV	6230	J3-1～J3-2　J3-3～J3-5　J3-6～J3-7　J3-8～J3-9	J3-12～J3-13　J3-14～J3-16　J3-17～J3-18　J3-19～J3-20
393	451mV	6249	J3-1～J3-3　J3-4～J3-5　J3-6～J3-7　J3-8～J3-9	J3-12～J3-14　J3-15～J3-16　J3-17～J3-18　J3-19～J3-20
394	452mV	6259	J3-2～J3-3　J3-4～J3-5　J3-6～J3-7　J3-8～J3-9	J3-13～J3-14　J3-15～J3-16　J3-17～J3-18　J3-19～J3-20
395	453mV	6279	J3-4～J3-5　J3-6～J3-7　J3-8～J3-9	J3-15～J3-16　J3-17～J3-18　J3-19～J3-20
396	454mV	6295	J3-2～J3-4　J3-6～J3-7　J3-8～J3-9	J3-13～J3-15　J3-17～J3-18　J3-19～J3-20
397	455mV	6315	J3-3～J3-4　J3-6～J3-7　J3-8～J3-9	J3-14～J3-15　J3-17～J3-18　J3-19～J3-20
398	456mV	6324	J3-1～J3-3　J3-6～J3-7　J3-8～J3-9	J3-12～J3-14　J3-17～J3-18　J3-19～J3-20
399	457mV	6344	J3-1～J3-2　J3-6～J3-7　J3-8～J3-9	J3-12～J3-13　J3-17～J3-18　J3-19～J3-20
400	458mV	6360	J3-1～J3-6　J3-8～J3-9	J3-12～J3-17　J3-19～J3-20
401	459mV	6370	J3-2～J3-6　J3-8～J3-9	J3-13～J3-17　J3-19～J3-20
402	460mV	6390	J3-3～J3-6　J3-8～J3-9	J3-14～J3-17　J3-19～J3-20
403	461mV	6409	J3-2～J3-3　J3-4～J3-6　J3-8～J3-9	J3-13～J3-14　J3-15～J3-17　J3-19～J3-20
404	462mV	6419	J3-1～J3-2　J3-4～J3-6　J3-8～J3-9	J3-12～J3-13　J3-15～J3-17　J3-19～J3-20
405	463mV	6435	J3-1～J3-4　J3-5～J3-6　J3-8～J3-9	J3-12～J3-15　J3-16～J3-17　J3-19～J3-20
406	464mV	6455	J3-1～J3-2　J3-3～J3-4　J3-5～J3-6　J3-8～J3-9	J3-12～J3-13　J3-14～J3-15　J3-16～J3-17　J3-19～J3-20
407	465mV	6474	J3-1～J3-3　J3-5～J3-6　J3-8～J3-9	J3-12～J3-14　J3-16～J3-17　J3-19～J3-20
408	466mV	6484	J3-2～J3-3　J3-5～J3-6　J3-8～J3-9	J3-13～J3-14　J3-16～J3-17　J3-19～J3-20
409	467mV	6504	J3-5～J3-6　J3-8～J3-9	J3-16～J3-17　J3-19～J3-20

续上表

序号	$U_入$	$R^*(\Omega)$	正向端子连接	反向端子连接
410	468mV	6520	J3-2 ~ J3-5　J3-8 ~ J3-9	J3-13 ~ J3-16　J3-19 ~ J3-20
411	469mV	6530	J3-1 ~ J3-2　J3-3 ~ J3-5　J3-8 ~ J3-9	J3-12 ~ J3-13　J3-14 ~ J3-16　J3-19 ~ J3-20
412	470mV	6549	J3-1 ~ J3-3　J3-4 ~ J3-5　J3-8 ~ J3-9	J3-12 ~ J3-14　J3-15 ~ J3-16　J3-19 ~ J3-20
413	471mV	6569	J3-1 ~ J3-2　J3-4 ~ J3-5　J3-8 ~ J3-9	J3-12 ~ J3-13　J3-15 ~ J3-16　J3-19 ~ J3-20
414	472mV	6579	J3-4 ~ J3-5　J3-8 ~ J3-9	J3-15 ~ J3-16　J3-19 ~ J3-20
415	473mV	6600	J3-1 ~ J3-8	J3-12 ~ J3-19
416	474mV	6615	J3-3 ~ J3-4　J3-8 ~ J3-9	J3-14 ~ J3-15　J3-19 ~ J3-20
417	475mV	6630	J3-3 ~ J3-8	J3-14 ~ J3-19
418	476mV	6644	J3-1 ~ J3-2　J3-8 ~ J3-9	J3-12 ~ J3-13　J3-19 ~ J3-20
419	477mV	6659	J3-1 ~ J3-2　J3-4 ~ J3-8	J3-12 ~ J3-13　J3-15 ~ J3-19
420	478mV	6675	J3-1 ~ J3-4　J3-5 ~ J3-8	J3-12 ~ J3-15　J3-16 ~ J3-19
421	479mV	6695	J3-1 ~ J3-2　J3-3 ~ J3-4　J3-5 ~ J3-8	J3-12 ~ J3-13　J3-14 ~ J3-15　J3-16 ~ J3-19
422	480mV	6705	J3-3 ~ J3-4　J3-5 ~ J3-8	J3-14 ~ J3-15　J3-16 ~ J3-19
423	481mV	6724	J3-2 ~ J3-3　J3-5 ~ J3-8	J3-13 ~ J3-14　J3-16 ~ J3-19
424	482mV	6744	J3-5 ~ J3-8	J3-16 ~ J3-19
425	483mV	6760	J3-2 ~ J3-5　J3-6 ~ J3-8	J3-13 ~ J3-16　J3-17 ~ J3-19
426	484mV	6770	J3-1 ~ J3-2　J3-3 ~ J3-5　J3-6 ~ J3-8	J3-12 ~ J3-13　J3-14 ~ J3-16　J3-17 ~ J3-19
427	485mV	6789	J3-1 ~ J3-3　J3-4 ~ J3-5　J3-6 ~ J3-8	J3-12 ~ J3-14　J3-15 ~ J3-16　J3-17 ~ J3-19
428	486mV	6809	J3-1 ~ J3-2　J3-4 ~ J3-5　J3-6 ~ J3-8	J3-12 ~ J3-13　J3-15 ~ J3-16　J3-17 ~ J3-19
429	487mV	6819	J3-4 ~ J3-5　J3-6 ~ J3-8	J3-15 ~ J3-16　J3-17 ~ J3-19
430	488mV	6835	J3-2 ~ J3-4　J3-6 ~ J3-8	J3-13 ~ J3-15　J3-17 ~ J3-19
431	489mV	6855	J3-3 ~ J3-4　J3-6 ~ J3-8	J3-14 ~ J3-15　J3-17 ~ J3-19
432	490mV	6864	J3-1 ~ J3-3　J3-6 ~ J3-8	J3-12 ~ J3-14　J3-17 ~ J3-19
433	491mV	6884	J3-1 ~ J3-2　J3-6 ~ J3-8	J3-12 ~ J3-13　J3-17 ~ J3-19
434	492mV	6900	J3-1 ~ J3-6　J3-7 ~ J3-8	J3-12 ~ J3-17　J3-18 ~ J3-19
435	493mV	6920	J3-1 ~ J3-2　J3-3 ~ J3-6　J3-7 ~ J3-8	J3-12 ~ J3-13　J3-14 ~ J3-17　J3-18 ~ J3-19
436	494mV	6930	J3-3 ~ J3-6　J3-7 ~ J3-8	J3-14 ~ J3-17　J3-18 ~ J3-19
437	495mV	6949	J3-2 ~ J3-3　J3-4 ~ J3-6　J3-7 ~ J3-8	J3-13 ~ J3-14　J3-15 ~ J3-17　J3-18 ~ J3-19
438	496mV	6959	J3-1 ~ J3-2　J3-4 ~ J3-6　J3-7 ~ J3-8	J3-12 ~ J3-13　J3-15 ~ J3-17　J3-18 ~ J3-19
439	497mV	6975	J3-1 ~ J3-4　J3-5 ~ J3-6　J3-7 ~ J3-8	J3-12 ~ J3-15　J3-16 ~ J3-17　J3-18 ~ J3-19
440	498mV	6995	J3-1 ~ J3-2　J3-3 ~ J3-4　J3-5 ~ J3-6　J3-7 ~ J3-8	J3-12 ~ J3-13　J3-14 ~ J3-15　J3-16 ~ J3-17　J3-18 ~ J3-19
441	499mV	7014	J3-1 ~ J3-3　J3-5 ~ J3-6　J3-7 ~ J3-8	J3-12 ~ J3-14　J3-16 ~ J3-17　J3-18 ~ J3-19
442	500mV	7024	J3-2 ~ J3-3　J3-5 ~ J3-6　J3-7 ~ J3-8	J3-13 ~ J3-14　J3-16 ~ J3-17　J3-18 ~ J3-19
443	501mV	7044	J3-5 ~ J3-6　J3-7 ~ J3-8	J3-16 ~ J3-17　J3-18 ~ J3-19

续上表

序号	$U_入$	$R^*(\Omega)$	正向端子连接	反向端子连接
444	502mV	7060	J3-2～J3-5　J3-7～J3-8	J3-13～J3-16　J3-18～J3-19
445	503mV	7080	J3-3～J3-5　J3-7～J3-8	J3-14～J3-16　J3-18～J3-19
446	504mV	7089	J3-1～J3-3　J3-4～J3-5　J3-7～J3-8	J3-12～J3-14　J3-15～J3-16　J3-18～J3-19
447	505mV	7109	J3-1～J3-2　J3-4～J3-5　J3-7～J3-8	J3-12～J3-13　J3-15～J3-16　J3-18～J3-19
448	506mV	7125	J3-1～J3-4　J3-7～J3-8	J3-12～J3-15　J3-18～J3-19
449	507mV	7135	J3-2～J3-4　J3-7～J3-8	J3-13～J3-15　J3-18～J3-19
450	508mV	7155	J3-3～J3-4　J3-7～J3-8	J3-14～J3-15　J3-18～J3-19
451	509mV	7170	J3-2～J3-7	J3-13～J3-18
452	510mV	7184	J3-1～J3-2　J3-7～J3-8	J3-12～J3-13　J3-18～J3-19
453	511mV	7199	J3-1～J3-3　J3-4～J3-7	J3-12～J3-14　J3-15～J3-18
454	512mV	7219	J3-1～J3-2　J3-4～J3-7	J3-12～J3-13　J3-15～J3-18
455	513mV	7235	J3-1～J3-4　J3-5～J3-7	J3-12～J3-15　J3-16～J3-18
456	514mV	7255	J3-1～J3-2　J3-3～J3-4　J3-5～J3-7	J3-12～J3-13　J3-14～J3-15　J3-16～J3-18
457	515mV	7265	J3-3～J3-4　J3-5～J3-7	J3-14～J3-15　J3-16～J3-18
458	516mV	7284	J3-2～J3-3　J3-5～J3-7	J3-13～J3-14　J3-16～J3-18
459	517mV	7294	J3-1～J3-2　J3-5～J3-7	J3-12～J3-13　J3-16～J3-18
460	518mV	7310	J3-1～J3-5　J3-6～J3-7	J3-12～J3-16　J3-17～J3-18
461	519mV	7330	J3-1～J3-2　J3-3～J3-5　J3-6～J3-7	J3-12～J3-13　J3-14～J3-16　J3-17～J3-18
462	520mV	7349	J3-1～J3-3　J3-4～J3-5　J3-6～J3-7	J3-12～J3-14　J3-15～J3-16　J3-17～J3-18
463	521mV	7359	J3-2～J3-3　J3-4～J3-5　J3-6～J3-7	J3-13～J3-14　J3-15～J3-16　J3-17～J3-18
464	522mV	7379	J3-4～J3-5　J3-6～J3-7	J3-15～J3-16　J3-17～J3-18
465	523mV	7395	J3-2～J3-4　J3-6～J3-7	J3-13～J3-15　J3-17～J3-18
466	524mV	7405	J3-1～J3-2　J3-3～J3-4　J3-6～J3-7	J3-12～J3-13　J3-14～J3-15　J3-17～J3-18
467	525mV	7424	J3-1～J3-3　J3-6～J3-7	J3-12～J3-14　J3-17～J3-18
468	526mV	7444	J3-1～J3-2　J3-6～J3-7	J3-12～J3-13　J3-17～J3-18
469	527mV	7460	J3-1～J3-6	J3-12～J3-17
470	528mV	7470	J3-2～J3-6	J3-13～J3-17
471	529mV	7490	J3-3～J3-6	J3-14～J3-17
472	530mV	7509	J3-2～J3-3　J3-4～J3-6	J3-13～J3-14　J3-15～J3-17
473	531mV	7519	J3-1～J3-2　J3-4～J3-6	J3-12～J3-13　J3-15～J3-17
474	532mV	7535	J3-1～J3-4　J3-5～J3-6	J3-12～J3-15　J3-16～J3-17
475	533mV	7555	J3-1～J3-2　J3-3～J3-4　J3-5～J3-6	J3-12～J3-13　J3-14～J3-15　J3-16～J3-17
476	534mV	7565	J3-3～J3-4　J3-5～J3-6	J3-14～J3-15　J3-16～J3-17
477	535mV	7584	J3-2～J3-3　J3-5～J3-6	J3-13～J3-14　J3-16～J3-17
478	536mV	7604	J3-5～J3-6	J3-16～J3-17

续上表

序号	$U_入$	$R^*(\Omega)$	正向端子连接	反向端子连接
479	537mV	7620	J3-2 ~ J3-5	J3-13 ~ J3-16
480	538mV	7630	J3-1 ~ J3-2 J3-3 ~ J3-5	J3-12 ~ J3-13 J3-14 ~ J3-16
481	539mV	7649	J3-1 ~ J3-3 J3-4 ~ J3-5	J3-12 ~ J3-14 J3-15 ~ J3-16
482	540mV	7669	J3-1 ~ J3-2 J3-4 ~ J3-5	J3-12 ~ J3-13 J3-15 ~ J3-16
483	541mV	7679	J3-4 ~ J3-5	J3-15 ~ J3-16
484	542mV	7695	J3-2 ~ J3-4	J3-13 ~ J3-15
485	543mV	7715	J3-3 ~ J3-4	J3-14 ~ J3-15
486	544mV	7724	J3-1 ~ J3-3	J3-12 ~ J3-14
487	545mV	7744	J3-1 ~ J3-2	J3-12 ~ J3-13

此表适用于 ZPW.RS-K 型无绝缘单频衰耗冗余控制器。

附录二 专业术语英中文对照表

英文简称	中文全称	英文简称	中文全称
ATP	列车超速防护	PRI	基本速率接口
BA	调谐单元	RBC	无线闭塞中心
BSC	基站控制器	RBU	无线闭塞单元
BTM	应答器信息传输模块	R-JRU	RBC司法记录器
CSM	集中监测系统	SA	信号授权
CTC	调度集中	SDU	测速测距单元
CTCS	中国列车运行控制系统	SVA	空芯线圈
DDF	数字配线架	STM	轨道电路信息接收模块
DMI	人机界面	TCC	列控中心
DRU	运行记录单元	TCR	轨道电路信息接收单元
ESW	外部交换机	TDCS	列车调度指挥系统
FIFO	并行接口	TIU	列车接口单元
FSK	移频键控	TSR	临时限速
GSM-R	铁路综合专用数字移动通信系统	TSRM	临时限速维护终端
ISDN	综合业务数字网	TSRS	临时限速服务器
KVM	多电脑切换器	UPS	不间断电源
LEU	地面电子单元	VIA	接口服务器
MSC	移动交换中心	VPC	安全处理计算机
PDU	电源分布单元	SBI	常用制动模式
EBI	紧急制动模式		

参 考 文 献

[1] 傅世善.闭塞与列控概论[M].北京:中国铁道出版社,2006.
[2] 高速铁路技术.铁道科学研究院高速铁路技术研究总体组[M].北京:中国铁道出版社,2005.
[3] 李向国.高速铁路技术[M].北京:中国铁道出版社,2005.
[4] 李开成.国外铁路通信信号新技术纵览[M].北京:中国铁道出版社.
[5] 林瑜筠.城市轨道交通信号设备[M].北京:中国铁道出版社,2006.
[6] 钱立新.世界高速铁路技术[M].北京:中国铁道出版社,2005.
[7] 林瑜筠.高速铁路信号技术[M].北京:中国铁道出版社,2012.
[8] 杨志刚.LKJ2000型列车运行监控记录装置[M].北京:中国铁道出版社,2003.
[9] 200km/h动车组ATP车载和地面设备配置及运用主要技术方案.运基信号,2005.
[10] 200km/h动车组ATP车载设备显示界面的建议方案.运基信号,2005.
[11] 既有线200km/h车站列控中心运用技术原则(暂行).运基信号〔2005〕0000号.
[12] CTCS-2列控系统方案(司机版).运基信号,2005.
[13] 张丽.列车运行自动控制系统设备维护[M].成都:西南交通大学出版社,2013.
[14] 铁道部劳动和卫生司.高速铁路控制中心信号设备维修岗位[M].北京:中国铁道出版社,2012.
[15] 北京全路通信信号研究设计院.LKR-T型无线闭塞中心(RBC)设备说明书,2010.
[16] 北京全路通信信号研究设计院.LKD2-2-TH型列控中心系统维护说明书V1.0.1,2015.
[17] 铁道部运输局.CTCS-3级列控系统应答器应用原则(V2.0),2010.
[18] 铁道部运输局.CTCS-2级列控系统应答器应用原则(V2.0),2010.
[19] 北京全路通信信号研究设计院.LKX-T型临时限速服务器适用维护说明书,2010.
[20] 北京全路通信信号研究设计院.客专ZPW-2000A轨道电路设备操作与维护手册,2010.
[21] 毛保华,姜明.城市轨道交通[M].北京:科学出版社,2001.